高等学校公共基础课"十三五"规划教材

大学生法治教育

主　编　曹　智

副主编　陈　峰

参　编　陈亚军　罗　阳　徐　楠

　　　　徐少桐　魏　巍

主　审　蒋舜浩

西安电子科技大学出版社

内 容 简 介

本书以党的十八届四中全会精神为指引，按照《中共中央关于全面推进依法治国若干重大问题的决定》中"要坚持把全民普法和守法作为依法治国的长期基础性工作，深入开展法治宣传教育"的要求，以依法治国、依法治教为理论背景，为大学生介绍法律知识，同时培养大学生的法治观念与法治素养，为推进法治社会的建设做出贡献。全书共8章，介绍了依法治国与依法治教的相关知识，给出了大学生在宪法、国家安全、刑法、民法、商法、经济法、行政法方面的常见问题与解决对策，最后讨论了大学生与法治的有关问题。

本书以大学生群体为对象，以法治教育为主题，从法治的理论和历史渊源讲起，从法律规范的应用、法治观念的建立、法治思维方式的培养、法治信仰的养成等多个方面切入，对大学生群体在学习、生活中可能遇到的实际法律问题进行深入解析，从而满足大学生的实际需求。

图书在版编目（CIP）数据

大学生法治教育 / 曹智主编 . — 西安：西安电子科技大学出版社，2016.10（2021.8 重印）
ISBN 978-7-5606-4286-4

Ⅰ．①大… Ⅱ．①曹… Ⅲ．①社会主义法制 – 法制教育 – 中国 – 高等学校 – 教材 Ⅳ．① D920.4 ② G641.5

中国版本图书馆 CIP 数据核字 (2016) 第 231949 号

策划编辑　高　樱
责任编辑　蔡雅梅　马武装
出版发行　西安电子科技大学出版社（西安市太白南路 2 号）
电　　话　(029)88202421 88201467　　　　　邮　　编　710071
网　　址　//www.xduph.com　　　　　　　　电子邮箱　xdupfxb001@163.com
经　　销　新华书店
印刷单位　咸阳华盛印务有限责任公司
版　　次　2016 年 10 月第 1 版　　2021 年 8 月第 6 次印刷
开　　本　787 毫米 ×960 毫米　1/16　印　张　14.5
字　　数　259 千字
印　　数　27 001~32 000 册
定　　价　32.00 元
ISBN 978-7-5606-4286-4/D

XDUP 4578001-6
***** 如有印装问题可调换 *****

党的十八届四中全会明确提出要全面推进依法治国，建设社会主义法治国家。习近平总书记指出，要坚持法治教育从娃娃抓起，把法治教育纳入国民教育体系和精神文明创建内容，由易到难、循序渐进，不断增强青少年的规则意识。

国家第七个五年法治宣传教育规划强调，法治宣传教育的对象是一切有接受教育能力的公民，重点是领导干部和青少年。教育部《依法治教实施纲要（2016—2020年）》要求，教育系统广大干部、师生特别是领导干部要牢固树立社会主义法治观念，自觉办事依法、遇事找法、解决问题靠法，自觉守法、抵制违法，成为社会主义法治的忠实崇尚者、自觉遵守者、坚定捍卫者。学校在推进依法治校进程中，要积极贯彻落实党和国家要求，紧跟时代发展步伐，努力把加强学生法治教育、培养学生法治观念放在教育工作的突出位置。

大学生在校求学期间，正处于人生中一个非常重要的时期，这个阶段所形成的思维、观念、意识等，对学生发展可能产生重要影响。学校作为教书育人的场所，要着力强化学生的规则意识，倡导契约精神，弘扬公序良俗，实践法治育人功能，这也是立德树人的应有之义。也正是基于此考虑，西安电子科技大学保卫处编写了这本《大学生法治教育》，选取了我国宪法、国家安全法、刑法、民法、行政法等现行法律制度中，与大学生身份、大学校园生活密切相关的部分内容，运用法理阐述、法条解释、案例分析、警示提醒等方式，为广大学子提供了一部理论与实践相结合的法律教育读本。

希望通过这部读本，使广大学生了解和掌握法律知识，树立良好的法律意识，学会运用法律武器维护自身合法权益，努力成为守法的模范，营造和谐的校园氛围，促进社会形成知法、守法、用法和维护法律尊严的良好环境，为构建法治国家贡献一份力量。

　　是为序。

西安电子科技大学党委书记　陈治亚

2016. 7. 5

前言
preface

　　本书是根据当前大学生法治教育的现状，以大学生群体在新形势下的法律安全需求为基础编写而成的。本书的主要内容包括依法治国与依法治教，大学生在宪法方面的常见问题与解决对策，大学生在国家安全方面的常见问题与解决对策，大学生在刑法方面的常见问题与解决对策，大学生在民法方面的常见问题与解决对策，大学生在商法、经济法方面的常见问题与解决对策，大学生在行政法方面的常见问题与解决对策，以及大学生与法治。书中对大学生群体在日常学习、生活中可能遇到的相关法律问题进行了归纳解析，不仅是对法律知识的介绍与普及，而且是对法治思维、法治意识的培养与树立。

　　本书由曹智主编，蒋舜浩主审，陈峰、徐楠负责统稿。绪论由曹智负责编写，第一章由陈峰负责编写，第二章由徐少桐负责编写，第三章由徐楠负责编写，第四章由魏巍负责编写，第五章由陈亚军负责编写，第六章由罗阳负责编写，第七章由魏巍负责编写，第八章由陈峰、陈亚军负责编写。

　　本书内容参考了大量的法律法规，借鉴了国内法治教育方面的专著、论文、网络资料等，在此向相关作者表示衷心的感谢。本书的出版得到了西安电子科技大学出版社的大力支持，这里对出版社相关人员的辛勤工作表示深深的谢意。

　　由于系初次编写此类教材，加上编者水平有限，书中难免有疏漏和不妥之处，恳请各位读者批评指正。

编　者

2016年7月

目 录
contents

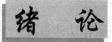

　　"法治"一词很早就出现在古书中。《晏子春秋·谏上九》中提到："昔者先君桓公之地狭于今，修法治，广政教，以霸诸侯。"《淮南子·氾论训》中提到："知法治所由生，则应时而变；不知法治之源，虽循古终乱。"在西方，法治最早可追溯到亚里士多德的"法治理论"。亚里士多德提出的法治包括两点：一是有优良的法律，二是优良之法得到民众普遍遵守。这个思想得到了后来者的发扬，并构成了当代法治思想的核心与精髓。那么到底什么是法治？学术界有很多不同的说法，其中最常用的是：法治是指以民主为前提，以严格依法办事为核心，以制约权力为关键的社会管理机制、社会活动方式和社会秩序状态。

　　1997 年，党的十五大政治报告首次明确提出了"建立社会主义法治国家"的目标，不久后，这一目标又被写进了我国的宪法，从中国共产党的政治目标转变为国家的政治目标。自党的十八大以来，习近平总书记就"法治中国"建设作出了一系列重要的批示和重要的讲话。可见"法治"一词从古至今一直未离开过我们的视线，尤其是当今的中国对"法治"的理解及运用达到了前所未有的高度。

一、大学生法治教育的必要性与重要意义

　　当代大学生是社会主义事业的建设者和接班人，提高大学生的法律意识特别是法治意识尤为重要。党的十八届四中全会提出要"深入开展法治宣传教育，把法治教育纳入国民教育体系"，其目的是在全社会"树立法治意识"，进而"使全体人民都成为社会主义法治的忠实崇尚者、自觉遵守者、坚定捍卫者"。大学生既属于法治宣传教育的对象，又是国民教育体系法治教育的对象，因而必须高度重视大学生的法治教育。

　　依法治国是国家治理的基本方略。坚持依法治国，建设法治国家、法治政府、法治社会，"是坚持和发展中国特色社会主义的本质要求和重要保障，是实现国家治理体系和治理能力现代化的必然要求，事关我党执政兴国，事

关人民幸福安康，事关党和国家长治久安"。依法治国必须树立法治意识和法治理念，在法治意识和法治理念的指导下去实施法治，而树立法治意识必须进行法治教育。大学生是社会成员的一部分，他们自身法治意识的程度体现着整个社会的法治意识水平；大学生是社会成员中接受高等教育的群体，他们具有良好的文化底蕴和知识素养，在社会生活中能够发挥重要的作用，他们的法治意识程度以其特有的作用影响着社会的法治意识水平；大学生是祖国的希望、民族的未来，他们在未来的国家发展中将发挥主导作用，其自身的法治意识水平对未来中国法治建设的程度有决定作用。因此，必须高度重视大学生的法治教育并提高大学生的法治意识。实际上，大学生法治教育内容应该突出以下三个方面：

第一，法律规范的认知。依法治国，就是依照国家的法律规范来治理国家，所以必须让大学生充分认识法律规范的内容和意义。一是要让大学生认识到法律是一种行为规范，这种规范告诉人们什么是可以做的、什么是必须做的、什么是不能做的，这是法律规范的指引作用；二是让大学生认识到法律规范是人们行为和评价的标准，这种标准告诉人们在社会生活中应该如何去做，这是法律规范的标准作用；三是让大学生认识到法律规范是国家意志的体现，是靠国家强制力来保证实施的，违背了法律规范，就违背了国家意志，就要根据违法的程度受到相应的法律处罚，这是法律规范的强制作用。法律规范的认知还包括对法律规范体系的认知，要知道国家有哪些法律规范，以及这些法律规范在法律体系中居于怎样的地位、具有怎样的功能。

第二，法治思维方式的培养。法治意识的树立在现实中表现为处理问题的法治思维方式，所以要着力培养大学生的法治思维方式。法治思维方式就是人们用法律的规范、原则、理念作为标准来分析、判断、处理问题的思维方式。法治思维方式和人治思维方式有本质的区别，也和其他处理问题的方式有根本区别。法治思维完全依靠法律来处理、解决问题，体现出国家意志；而道德或情感等其他处理、解决问题的方式，由于缺少法律的规范性、标准性，因而难免导致公平公正的缺失。法治思维方式体现为法律的至上性和法律的优先性。法律的至上性即在国家主权范围内，法律对所有人、所有单位机关都具有约束力，任何人不得违背法律的规定，任何单位、个人和国家机关必须严格按照法律的规定去处理和解决问题。法律的优先性即法律在处理、解决问题的过程中，优先于道德等其他规范。法治思维方式还包括用法律处理问题时要讲程序，违背程序也会使法律的权威受到挑战。

第三，坚定法治信仰。要使法治落到实处，除了对法律规范的理性认知和法治思维方式的培养外，还必须要有坚定的法治信仰。党的十八届四中全会指出："法律的权威源自人民的内心拥护和真诚信仰。人民权益要靠法律保障，法律权威要靠人民维护。"对大学生来说，首先要知道信仰是一种世界观和价值观。作为世界观，信仰以付诸实践、付诸行动为本质，鞭策人们按照信仰的内容自觉去行动；作为价值观，信仰以值得肯定和值得追求为表征。其次，要理解"法律被信仰才能变成行动"的道理。依法治国的目标能不能实现，关键要看人们是不是信仰法律，法律只有被信仰才能被有效执行。第三，要懂得"信仰法律就要付诸行动"。法治信仰是法治教育的灵魂，坚定法治信仰，必须在实践中自觉遵守法律，维护法律的权威，把法治意识和法治理念乃至法律规范落实到行动上。最后，要认识法律信仰还包括对法治国家目标实现的坚信。我国有党的领导，有政府的倡导和带头奉行，有人民的遵守和积极的维护，法治国家的目标一定能实现。

大学生的法治教育路径主要有三条。基本路径是课堂教学，主要是通过"思想道德修养与法律基础"课程讲授法律知识和法治理念。课堂教学需要把握好法律知识和法治理念的关系，要以基本知识为基础、以法治理念教育为根本。拓展路径是参观司法实践。参观司法实践是为了使学生了解司法过程，清楚国家司法机关是如何使用法律处理案件的，这能加深大学生理解法治实践和法律的意义。探索路径是行政执法实践的调研。行政执法是法律适用的基本环节，而法治国家的主要层面就体现在政府依法行政上面。这个路径之所以是探索性的，是因为过去在这方面做得不够。通过这个路径能让大学生更深刻地理解依法治国的方略和现实法治的状况，进而坚定法治信仰，树立法治意识，自觉遵守法律规范，积极参加法治中国的建设。

二、大学生法治教育的主要内容

大学生法治教育是高等教育依法治教的基础和前提，是培养合格社会主义接班人的重要内容，也是大学生个人提高素养的手段。法治教育的内容十分广泛，本书也不可能包罗万象，作者只是选择了与大学生学习、生活等相关的一些提高法治素养的基本内容，主要包括以下几个方面：

（一）依法治国

依法治国就是依照体现人民意志和社会发展规律的法律治理国家，而不是依照个人意志、主张治理国家；要求国家的政治、经济运作、社会各方面的活动都依照法律进行，而不受任何个人意志的干预、阻碍或破坏。简而言之，依法治国就是依照宪法和法律来治理国家,是中国共产党领导人民治理国家的基本方略,是发展社会主义市场经济的客观需要,也是社会文明进步的显著标志,还是国家长治久安的必要保障。依法治国,建设社会主义法治国家,是人民当家做主的根本保证。

宪法是法治的标志,没有宪法,就没有法治,就不可能实行真正意义上的依法治国,因此依法治国的核心是依宪治国。依法治国的基本要求是有法可依、有法必依、执法必严、违法必究。有法可依是依法治国的前提。有法必依是依法治国的中心环节。执法必严是依法治国的关键。违法必究是依法治国的必要保证。依法治国的内容主要有以下几个方面:

(1) 依法治国的主体是党领导下的人民群众。

(2) 依法治国的本质是崇尚宪法和法律在国家政治、经济和社会生活中的权威,彻底否定人治,确立法大于人、法高于权的原则,使社会主义民主制度和法律不受个人意志的影响。

(3) 依法治国的根本目的是保证人民充分行使当家做主的权利,维护人民当家做主的地位。依法治国是一切国家机关必须遵循的基本原则。

(4) 立法机关要严格按照《中华人民共和国立法法》制定法律,逐步建立起完备的法律体系,使国家各项事业有法可依。有法可依是实现依法治国的前提条件。

(5) 行政机关要严格依法行政。依法行政要求各级政府及其工作人员严格依法行使其权力,依法处理国家各种事务。依法行政是依法治国的重要环节。

(6) 司法机关要公正司法、严格执法。

总之,依法治国要求各国家机关切实做到有法必依、执法必严、违法必究。

(二) 依法治教

依法治教,即全部的教育活动都应当符合教育法律的有关规定,所有的教育法律关系主体在从事各类教育活动时都应当遵守教育法律的规定和精神。依法治教的主体,就是参与教育法律关系的主体。能够成为教育法律关系主体的有:

(1) 各级权力机关,即各级人民代表大会及其常务委员会,它们有权制定教育方面的法律法规,听取政府有关教育工作的报告,审议有关教育经费的预算和决算,对政府的教育工作提出质询,检查、监督教育法的实施情况。

(2) 各级行政机关,即各级人民政府及其职能部门、各级教育行政部门及其他有关的行政部门,它们在各自的职责范围内,行使自己的管理职权,履行自己的管理责任,依法行使教育管理职能。

(3) 各级审判机关、检察机关,即各级人民法院和人民检察院。其中,人民法院依法审理有关教育的案件,人民检察院依法进行检察、监督。

(4) 各级各类学校及其他有关机构依法进行学校管理。

(5) 企事业单位、社会团体、公民个人等依法参与教育事业的管理和监督工作。

依法治教的内容主要包括教育立法、教育普法、教育执法、教育司法、教育守法、教育法律监督、教育法律救济等方面。其中依法行政、依法治校是依法治教的核心体现。

(三) 大学生的法治观念

法治观念是对法治精神追求的抽象概括,是指导人们进行法治实践的思想基础、基本原则和价值追求,关乎对法律的态度和对法律的信仰程度,是一种特殊形式的社会意识。法治观念包括对法律的价值、法律的制度性建构、司法体制及其效率等的预期、认识和评价。培养大学生的法治观念,即将对法治的尊重和信仰内化于大学生的心中,增强他们对法治深切而热烈的信念,引导他们从法治的角度去认识社会和体验人生。

(四) 大学生法治观念的应用

用法治观念解决大学生所面临的法律问题,主要包括当代大学生在宪法、国家安全法、刑法、民法、商法、经济法、行政法等方面的常见问题,通过对上述法律基本概念的梳理和对涉及大学生群体的法律的解读与案例分析,提高大学生在上述法律范畴框架内的法律常识,增强法律法规意识,培养法治观念与法治思维,树立法治精神,从而更好地学法、懂法、用法。

第一章 依法治国与依法治教

2014 年，中国共产党十八届四中全会一致通过了《中共中央关于全面推进依法治国若干重大问题的决定》，提出了"建设中国特色社会主义法治体系，建设社会主义法治国家"的命题，对加强中国特色社会主义法治体系的建设，全面推进依法治国，加快建设社会主义法治国家，具有十分重要的现实意义。

当代大学生作为社会主义事业未来的建设者，理应对这一理论的历史背景、发展历程及重要意义进行全面、充分的了解和学习，从而为今后的学习、工作奠定良好的基础。

第一节 法治的由来

一、人治、德治与法治

人类自从聚集在一起生产、生活开始，就面临着治理的选择，从最初的原始部落，到奴隶社会国家的形成，再到封建社会国家的发展，直至现代国家的诞生，无论哪个阶级占据统治地位，都是在不同的选择过程中不断发展前行，从而实现对国家的治理。可以说，从奴隶社会开始，直至人类文明高度发达的今天，统治者或者统治阶级都在思考着一个相同的问题——如何治理国家？

纵观历史，对于社会和国家的治理方式，无外乎人治与法治两大基本模式。从人治到法治是人类文明、社会进步的表现，虽说采取何种方式治理国家一直困扰和伴随着人类的发展，但同时也体现着人类社会的不断进步，代表着人类的成熟。

（一）人治与德治

人治之于社会治理，应当是始于原始部落时期。虽然原始部落并非现代意义上的国家，也不具备国家的基本要素，但从某种意义上讲，部落首领对于整个部落乃至部落联盟的治理或者管理方式，其实质已经是人治的方式，或者可以称其为具有了人治的雏形，只不过这种管理是以部落成员对其个人的崇拜为前提的。

随着社会的发展，以及人类对于自身、社会和世界的认知度越来越广泛、深入和多样化，国家治理也逐渐被一部分思想家和社会学家进行研究、分析、总结和升华，出现了不同的学说、观点，他们提出了各自思想中理想的管理模式。由于历史的局限性，这些思想家以及社会学家的主张或者学说都被烙上了深深的阶级印记，成为统治者和统治阶级管理民众的工具。

1. 柏拉图的"理想国"

西方社会普遍认为，人治作为一种政治主张是由古希腊思想家柏拉图（公元前 427 年—公元前 347 年）提出的。柏拉图是西方客观唯心主义的创始人，其哲学体系博大精深，在教育学方面有着很多独到的、至今仍被广泛采纳的观点。虽然其大多数理论，尤其是哲学思想在我国曾经被贴上了"唯心主义"的标签而进行过批判，但是柏拉图的思想长期以来一直影响着欧洲乃至整个西方，直到近代，西方哲学才逐渐摆脱了柏拉图思想的控制。

之所以将柏拉图作为人治主张的提出者，是缘于他的著作《理想国》。在这部著作中，柏拉图描绘了一个理想的乌托邦。他认为，国家应当由哲学家来统治，公民由卫国者、士兵和普通人民三个阶级组成。其中，卫国者（统治者）是少部分管理国家的精英，可以被继承，任务就是监督法典的制定和执行。他甚至提出政府可以在为了维护公众利益时撒谎。在今天看来，柏拉图描绘的理想国实质上是一个可怕的极权主义国家。

虽然提出了管理国家的方式，但柏拉图本人并没有试图实现理想国中的国家机器。在《理想国》之后，柏拉图还先后完成了《政治家篇》和《法律篇》两部内容与国家管理有关的著作，其主旨则有了明显的变化。在《政治家篇》中，柏拉图首次明确论述了法律的作用并以法律作为划分政体的标准。但是他仍然认为，真政治家（哲学王）无需用法律统治，法律虽然在理论上是荒谬的，但是在现实中还是有一定作用的。在其最后的作品《法律篇》中，柏拉图进一步提出了关于法律作用的思想。从理想出发，他推崇哲学王的统治，指出"没有任何法律或条例比知识更有威力"；从现实出发，他又同时强调，人类必须具有法律并且遵守法律，否则他们的生活将如同最野蛮的兽类。在这一思想的指导下，《法律篇》改变了《理想国》中统治者实行公产、公妻、公餐、公育制的思想，恢复私有财产和家庭的论述，并提出把后天财产的多寡作为公民等级划分的依据。

2. 儒家的"贤人政治"

在柏拉图出生前 120 多年的中国春秋时期，诞生了一位被誉为"世界十大文化名人之首"的人物，他就是孔子（公元前 551 年—公元前 479 年），由孔子创立的儒家学说不仅影响着中国数千年的历史，同样对世界产生了巨大的影响。

以孔子为代表的儒家思想中有关治国理政的主张，对于中国最大的影响便是依靠道德高尚的圣贤通过道德感化来治理国家。因此，中国古代自诩为"真命天子"、自认为"圣贤君王"的历代封建统治者长期将其奉为正统思想。

儒家主张为政在人，虽然认为法固然不可缺少，但执政者的作用则是关键，因为"其身正，不令则行，其身不正，虽令不从"。同时，儒家学说强调圣贤君主应当以身作则、施德行仁，并任用得力官吏推行礼治，从而达到"文武之治，布衣方策"的境界。如果君王圣贤，则"其人存，则其政举"，否则，"其人亡，则其政息"。

儒家学说的这种靠圣贤以道德感化教育人，从而达到天下"大一统"的思想，亦被称为"礼治"或"德治"，因为在儒家学者看来，无论人性善恶，都能够用道德进行感化或改造，使人心良善，知道耻辱而无奸邪之心。无论是礼治，还是德治，其实质还是人治，只不过德治更强调教化的程序。从儒家学说描绘的"天下大同"的美好愿景来看，德治是人治的理想状态，这一理想状态能够实现所依赖的根本还是需要"贤人"，需要勤奋、敬业并且具有高尚的人格魅力的治理者。

3. 人治的本质

人治作为一种治理国家的手段或者理念，无论是在古老东方的中国，还是在西方的发展过程中，都被奴隶主阶级和封建统治者长期推崇，成为一种正统的治国思想。

人治就是个人或少数人因为各种机缘巧合的历史原因掌握了社会公共权力，从而以军事、经济、政治、法律、文化、伦理等物质与精神的手段，对社会其他大多数成员进行等级统治的社会体制。这种体制在封建社会达到了顶峰，强调的是个人权利在法律之上。

总结历史可以发现，人治作为一种管理机制，或者称之为国家运行方式，其特征主要有两个方面：一是权力的一元化特征显著，表现为采取自上而下、单向、等级森严的"线状"权力控制模式；其次，世袭制是权力延续的主要方式，往往是由一个家族延续着统治或者控制国家军事、政治等权力机关，即便是一个家族被推翻或替代，新的统治者依然采取世袭方式。世袭制在封建社会时期的各个国家表现得尤为突出。

（二）法治

法治理论是法理学中一个重要的组成部分，包含着丰富的内容和理论，是中外法学家重点研究的法学基础理论之一，本节仅简单介绍其中最主要的一部分。

1. 法治的出处

如果仅从字面理解，法治就是根据法律治理国家，它是与"人治"相对立的，诸多古籍和历史事件中，都有关于法治的各种记载。

我国春秋时期"诸子百家"中以韩非子（约公元前280年—公元前233年）、管仲（公元前719年—公元前645年）为代表的"法家"，基于对人性恶的认识，提出了与儒家"礼治"、"德治"等相对立的"以法治国"的主张，诸如韩非子的"刑过不避大臣，赏善不遗匹夫"，管仲的"同功者，同赏；同罪者，同罚"等理论。后人根据春秋时期齐国政治家晏婴的言行和主张汇编的《晏子春秋·谏上九》中，就有"昔者先君桓公之地狭于今，修法治，广政教，以霸诸侯"的主张；西汉皇族淮南王刘安编著的《淮南子·氾论训》中也有"知法治所由生，则应时而变；不知法治之源，虽循古终乱"的主张。但上述主张中的"法治"并非现代意义的法治，只是与"刑"、"罚"相关，注重的仅仅是法的约束和惩治作用，具有一定的片面性，而且受阶级局限性的影响，这种对"法"的认识，终究是君王统治、约束臣民的工具。

在西方社会，法治理论的提出者最早可追溯到现实主义的鼻祖亚里士多德（公元前384年—公元前322年）。他曾明确提出"法治应当优于一人之治"，主张从现实的国家出发，防止国家堕落和促进国家的发展。基于对人性和理性的怀疑态度，亚里士多德主张法治，并且指出法律的来源也不应是人的理性或者学者的思考，而是来自于历史和传统中为人们所遵循及认知的东西，也就是历史的理性。

亚里士多德提出的"法治"包括两点：一是有优良的法律，二是优良之法得到民众普遍遵守。这个思想得到了后来者的发扬，并构成了当代法治思想的核心与精髓。

2. 法治的含义

法治是人类政治文明的重要成果。"天赋人权"的提出者、英国思想家约翰·洛克（1632年—1704年）提出："个人可以做任何事情，除非法律禁止；政府不能做任何事情，除非法律许可。"法治，是给公民以最充分的自由，是给政府以尽可能小的权力。法治社会的真谛在于：公民的权利必须保护，政府的权力必须限制，与此背离的就不是法治社会。

法治是与人治根本相对立的，是不同的治国理念，从字面理解，法治就是

法的统治,是依据法律治理国家。看似简单的一句话,却包含着两个层面的含义:

首先,从形式意义上讲,法治是一种治国的方略、社会调控方式,强调以法治国、法律至上的方式、制度及运行机制。其次,从实质意义来看,法治是一种法律价值、法律精神,一种社会理想,强调"法律至上"、"制约权力"、"保障权利"等价值、原则和精神。只有形式意义的法治与实质意义的法治统一,才能体现真正的法治,二者缺一不可。

3. 法治与法制

"法治"和"法制"是我们经常在生活中听到和看到的两个词语,很多时候大多数人不仅会将两者混为一谈,而且无法正确区分两者的关系。事实上,"法治"与"法制"是两个完全不同的概念,两者既有联系,又有区别。

法治,如前所述,是指以民主为前提和基础,以严格依法办事为核心,以制约权力为关键的社会管理机制、社会活动方式和社会秩序状态。法制有广义和狭义之分,广义的法制泛指法律制度,一般指掌握政权的社会集团按照自己的意志,通过国家政权建立起来的法律和制度;狭义的法制,则是指一切社会关系的参加者严格地、平等地执行和遵守法律,按照一定的原则和制度依法办事。法制包括法律实施和法律监督等一系列活动和过程。

"法治"和"法制"是既有联系又有区别的两个概念,不容混淆。两者的联系在于:法制是法治的基础和前提条件,要实行法治,必须具有完备的法制;法治是法制的立足点和归宿,法制的发展前途必然是最终实现法治。两者都强调了静态的法律制度,以及将这种静态的法律制度运用到社会生活当中的过程。

法治与法制的最大区别在于,法治包含了价值内涵,强调了人民主权,而法制概念则不包含价值。法制只强调形式意义方面的内容,法治既强调形式意义的内容又强调实质意义的内容。具体来说,两者的区别有以下几点:

(1) 法制属于制度的范畴,是一种实际存在的东西;而法治是相对于"人治"而言的,是一种治国的原则和方法,是对法制这种实际存在事物的完善和改造。

(2) 法制的产生和发展与所有国家直接相联系,任何国家都存在法制;而法治的产生和发展却不与所有国家直接相联系,只有民主制国家才存在法治。

(3) 法制的基本要求是各项工作都法律化、制度化,并做到有法可依、有法必依、执法必严、违法必究;而法治的基本要求是严格依法办事,法律在各种社会调整措施中具有至上性、权威性和强制性,不是当权者的任性。

(4) 实行法制的主要标志,是一个国家从立法、执法、司法、守法到法律监督等方面,都有比较完备的法律和制度;而实行法治的主要标志,是一个国家的任何机关、团体和个人,包括国家最高领导人在内,都严格遵守法律和依法办事。

二、"人治"与"法治"之争

今天，人们已经普遍接受法治是所有国家应当追求的，人治往往受到批判，甚至被等同于专制。从普及法治常识、确立人们对法治的追求方面而言，这种类似于宣传的文字无伤大雅，但是，若是将这样的文字当作法理学理解，则是有失偏颇的。如果法治手段真的非常优越，而人治非常恶劣，且反差如此鲜明，那么人类历史上为什么还会有长期的"人治"与"法治"之争？人治又怎么可能曾经长期被一些伟大的思想家作为一种治理社会、国家的基本方法而反复提出呢？

事实上，在法学和政治学中，法治是同人治并列的两种基本的治国方法。既然是并列，优劣利弊就不可能如此简单明了，只有在难分高下的较量中，法治相对于人治的优点才值得追求。因此，不能简单地用好与坏来评价这两种管理手段与机制。

1. "人治"论

主张"人治"者认为国之治乱，不在法而在于统治者是否贤能。人治论者注重历史经验，强调人的智力和远见是有差别的，道德水平和责任感也不同，因此不仅需要一些贤人智者来指路，而且人们往往非常信赖、高度尊敬这些贤人智者。此外，之所以推崇人治，是因为他们认为这种"可以当机立断、快刀斩乱麻"的决策方式不仅节省时间，而且省去了许多麻烦。

事实上，人治论者不否认法律存在的必要性和规则的重要性。例如，孔子作为中国"人治论"的代表人物就着力强调"礼治"，认为"安上治民莫善于礼"、"礼乐不兴则刑罚不中"，实际就是强调要遵循规则、制度和法律。但是在人治论者看来，任何完备的法律总会存在许多照顾不到的地方，所有的规章制度，最终还必须通过人来治理，因为"徒法不足以自行"。所以，在人治论者看来，最好的治理方式是贤人的政治治理。

现代宪政国家的运行机制中，人治作为一种管理机制，从法律上讲是不存在的。但是，在长期受封建统治的国家中，人治的观念还普遍存在于普通民众的思维之中，民众更愿意相信统治者的贤能与否才是国家是否长治久安的基础，仍然寄希望于"青天大老爷"主持公道，而不是依赖于统治阶层所颁布的法律，不愿意接受通过法律来调整和控制权利的方式，"青天大老爷"折射出的传统文化心理，正是贤人政治的典型体现。

从历史来看，人治模式的最大弊端就在于缺乏平等的利益集团或政治权力与国家权力间的横向控制，从而容易滋生出"独裁"与"专制"。前文已经叙述，人治的最大特征是权利一元化明显，而恰恰是这种一元化的"线状"控权模式，成为宪政生成的政治障碍。

2. "法治"论

法治论者认为，社会的最佳统治方式是法治。依据法治论者得出法治结论的理由或方式不同，又可以将他们分为理性主义的法治论者和怀疑主义的法治论者。理性主义的法治论者相信法律作为一种理性"是不受欲望影响的"(源于亚里士多德的理论)，是"永恒正确的理性"，或"永远公正"的普遍意志的体现。怀疑主义的法治论者则认为，人的理性力量(无论是个人还是一个时代的人)永远是有限的，只有依据一代代人的智慧累积而成的制度，依据长期形成的规则和前例，人类才可能相对恰当地处理相关事务。

法治论者强调法治是最合适的治国方略，是基于以下两点：首先，世界上不存在在一切重要关头都能高瞻远瞩且不犯错误的贤人智者；其次，即使有如此贤人智者，是否能够通过某种方式发现并保证这样的人处于适当的治理国家的位置之上。从这个意义上说，法治就是一切人都要按照既定的普遍为人们所知晓的规则办事，不违背已经确定的规则，不凭借个人的主观看法行事，即使是身居高位的统治者也是如此，特别是在一些重大的原则问题上，更要严格遵循社会中已经确定的规则，以此来防止和减少统治者犯错，甚至滥用权力。

3. 韦伯概述

开创比较社会学、理解社会学基本研究方法的德国著名社会学家、政治学家、社会理论家马克斯·韦伯(1864年—1920年)在其著名的论文《政治作为一种职业》中阐述了自己对于国家、对于统治方式的论述，对整个西方社会乃至世界认识和研究政治学的根本产生了重要的影响作用。

在这篇论文里，韦伯将国家定义为一个"拥有合法使用暴力的垄断地位"的实体。他主张，政治应该被视为是任何会影响到控制暴力的权力分配的活动。根据对不同国家的研究，韦伯将社会生活中合法的统治方式大致分为三类，分别是法理型、传统型和魅力型统治。法理型统治相信法律，即使有权威的人也只有在法律规则之下才有发布命令的权利。人们普遍遵守法律，信守法律，法律代表了一种大家都遵守的普遍秩序。传统型统治是基于源远流长的传统的神圣性，相信按照传统实施统治的合法性。魅力型统治是指人们确信一些非常有个人魅力的领导人具有超凡的智慧、品质，并因此使这些领导人统治国家并获得合法性。根据韦伯的分类，法理型和传统型统治大致相当于法治，而魅力型统治大致相当于人治。

韦伯认为，魅力型统治是一种前理性时代的社会现象，当社会出现危机时，魅力型人物可以促进人们改变价值观念和信仰，使人们接受一种新的信仰和做法。其关键在于当时的人们需要这样的人物，他们尊崇这种魅力型人物，追随他进行社会变革。表面看来，这种对于领袖人物的迷信是一种愚昧的行为，但是韦伯认为，这种人物的出现以及与之相伴的魅力型统治往往具有革命的力量，因为正是这种魅力型领袖促使人们能迅速、不加反思地摆脱旧的思想观念和行为模式的约束，与旧制度彻底决裂。在韦伯看来，这样的统治会形成一个魅力型共同体，也没有确定的、固定的议事机构和决策程序，往往凭魅力型领导人的个人智慧进行决策。因此魅力型统治是典型的人治。

尽管今天我们已经习惯赋予法治以褒义，赋予人治以贬义，但是如果作为统治方式来看，这两种方式并不能简单地以褒义或贬义来评价，两者最终所追求的目标实际并无很大的差异。因为，法治论者并不反对杰出统治者和官员在许多非重大问题上，在一些必须即刻决定的问题上，在一些必须行使裁量权的问题上充分发挥他们个人的才智判断，行使裁量性的权力，也不反对杰出的领导人运用他的个人魅力、远见卓识、领导才能来影响民众的意见和观点。与此同时，人治论者也并非只强调圣人的作用。

从历史的实际发展来看，法治和人治都具有其特定的合理性，而且这种合理性都是由历史和社会构成的，并不具有永恒的、普遍的合理性。相对来说，法治具有更多普遍的合理性，但是，这种优点不是法治本身所具有的，而是由于社会生活的特点所促成的。我们可以看到，人治的问题并不在于任何统治者都可能犯错误（事实上法治同样可能犯错误甚至是重大的错误），而在于人治无法作为一个长期治国的手段，无法保证制度、政策的稳定性和可预期性，在于领导人是否真的或总是具有那么多的智慧和贤德，特别是在现代高度分工的社会中这点显得尤为重要。

第二节　依法治国

随着社会的发展进步，我国公民越来越信奉法律，崇尚法治。因为，越来越多的人已经意识到，在中国这样一个13亿人口的大国，要实现政治清明、社会公平、民心稳定、长治久安，最根本的还是要靠法治，这项工作还需要全社会、全体公民长期持续推进，只有法治建设持续深入地推进，其成效才会成倍放大。

一、中国的法治进程

中国有着长达几千年的封建社会统治，人们曾只追求"人治"的完善，将治国理想寄托在"圣人"、"明君"身上，但历史的车轮却一次次无情地碾碎了这一幻想。

（一）新中国成立前的法治建设

虽然古代中国治国理政的土壤里有过"法治"的种子，早在数千年前的春秋战国时期，就有过"奉法者强则国强"（引自《韩非子·有度》）的法治宣言，也有过"王子犯法与庶民同罪"（引自《史记·商君列传》）的法治原则，但同时也有"刑不上大夫"（引自《礼记·曲礼》）的法治缺憾。当西方已经大致勾勒出法治的框架时，我们才发现，原来法治在守护社会公平正义方面能发挥如此积极有效的作用。

1840年开始的鸦片战争，使得中国遭受到了一系列的屈辱，促使当时的士大夫阶层开始反思，我们的国家发生了什么问题，为什么由盛转衰。许多人发现是制度出了问题，几千年的中国传统社会的治理结构已经落后于时代发展的要求。当时的清政府迫于内外压力，推行了立宪运动，进行了名义上的立宪改革，但其实质只是为了维护自己的统治，从而最终导致了封建帝制的垮台。

1911年，以孙中山为首的民族资产阶级发动了辛亥革命，摧毁了两千多年的君主专制制度，在中国建立起效仿西方的"分权"体制，并且颁布了一系列法律法规，试图建立起较为理想的法治框架和运行体系。但是，由于现实社会条件的限制和统治者们对法律的蔑视，最终并未取得根本性的革命胜利，法治的环境并未真正建立起来。直到新中国成立后，这一进程才取得了显著的成效。

（二）新中国成立初期的法治建设

1949年，中华人民共和国成立，随后，在除旧布新的洪流中，旧中国的一系列制度被彻底否定，旧的司法体系被彻底打倒。为了维护新中国成立初期的社会秩序，国家先后制定了一系列人民群众生活和维护政权迫切需要的法律、法规和条例，保障了人民民主政权的稳定。

1954年，第一届全国人民代表大会通过了首部《中华人民共和国宪法》，这是我国第一部社会主义类型的宪法，标志着我们从此走上了探索和实践法治的道路。即便如此，当时的社会仍然存在着很多法律空白。从1957年开始，反右派斗争扩大化后，"左"的失误导致轻视法制思想的流行，法治进程受阻。从1966

年开始的文化大革命，在"砸烂公、检、法"的口号下，中国的法治进程彻底停滞。

（三）十一届三中全会以来的法治建设

1978年，在中国共产党十一届三中全会上，党中央提出了"健全社会主义民主，加强社会主义法制"的目标，并提出"有法可依，有法必依，执法必严，违法必究"的社会主义法制建设的基本方针，极大地推进了我国法制建设的进程和步伐。随后，我国制定和颁布了一系列法律，推行了一系列创新制度，取得了不少的成就。

1997年召开的中国共产党第十五次全国代表大会将"依法治国"确立为治国的基本方略，同时将"建设社会主义法治国家"确定为社会主义现代化建设的重要目标，并提出了建设中国特色社会主义法律体系的重大任务。1999年，九届人大二次会议对宪法进行了修订，将"中华人民共和国实行依法治国，建设社会主义法治国家"载入宪法，中国的法治建设揭开了新篇章。这一时期，我们的法律、法治建设取得了长足进展。2010年，中国特色社会主义法律体系已经初步形成。

2012年，党的十八大报告明确"全面推进依法治国"的方略，指出"法治是治国理政的基本方式。要推进科学立法、严格执法、公正司法、全民守法，坚持法律面前人人平等，保证有法必依、执法必严、违法必究"。会议通过了《中共中央关于全面深化改革若干重大问题的决定》，对加强社会主义民主政治制度建设和推进法治中国建设提出了明确的要求。党的十八大报告吹响了在新的历史起点上全面推进依法治国的进军号，对加快建设社会主义法治国家具有重要的指导意义。

2014年10月，中国共产党十八届四中全会首次专题讨论了依法治国的问题，通过了《中共中央关于全面推进依法治国若干重大问题的决定》，提出了推进依法治国的路线图，标志着依法治国进入更深的层次，预示着法治建设将要走向一个新的高度，法治的实践达到了一个新境界。

我国的法治历程在一代代人的努力下取得了巨大的进步。十一届三中全会以来，党的历代领导人高度重视依法治国的进程，不断根据我国发展的实际需要和面临的新形势，及时调整方向、制定策略、修正偏差。从1997年党的"十五大"把"依法治国"写进党章，到1999年宪法修订案明确"中华人民共和国实行依法治国，建设社会主义法治国家"，到2012年党的"十八大"明确"全面推进依法治国"方略，再到中国共产党十八届四中全会通过《关于全面推进依法治国若干重大问题的决定》，我国以执政党最高政治文件和最高政治决策的形式制定了治国方略，这一过程充分表明了中国共产党建设法治国家的决心和信心。

二、依法治国的内涵

依法治国就是依照体现人民意志和社会发展规律的法律治理国家，要求国家各方面的活动统统依照法律进行，而不受任何个人意志的干预、阻碍或破坏。具体到我国，依法治国就是广大人民群众在党的领导下，依照宪法和法律的规定，通过各种途径和形式管理国家事务，管理经济文化事业，管理社会事务，保证国家各项工作都依法进行，逐步实现社会主义民主的制度化、法律化，使这种制度和法律不因个人意志而改变。

正确理解依法治国的内涵，是实施依法治国的首要任务。在我国，依法治国主要包含以下几方面的内容：

(1) 依法治国的主体是广大人民群众。

我国宪法明确规定，国家的一切权力属于人民。社会主义制度下的依法治国，其本质特征是把广大人民的意志上升为国家意志，形成法律，用以治理国家，使社会主义民主制度化、法律化，切实保障人民群众当家做主的权利，由广大人民依法管理国家事务和社会事务。因此，依法治国的主体必须是广大人民群众，国家行政管理机关和司法机关及其公务人员只是在人民授权的范围内行使某些行政管理权或司法权，任何机构和个人绝不能未经人民授权或者超越人民授权，成为站在人民之上的治理国家的主体。依法治国不能异化为由少数国家公务人员以权治民，把法作为权的工具，作为行使权力的手段去对付人民群众，这是与依法治国的宗旨背道而驰的。

我国经历了长期的封建社会，人治的影响根深蒂固。改革开放以来，党中央大力推进社会主义民主与法制建设，尤其是党的十五大以来，不断推进依法治国，就是要用法治取代人治，要以民主之法，治社会主义之国。当然，在不少地方的国家机关及其公务人员中，口头讲法治，实际行人治的现象仍然存在，"以言代法"、"以权压法"的现象屡有发生。因此，真正确立"依法治国的主体是广大人民群众"的观念，是实施依法治国的关键所在。

(2) 依法治国重在以法治权、治官。

我国现已颁布实施的法律中，80%的法律是通过行政活动来体现和实施的。所以，依法治国不仅要求全体公民自觉守法，依法维护国家利益和自身利益，更重要的是要依法规范国家机关和公务员的公务行为，使他们在行使人民赋予的权力时都必须受到法律的约束和监督，做到依法行政和公正司法。这是依法治国十分重要而又需大量完成的任务。

国家干部奉公守法的表率作用会给广大群众带来良好的影响，而政府公务人员、司法人员违法乱纪，比普通老百姓违法造成的危害更大、影响更坏。事实表明，如果法不能治权、治官，依法治国将是一句空话。党的十八大以来，以习近平总书记为首的党中央出重拳严厉打击和惩治腐败，许多高官被绳之以法，用鲜明的态度和严厉的举措以法治权、以法治官，"把权力关进制度的笼子、关进法律的笼子"，得到了广大人民群众的热烈欢迎，必将对推进依法治国产生深远的影响。

(3) 依法治国是进一步加强和改善党的领导的重要内容。

依法治国是党领导人民治理国家的基本方略，也是我党执政方式的重大转变。"党领导人民制定宪法和法律，并在宪法和法律范围内活动"已被写入党章，这句话科学地阐明了加强党的领导与坚持依法治国的辩证关系。

坚持党的政治领导的一个基本内容，就是要使党的主张经过法定程序变成国家意志。宪法和法律体现了党的主张，也体现了人民群众的意志和愿望。执行宪法和法律，是按广大人民群众的意志办事，维护人民群众的利益，也是保证贯彻党的路线、方针和政策的有效实施。所以，依法治国，是把坚持党的领导、发扬人民民主和严格依法办事统一起来，是以宪法和法律所具有的更为普遍的约束力和更为广泛的权威性来保证党的基本路线的贯彻实施，保证党在建设有中国特色社会主义的伟大事业中始终发挥领导核心作用。通过推行依法治国不断加强和改善党的领导，无疑会使党的领导更加坚强有力，更加正确有效。

三、全面推进依法治国的重大意义

中国共产党十八届四中全会通过的《关于全面推进依法治国若干重大问题的决定》，对在新形势下进一步引导和保障中国特色社会主义建设，通过全面推进依法治国、加快建设法治中国，推进国家治理体系和治理能力现代化，在法治轨道上积极稳妥地深化各种体制改革，为全面建成小康社会、实现中华民族伟大复兴的中国梦提供制度化、法治化的引领、规范、促进和保障，具有十分重要的战略意义；对加强中国特色社会主义法治体系建设，全面推进依法治国，加快建设社会主义法治国家，具有十分重要的现实意义。

(1) 全面推进依法治国是建设中国特色社会主义现代化国家的重要内容。

我国宪法规定，要发展社会主义民主，健全社会主义法制，逐步实现工业、农业、国防和科学技术的现代化，把我国建设成为富强、民主、文明的社会主义国家。建设中国特色社会主义现代化强国，是全面建成小康社会、实现中华民族伟大复兴中国梦的奋斗目标，也是全面推进依法治国、实现国家治理现代化的题中应有之义。"没有法治，就没有国家治理现代化，就没有全面建成小康社会、实现中华民族伟大复兴中国梦"，依法治国"事关我们党执政兴国、事关人民幸福安康、事关党和国家长治久安"。我们必须把全面推进依法治国提高到落实党和国家整体发展战略总抓手的新高度来把握，把弘扬法治精神、培育法治文化纳入到树立社会主义核心价值观的大范畴中来展开，把维护宪法法律权威、保障宪法法律实施置放到维护国家治理权威、夯实党的执政基础、保障人民基本权利、实现社会公平正义的大格局中来落实，把建设法治体系、发挥法治功能的基本要求贯彻到引领深化改革、促进全面发展、构建有序社会、保证长治久安的具体实践中来实现。

(2) 全面推进依法治国是新形势下发展人民民主的根本保障。

依法治国的要义是通过反腐治权、依法治官和监督来制约公权力，通过尊重保障人权和基本自由，实现人民民主。因此，发展人民民主，保障人民作为国家和社会主体的政治地位和主权权利，必然是依法治国的出发点和落脚点。发展人民民主对依法治国的新期待，不仅表现在公民享有选举权与被选举权，依法享有管理权、知情权、参政议政权、监督权等政治民主和政治权利方面，更多的是表现在社会民主与社会权利的享有，如自我管理、社会保障、医疗养老、住房就业、教育卫生、公共服务等；还表现在经济民主与经济权利的享有，如参与经济决策和管理、获得财产、同工同酬、安全生产等。

(3) 全面推进依法治国是实现国家治理现代化的重要内容和主要途径。

依法治国是推进国家治理现代化的重要内容和主要途径。推进国家治理现代化，就是要推进和实现国家治理体系和治理能力的法治化、民主化、科学化和信息化，其核心是推进国家治理的法治化。一方面，要推进国家治理制度体系的法治化，形成系统完备、科学规范、运行有效的国家制度体系。另一方面，要推进国家治理能力的法治化，强化宪法和法律的实施力、遵守力，提高国家制度体系的运行力、执行力。全面依法治国不仅是国家治理现代化的主要内容，而且是推进国家治理现代化的重要途径和基本方式，对实现国家治理现代化具有引领、规范、促进和保障等重要作用。

(4) 全面推进依法治国是深化市场经济体制改革的内在需要。

市场经济究其根本，实质上就是法治经济。市场经济强调市场机制在资源配置中的决定性作用，通过社会分工、公平竞争和自由等价交换，实现市场资源的有效合理配置。因此，要充分发挥市场功能，必须规范政府行为，将权力关进法律和制度的笼子里，防止政府对经济活动的不当干预、过分干预，依法保证市场主体自主决策、公平竞争，维护市场秩序。要使市场在资源配置中起决定性作用，进一步推动经济发展，必须通过民主科学立法，实现初始环节资源配置的分配正义功能；通过严格执法和公正司法，实现法律的执行正义和矫正正义功能。

(5) 全面推进依法治国是加快法治中国建设的必然要求。

建设法治中国，是中国人民对自由平等、人权法治、公平正义、安全秩序、尊严幸福等法治价值的崇高追求，是坚持、完善和发展中国特色社会主义制度，推进国家治理现代化，实现国家工作法治化的实践过程，是人民依照宪法和法律管理国家、治理社会、配置资源、保障人权、驯化权力的良法善治。

(6) 全面推进依法治国是实现公平正义的基本途径。

公平正义虽说是当代中国社会的普遍价值追求，但却是一个没有共识性的最大公约数，往往见仁见智。在这种社会背景下，我们不宜抽象地主张公平正义，而应当通过法律和法治来表达和实现可操作的公平正义，主要可以通过以下几种方式来实现：一是充分发挥法治的功能，重构我国社会公平正义的基本评判体系，把公众对于公平正义的利益诉求纳入法治轨道。通过科学立法，把抽象合理的公平正义诉求转化为具体明确的法定权利或权益。二是通过公平公正的实体法，合理规定公民的权利与义务、合理分配各种资源和利益、科学配置各类权力与责任，实现实体内容上的分配正义。三是通过民主科学的程序法，制定能够充分反映民意并为大多数人接受的程序规则，从程序法上来配置资源、平衡利益、协调矛盾、缓解冲突、规范行为，实现程序规则上的公平正义。四是在发生矛盾纠纷等利益冲突问题时，通过包括司法程序在内的各种法治程序、法治机制来解决，实现法治的实体与程序的公正，至少是法治程序的公正。

(7) 全面推进依法治国是反腐治权的治本之道。

权力腐败是社会主义法治的死敌，是全面推进依法治国、建成社会主义法治国家的最大障碍。因此，应当更加重视全面推进依法治国，把权力放进法律制度的笼子里，完善权力制约和监督机制，充分运用法治思维和法治方式推进反腐治权，切实从体制、机制和法治上遏制并解决权力腐败问题。腐败现象和腐败行为归根结底是公权力的腐败，不受制约的权力必然产生腐败，绝对的权力产生绝对的腐败，所以要依法分权和治权。公权力腐败的根本原因是权力寻租，是掌握和行使公权力的各类主体的腐败，而这些主体基本上都是政府官员和公职人员，所以不仅要依法治权，而且要依法治官、从严治吏。依法治权、依法治官是全面推进依法治国、依法执政和依法行政的必然要求，是法治思维下反腐治权的必然要求。

总之，只要我们在中国共产党领导下，坚持法治规律与中国国情的创造性结合，坚持自上而下的有力推动与自下而上的全民参与相结合，坚持依法治国、依法执政、依法行政，共同推进法治国家、法治政府、法治社会的一体建设，就一定能开创全面推进依法治国的新局面，就一定能取得加快建设社会主义法治国家的新成效，就一定能在社会主义中国创造出与经济建设奇迹相媲美的法治建设奇迹。

第三节　依法治教

依法治教是依法治国方略在教育领域的具体体现，是实施依法治国方略的重要组成部分，对推进教育领域法治化、实现教育现代化具有重要的意义。

一、依法治教的含义及内容

（一）依法治教

依法治教，是指全部教育活动都应当符合教育法律的有关规定，所有教育法律的关系主体在从事各类教育活动时，都应当遵守教育法律的规定和精神。简单来讲，依法治教就是运用法律来规范教育管理，协调教育关系，指导教育活动，解决教育纠纷，保护学校和师生的合法权益，促进教育事业的健康快速发展。

依法治教是依法治国在教育领域的具体体现，因此，对其的正确理解，应当包括以下几方面：

(1) 依法治教是运用法律手段管理教育事业，既包括国家和国家机关对教育事务的管理，也包括学校的内部管理。

(2) 学校应当符合国家教育发展规划，国家及国家机关对教育事务的管理应充分考虑国家利益和社会公共利益，不得以赢利为目的。

(3) 要在社会主义民主的基础上，通过法律的调整，使教育工作逐步向法制化、规范化和科学化的方向发展。

（二）依法治教的内容

依法治教是依照法律手段规范管理教育活动，包含教育活动整个过程的每一个环节，主要包括教育立法、教育普法、教育执法、教育司法、教育守法、教育法律监督、教育法律救济等方面的内容，这里仅对几个重点环节作简要说明。

教育立法即教育法律法规的制定，是指相关的国家机关根据我国宪法和有关法律的规定，依照法定职权制定（包含修改和废止）在相应范围内适用的教育规范性文件的活动。教育立法是依法治教的根本和基础，是所有依法治教活动开展的保证。

制定法律是为了实施，因此教育执法是教育法实施的关键所在。教育行政执法的形式主要有教育行政措施、教育行政处罚、教育行政强制执行等，国家有关机关应当按照法定的职权和程序使用教育法律规范，做到依法行政。

国家机关依照法定的权限和程序，运用法律处理教育违法案件以及裁决教育纠纷的专门活动，即为教育司法，既包括国家司法机关处理涉及教育事项的专门活动，还包括国家行政机关依法做出裁决的活动。教育司法在我国还处于边探索、边实践的起步阶段，很多地方有待进一步加强。

教育守法即教育法的遵守，一切国家机关及其公职人员、社会团体、企事业组织和全体公民应自觉按照教育法律规范行为，正确行使自己的权利，严格履行自己的法定义务。促进教育守法建设的一个重要手段就是教育普法。从 1986 年起，我国开始有计划地按照每 5 年一个阶段在全民中开展法制宣传教育工作，极大地增强了公民的法律意识，同时也提高了教育管理人员和教育工作者的法律素质，有力地保证了教育法律法规的贯彻实施。

为了保证教育法律的有效实施，在加强立法、执法的同时，还必须进行有效的教育法律监督。我国目前教育法律监督的方式主要有权力机关监督、行政机关监督、司法机关监督、政党监督、社会组织监督、社会舆论监督、人民群众监督等。

对于教育法律关系主体的合法权益受到侵犯并致损害的行为，我国教育法律制度设定了包括教育申诉制、教育行政复议、教育行政诉讼、教育民事诉讼、教育刑事诉讼、教育行政赔偿等多种方式的教育法律救济途径，受损者可依法通过上述途径使自己的合法权益获得恢复和补救，保护受损者的合法权益。

依法治教虽然包含了诸多环节，其中的每一个环节都紧密相关、丝丝相扣，缺少任何一个环节或步骤都不完整，而在诸多环节中，依法行政和依法治校则是依法治教的重要环节和核心体现。

二、改革开放以来的教育法制建设

改革开放以来，党和国家一贯重视教育法制建设，先后从多个层面、多个角度对推进我国教育法制建设做出指示，促进教育立法、深入推进依法行政，使得我国依法治教工作取得了长足进展。

早在 1982 年的改革开放之初,中共中央、国务院就在《关于普及小学教育若干问题的决定》中,提出"要搞好教育立法"。1985 年,中共中央在《关于教育体制改革的决定》中,针对教育体制改革的新情况,重申"在简政放权的同时,必须加强教育立法工作"。

20 世纪 90 年代,随着改革的深入,国家对依法治教工作也给予了更多的重视。1993 年,中共中央、国务院颁布了《中国教育改革和发展纲要》,系统地提出了教育法制建设的目标和任务,明确要求"加快教育法制建设,逐步走上依法治教的轨道"。1999 年颁布的《中共中央国务院关于深化教育改革全面推进素质教育的决定》进一步强调指出:"全面推进素质教育,根本上要靠法治、靠制度保障。"并对完善教育立法,各级政府及各部门依法行政,加大教育执法力度,深入开展普法宣传和加强教育法制工作机构建设等问题,提出了更加明确、具体的要求。

进入 21 世纪,随着"依法治国"被写入党章和宪法,教育领域的法治进程也进入了一个崭新的时代。2003 年 7 月 17 日,教育部发布《关于加强依法治校工作的若干意见》,提出了一系列符合法治精神的要求和意见,促进深化依法治教。例如:学校要根据法律和国家的有关规定,建立健全学校教育教学制度,对违反法律、法规规定的学校管理制度和规定要及时修改或者废止;完善学校保护机制,依法保障学生权益;建立校内学生申诉制度,保障学生申诉的法定权利等。2010 年颁布实施的《国家中长期教育改革和发展规划纲要 (2010—2020)》,从教育改革和发展全局的高度出发,对推进依法治教、依法治校、建设现代学校制度做出了全面部署。2013 年 1 月 16 日,教育部发布《全面推进依法治校实施纲要》,对师生在参与学校管理、行使监督权力、实现自我发展等方面的权益给予了制度保障,强调将积极落实教师、学生的主体地位。《全面推进依法治校实施纲要》共分 9 个方面,全面涵盖了各级各类学校推进依法治校的目标要求和主要任务,对学校按照法治精神与原则,转变管理理念、手段和方式提出了系统要求。

在建设中国特色社会主义理论和民主法制建设理论的指引下,依法治教的另一个显著成效是教育立法成果显著。全国人大及其常委会先后制定颁布了《中华人民共和国学位条例》、《中华人民共和国义务教育法》、《中华人民共和国教师法》、《中华人民共和国教育法》、《中华人民共和国职业教育法》、《中华人民共和国高等教育法》等教育专门法律。其中,1986 年六届全国人大四次会议审议通过的《中华人民共和国教育法》,标志着我国教育工作进入全面依法治教的新阶段。《中华人民共和国教育法》对落实教育优先发展的战略地位,促进教育的改革与发展，建立具有中国特色的社会主义现代化教育制度，维护教育关系主体的合法权益，加速教育法制建设，提供了根本的法律保障，因而也成为我国教育工作的根本大法，依法治教的根本大法。此外，国务院以及教育部、各地都依据国家法律规定，制定颁布了一大批教育行政法规、部门规章和地方性教育法规，初步形成了具有中国特色的社会主义教育法律法规体系，使教育的重大问题和教育工作的重要方面都有了法律的依据和保障。

为了推动教育法的实施，结合全民普法，教育部门及其他有关部门、学校广泛开展了教育法的普及工作，广大教育工作者及学生的法律意识与法制观念明显提高，教育法律知识在全社会逐步普及，为教育的改革和发展营造了良好的环境。教育行政执法工作开始起步，并朝着规范化方向发展。教育法律的实施与监督工作，日益受到各级人大、各级政府及政府各部门的重视。

通过一系列教育法律法规的出台，以及教育普法、执法、监督等实施活动，我国教育事业已初步走上了法治的轨道，对教育在社会主义现代化建设全局中的地位，教育发展的宏观环境，教育体系和管理、运行机制等，都产生了重大的影响。

三、依法治教评判体系

正如依法治国是一个需要长期努力才能实现的目标，依法治教作为依法治国在教育领域的具体表现，同样也必须经历一个长期的过程。同时，这个过程也是不断调整、不断修正、循序渐进的过程。

既然依法治教是一个长期过程，就需要对其实施状况进行及时掌控，从而达到最终实现依法治教的目的。那么如何了解这一过程是否符合法治的精神和要求呢？换言之，以什么样的标准或什么样的条件判定依法治教是否已经全面实现呢？这就需要对依法治教的评判体系进行研究。

根据"动态与静态相结合、实然与应然相结合"的基本原则，同时借鉴国外依法治教的经验，在我国全面实现依法治教，应当具备或者达到以下条件和目标：

(1) 完备的教育法体系。

教育立法是依法治教的基础。只有建立健全、完备的教育法体系，才能为依法治教工作提供全面的法律依据，使依法治教有法可依，有章可循。

(2) 严格依法行政，保证教育执法制度健全、严格、公正。

《孟子·离娄上》中提到："徒法不足以自行。"依法行政是依法治教的重要组成部分，是对教育行政部门及其他有关部门提出的基本要求。要做到依法行政、严格执法，必须具备以下条件：

① 实现教育行政机关职能转变。教育管理工作由主要依靠行政手段转变为主要依靠法律手段，并综合运用多种手段，同时善于运用法律引导来保障教育的改革和发展工作。

② 教育行政机关法制工作机构健全。该机构应当牵头组织办理重大和涉及综合性的行政执法案件，审核业务职能机构作出的行政处罚决定，承担对本部门提出的行政复议、行政赔偿请求的受案和处理工作。

③ 教育法律关系主体职责明确。各有关部门及其工作人员必须依据现行的法律、法规，依法履责、依权限履责、依程序履责，确保教育经费投入及其他物质条件保障，维持学校正常的教学秩序，调解和处理各类教育纠纷，积极维护学校、教师、学生等教育法律关系主体的合法权益。

④ 建设高效的教育执法队伍。法律能否得到全面的贯彻执行，与执法者的业务、道德素质及工作作风、能力等方面直接相关，这是依法治教的关键。因此必须通过建立完善的行政执法人员法制培训、业务考核和上岗持证等制度，建设一支法律素养较高、精通业务、执法严格、廉洁高效的教育执法队伍。

⑤ 具有严格、完善的教育行政执法程序和监督机制。各相关部门要具有完备、规范的行政行为实体性与程序性制度，确保行政权力制约机制与监督机制充分有效。必须依照法律要求，建立起教育行政处罚制度、行政复议制度、教育申诉制度、教育仲裁制度、教育行政诉讼制度、教育行政赔偿制度等一系列完备的教育法律制度，以及行政许可、行政裁决、行政听证、行政强制措施等一整套规范的教育行政执法程序。此外，还须建立针对行政权力的制约机制，确保教育执法活动有效实施，依法保护公民在教育领域内的合法权益。

(3) 教育司法作用发挥充分。

司法机关应当认真查处教育违法案件，运用司法手段合理、公正地解决教育纠纷，制裁违法行为，并对教育行政机关的具体行政行为予以监督，做到有法必依、执法必严、违法必究。

(4) 教育法律监督制度健全。

相关部门应保证监督标准和程序明确，国家权力机关监督、行政监督、司法监督、社会监督等监督作用显著，同时能够保证监督工作经常化、制度化。

(5) 社会成员具有较强的教育法律意识。

教育法律意识是教育法律现象的思想、观点、知识和心理的总称，包括人们对教育法律本质及作用的理解与评价，对教育执法和司法的信任程度和守法、用法的自觉性等方面。只有具备良好的教育法律意识，才能保证社会成员客观、公正地认识和评价教育法律体系，同时增强守法、用法的自觉性。

(6) 全面实现依法治校。

依法治校是依法治教的重要组成部分和标志之一，也是依法治教在学校管理工作中的具体体现。各级各类学校及其他教育机构应依照有关的法律法规组织实施教育教学活动，实现学校管理与运行机制的制度化和规范化。

上述依法治教评判体系中，依法行政和依法治校是所有评判指标中的核心，也是依法治教能否实现的重要指标和要求。如果说立法是基础、普法是手段、司法是惩戒、救助是补偿，这些都是围绕依法行政和依法治校这个中心来实现的，只有这两个指标的实现，才能保证教育领域依法治教工作目标的达成，因此，应当对依法行政和依法治校给予高度重视。

四、依法治校

如前所述，依法治校是依法治教的重要组成部分，是深化教育改革，推动教育发展的重要内容，只有抓住这一关键环节，才能使依法治教的目标得到实现。依法治校已经引起全社会的高度关注，随着一系列强有力的保障措施的落实，全面实现依法治校已不是遥不可及的幻想，依法治校必将为依法治教、依法治国目标的实现奠定良好的基础。

但是，我们同时应当看到，依法治校目标的实现还是一个长期的过程，需要全社会高度关注。依法治校还没有完全成为学校的自觉行为，与依法治国基本方略的要求还有一定的差距。

按照依法治国方略和依法治教的要求，全面实现依法治校，需要具备以下条件：

(1) 学校法律地位明确。

学校的法律地位，主要是指学校在法律上具有的主体资格，包括在民事法律关系中作为民事主体的法律地位，在教育行政法律关系中作为行政相对人的法律地位，以及在教育刑事法律关系中作为刑事法主体的法律地位。

仅以民事法律关系为例。首先，学校可以是法人。《中华人民共和国教育法》第31条规定："学校及其他教育机构具备法人条件的，自批准设立或者登记注册之日起取得法人资格"，"学校及其他教育机构在民事活动中依法享有民事权利，承担民事责任"。具备法人条件的学校，一旦依法取得法人资格，就意味着学校能够以独立的法人身份广泛地参与民事和经济活动，同时也意味着学校必须以独立法人的身份依法承担一切因自己的民事行为引起的民事责任。其次，学校又是特殊的法人。由于学校具有公益性特征，因而相对于一般法人而言，学校法人是一种特殊的法人。虽然学校能以独立民事主体资格参加学校与社会的各类关系，但学校不能像企业那样去赢利，不能用学校资产去进行抵押、担保等，学校的民事行为受到一定的限制。

(2) 依法行使学校权利，严格履行学校义务。

依法行使学校的权利和义务是依法治校的核心条件。作为专门的教育机构和场所，学校是教育法律关系的重要主体之一，有其特定的权利和义务。

学校要依据法律法规制定和完善学校章程，经主管教育行政部门审核后，作为学校办学活动的重要依据。要依法健全校内管理体制，国家主办的高等学校要依法实行党委领导下的校长负责制，明确学校党委、校务委员会、学术委员会等各种机构的职责权限和议事规则，做到相互配合，权责统一，依法办事。中等规模及中等以下规模的学校要依法健全校长负责制，完善校长决策程序，并发挥学校党组织的政治保障作用。民办学校和中外合作举办的教育机构要按照《中华人民共和国民办教育促进法》、《中华人民共和国中外合作办学条例》和国家有关规定规范办学行为，建立健全校董会、理事会或者其他决策机构的议事规则，规范决策程序。

权利和义务是统一的，学校及其他教育机构在享有权利的同时，还必须履行自己的义务。学校必须遵守法律、法规；认真贯彻执行国家的教育方针，执行国家教育教学标准，保证教育教学质量；完善教职工代表大会制度，切实保障教职工参与学校民主管理和民主监督的权利，保证教职工对学校重大事项决策的知情权和民主参与权。采取积极措施，维护受教育者、教师及其他职工的合法权益；通过合法、有效的途径，为受教育者及其监护人了解受教育者的学业成绩及其他有关情况提供便利；学校要从办学的公益性质出发，严格按照国家有关收费规定收取费用，并公开收费项目；学校对于权力机关、行政机关依法进行检查、监督等职务行为以及社会各界依法进行的社会监督，应积极予以配合，不得无理阻挠和拒绝。

(3) 加强法制教育，提高法律素质。

依法治校的关键在于转变观念，以良好的法律意识、法制观念指导学校管理和教育教学活动。教育行政部门和学校要坚持育人为本的思想，按照全国和教育系统普法规划的要求，以及教育部、司法部等四部委关于《加强青少年学生法制教育工作若干意见》的要求，加强对青少年学生的法制教育。要把法制课列入中小学课程，把法律知识作为高等学校、职业技术学校的必修课内容，保证做到计划、课时、教材、师资"四落实"；中小学要建立健全法制副校长或者法制辅导员制度；要积极利用多种形式和学生易于接受的方式，开展生动活泼的法制教育，营造良好的法制教育环境，使学生在潜移默化中感受到法治精神，提高法律素质；学校领导要带头学习法律知识，增强法制观念，依法履行管理职责；要把法律知识作为各级各类学校校长培训、教师培训的重要内容，把具备较高的法律素质和落实教育法律法规的情况，作为校长、教师考核和学校评价的重要内容。

(4) 严格教师管理，维护教师权益。

教育行政部门要严格依照《中华人民共和国教师法》、《中华人民共和国教师资格条例》的规定认定教师资格。学校要依法聘任具有相应资格的教师，依法与教师签订聘任合同，明确双方的权利、义务与责任，尊重教师权利，落实和保障教师待遇。建立校内教师申诉渠道，依法公正、公平地解决教师与学校的争议，维护教师的合法权益。

教育行政部门和学校要加强对教师的思想政治教育、道德教育和法制教育，不断提高教师的道德水准和法律素质。学校要加强教师管理，依法处理品质恶劣、严重侵犯学生合法权益的教师，坚决杜绝教师侵犯学生人身权的违法犯罪行为。对教师严重侵犯学生人身权的案件，学校必须将其及时移送司法机关查处，并向主管教育行政部门报告，依法追究责任人、校长和主管教育行政部门负责人的责任。而当教师的合法权益受到侵害时，要积极协助有关单位，查处违法行为的当事人，保护教师和员工的合法权益。

(5) 完善学校保护机制，依法保护学生权益。

学校在日常教育教学活动中要树立以人为本的理念，自觉尊重并维护学生的人格权和其他人身权益。教育行政部门和学校要牢固树立"安全第一"的意识，认真贯彻落实有关校园安全的法律及规定。学校要建立完善的安全管理制度，明确职责，加强对学校教学、生活、活动设施的安全检查，落实各项安全防范措施，积极维护校园的安全与秩序；学校要加强对教师、学生的安全教育，实现安全教育制度化、规范化，预防和减少学生伤害事故，保护学生、教师的人身和财产安全；学校应建立应对各类突发事件的工作预案，增强预防和妥善处理事故的能力；学校应健全学生安全和伤害事故的应急处理机制和报告制度，不得瞒报或者漏报。

学校要健全学籍管理制度，按照有关法律的规定，严格保护学生的受教育权，中小学一般不得开除未成年学生；对学生的处分应当做到事实清楚、证据充分，依据合法，符合规定程序；建立校内学生申诉制度，保障学生申诉的法定权利。高等学校依法对学生做出的处分决定应当经过校长办公会议讨论通过，保障学生的知情权、申辩权，并报主管教育部门备案。

依法治校涉及学校工作的各个方面，是一项系统工程，是教育改革与发展的一项重要任务，需要进行长期的实践和探索。只有全社会共同努力，才能最终实现依法治校的目标，保证各级各类学校在良好的法律环境下完成和实现社会主义教育事业的各项任务，为国家和社会培育优秀的人才，进而推进中国特色社会主义建设事业的完成，实现中华民族复兴的伟大目标。

第二章　大学生在宪法方面的常见问题与解决对策

第一节　宪法概述

2012 年，在首都各界纪念现行宪法公布施行 30 周年大会上，习近平总书记指出，全面贯彻实施宪法，是建设社会主义法治国家的首要任务和基础性工作。宪法是国家的根本大法，是治国安邦的总章程，具有最高的法律地位、法律权威、法律效力，具有根本性、全局性、稳定性、长期性。全国各族人民、一切国家机关和武装力量、各政党和各社会团体、各企业事业组织，都必须以宪法为根本的活动准则，并且负有维护宪法尊严、保证宪法实施的职责。任何组织或者个人，都不得有超越宪法和法律的特权。一切违反宪法和法律的行为，都必须予以追究。

党的十八届四中全会通过的《中共中央关于全面推进依法治国若干重大问题的决定》指出，宪法是党和人民意志的集中体现，是通过科学民主程序形成的根本大法。坚持依法治国首先要坚持依宪治国，坚持依法执政首先要坚持依宪执政。

从本质上讲，宪法的根本大法地位，来源于宪法所调整的社会关系的根本性——人民与政府之间的关系。从宪法的起源可以看出，宪法取代神权、君权，将政治权力置于法律之下，是人民与政府之间的一个社会契约，通过规定国家权力的界限和组织方式，来实现对人民权利的制度化保障。

宪法作为我国的根本大法，既是宪法的法律位阶象征，也是与其他普通法律最重要的区别之一。其根本大法的法律特征主要体现在宪法的内容、法律效力、修改程序等方面。

第一，在内容上，宪法规定的是国家的根本制度、根本任务、公民的基本权利和义务等国家最根本、最重要的问题。我国宪法分为序言、总纲、公民的基本权利和义务、国家机构、国旗、国歌、国徽、首都这几部分。整个宪法的规定，都围绕着我国政治、经济、文化和社会生活等各个方面的主要内容及发展方向，具有全局性的统帅作用。

第二，在法律效力上，宪法具有最高的法律效力。法律效力，是指一部法律的对外强制力和约束力。我国宪法是国家立法活动的基础，是其他法律的产生依据及制定准则，对其他法律都能产生强制力与约束力，在国家法律体系中具有最高位阶的法律地位和效力，用于解决国家生活中全局性、根本性的问题。

如果法律是衡量公民行为和政府行为正当与否的标尺，那么宪法则是衡量法律正当与否的标尺。违反法律的行为是"违法"行为，是无效的，应当被撤销；违反宪法的法律或行为则是"违宪"行为，也同样是无效的，应当被撤销。我国《宪法》第五条规定："中华人民共和国实行依法治国，建设社会主义法治国家。国家维护社会主义法制的统一和尊严。一切法律、行政法规和地方性法规都不得同宪法相抵触。一切国家机关和武装力量、各政党和各社会团体、各企业事业组织都必须遵守宪法和法律。一切违反宪法和法律的行为，必须予以追究。任何组织或者个人都不得有超越宪法和法律的特权。"本条规定明确指出了宪法在法律体系中具有最高的权威，一切法律法规的内容都必须在宪法的范围内进行制定，不得超越或与宪法相抵触，否则，就会因违宪而无效。同时，在我国《宪法》序言中也明确指出了宪法的地位与效力，即："本宪法以法律的形式确认了中国各族人民奋斗的成果，规定了国家的根本制度和根本任务，是国家的根本法，具有最高的法律效力。全国各族人民、一切国家机关和武装力量、各政党和各社会团体、各企业事业组织，都必须以宪法为根本的活动准则，并且负有维护宪法尊严、保证宪法实施的职责。"

第三，修改程序上，由于宪法多规定了原则性、政治性的根本问题，为保证宪法的权威性与稳定性，宪法的修改程序较一般的法律更加严格。我国《宪法》第六十四条规定："宪法的修改，由全国人民代表大会常务委员会或者五分之一以上的全国人民代表大会代表提议，并由全国人民代表大会以全体代表的三分之二以上的多数通过。法律和其他议案由全国人民代表大会以全体代表的过半数通过。"

第二节 国体概述

国体即国家的性质，指各阶级在国家中的地位，概括来说，就是国家政权掌握在哪个阶级手里，哪个阶级是统治阶级，哪个阶级是被统治阶级。具体来说，国体包括三个层次：第一层面是国家"属于谁"的问题，即谁是统治阶级、谁是被统治阶级；第二层面是国家"依靠谁"的问题，即对谁实行民主，对谁实行专政；第三层面是国家"为了谁"的问题，即作为统治阶级需要完成的阶级任务和目的。

我国《宪法》第一条规定："中华人民共和国是工人阶级领导的、以工农联盟为基础的人民民主专政的社会主义国家。社会主义制度是中华人民共和国的根本制度。禁止任何组织或者个人破坏社会主义制度。"

我国《宪法》第一条开宗明义的确立了我国的国体是工人阶级领导的、以工农联盟为基础的人民民主专政。人民民主专政反映了我国政权建设的特点，适合我国的国情。我国《宪法》序言提到："一八四〇年以后，封建的中国逐渐变成半殖民地、半封建的国家。中国人民为国家独立、民族解放和民主自由进行了前仆后继的英勇奋斗。二十世纪，中国发生了翻天覆地的伟大历史变革。一九一一年孙中山先生领导的辛亥革命，废除了封建帝制，创立了中华民国。但是，中国人民反对帝国主义和封建主义的历史任务还没有完成。一九四九年，以毛泽东主席为领袖的中国共产党领导中国各族人民，在经历了长期的艰难曲折的武装斗争和其他形式的斗争以后，终于推翻了帝国主义、封建主义和官僚资本主义的统治，取得了新民主主义革命的伟大胜利，建立了中华人民共和国。从此，中国人民掌握了国家的权力，成为国家的主人。"中国的社会主义革命发生在一个半殖民地半封建的社会里，这就决定了它必然具有不同于一般无产阶级专政的特点，即：完成资产阶级民主革命后，进行社会主义革命，建立工人阶级领导的、以工农联盟为基础的人民民主专政的国家。

工人阶级是我国的领导阶级，这是由工人阶级的阶级性质和它肩负的历史使命决定的。工人阶级是先进生产力的代表，具有远见、大公无私的特质，具有高度的革命性、组织性和纪律性。只有工人阶级才能承担大力发展生产力，建设社会主义物质文明、政治文明和精神文明，实现共产主义的历史使命。

工农联盟是指工人阶级和农民阶级的联盟，是我国的政权基础。历史经验表明，农民阶级是工人阶级从事革命和建设事业最可靠的同盟军。

人民民主专政是对我国政权阶级属性的准确描述，是无产阶级专政在我国的具体表现形式。一方面，在最广大的人民内部充分实行民主，发展社会主义民主政治；另一方面，对极少数敌对势力、敌对分子实行专政，制裁犯罪活动，维护社会秩序，确保社会主义现代化建设顺利进行，二者相辅相成、不可分割。

社会主义制度是我国的根本制度。我国处于并将长期处于社会主义初级阶段，我国的社会主义制度是与初级阶段国情相适应的有中国特色的社会主义制度，并随着现代化建设进程的推进而不断发展完善。

第三节　政体概述

政体，又称政权组织形式，指国家政权的组织方式、内部构成及各部分之间的关系，是实现国家权力的一种形式。政体具体是指国家权力的归属以及基于国家权力运用的需要设置相应的国家机关，在这些国家机关之间进行权力配置的一种政治制度。如果说国体反映的是统治阶级与被统治阶级之间的关系，政体则反映的是统治阶级内部之间的关系。二者的关系可概述为：国体决定政体，政体体现并服务于国体，同时政体具有相对独立性，受其他因素的影响，国体相同，但政体不一定相同。

如果没有适当的政权组织形式，就无法集中统治阶级的共同意志，确定并实施有利于统治阶级的政策，达到维护统治阶级利益、巩固统治阶级的目的。所以，任何统治阶级都十分重视政权组织的建设，以便使本阶级的统治目的通过适宜的政权组织形式得以实现。

我国《宪法》第二条规定："中华人民共和国的一切权力属于人民。人民行使国家权力的机关是全国人民代表大会和地方各级人民代表大会。人民依照法律规定，通过各种途径和形式，管理国家事务，管理经济和文化事业，管理社会事务。"

人民代表大会制度，是我国宪法所确立的根本政治制度，是我国的政权组织形式。这一制度是中国共产党领导全国各族人民，根据中国的实际情况，在长期的革命和建设历程中创造和发展起来的。在民主选举的基础上选派代表，组成全国人民代表大会和地方各级人民代表大会作为行使国家权力的机关，其他国家机关由人民代表大会产生，并受人民代表大会的监督，其核心是国家的一切权力属于人民。实践证明，人民代表大会是适合中国国情的一种政权组织形式，是马克思主义关于政治制度的学说在中国的具体应用。

国体决定政体，有什么样的国体，就有与之相适应的政权组织形式。我国的国体是工人阶级领导的、以工农联盟为基础的人民民主专政。这一国体要求国家的政权组织形式必须反映工人阶级的领导地位，反映各阶级、各阶层在国家政权体制中的力量对比，保证在最广大的人民内部充分实行民主。人民代表大会制度是由我国人民民主专政的国家性质决定的。

我国幅员辽阔、人口众多。虽然人民是国家权力的集体所有者，但不可能人人都直接行使权力，而必须选举代表，即全体人民通过广泛选举产生工人、农民、知识分子等各方面的代表，组成全国人民代表大会和地方各级人民代表大会，统一代表人民行使国家权力。选出的代表要对人民负责，要为人民服务，并受人民监督，以确保在最广大的人民内部充分实行民主。

第四节　宪法赋予大学生的权利

权利是指在宪法和法律规定的范围内，公民可以做出某种行为，以及要求其他主体(国家、组织、公民)对某种行为作为或不作为的资格。国家通过法律来保障公民实现某种愿望或获得利益的可能性。我国《宪法》在第二章(即第三十三条到第五十六条)规定了我国公民的基本权利和义务。其中，与大学生息息相关的条文主要有：

一、平等权

我国《宪法》第三十三条规定："凡具有中华人民共和国国籍的人都是中华人民共和国公民。中华人民共和国公民在法律面前一律平等。国家尊重和保障人权。任何公民享有宪法和法律规定的权利，同时必须履行宪法和法律规定的义务。"平等是社会主义法律的基本属性。公民在法律面前一律平等，是公民实现其他权利的基础，也是公民参与社会生活的前提条件。这里的"平等"，既包括平等地享有宪法和法律规定的权利，也包括平等地履行宪法和法律规定的义务。公民的义务是在宪法和法律的规定下，必须履行的某种作为或不作为的义务。

二、政治上的选举权和被选举权

我国《宪法》第三十四条规定："中华人民共和国年满十八周岁的公民，不分民族、种族、性别、职业、家庭出身、宗教信仰、教育程度、财产状况、居住期限，都有选举权和被选举权；但是依照法律被剥夺政治权利的人除外。"在我国，具有选举资格的公民依照法律规定，可以通过各种途径和形式，选举产生自己的代表，组成各级权力机关，再由各级权力机关代替公民去行使权利。行使选举权和被选举权，必须具备两个基本条件：一是年龄条件，年满十八岁。二是政治条件，必须是未被剥夺政治权力的人。在我国，公民会因犯罪等行为被判处剥夺政治权利。

三、自由权

我国《宪法》第三十五条规定："中华人民共和国公民有言论、出版、集会、结社、游行、示威的自由。"自由权是公民的基本权益之一，依据宪法和法律的规定，公民可以通过语言、各种出版物、结成某种社会团体、集合在露天场所等方式表达自己的思想见解。值得注意的是，这种"自由"是相对的，必须在宪法和其他法律规定的范围之内，不得侵犯他人、其他组织和国家的正当权益。

我国《宪法》第三十六条规定："中华人民共和国公民有宗教信仰自由。任何国家机关、社会团体和个人不得强制公民信仰宗教或者不信仰宗教，不得歧视信仰宗教的公民和不信仰宗教的公民。国家保护正常的宗教活动。任何人不得利用宗教进行破坏社会秩序、损害公民身体健康、妨碍国家教育制度的活动。宗教团体和宗教事务不受外国势力的支配。"正常的宗教活动是有组织有秩序的活动，我国宪法对宗教信仰的保护出于每名公民的自由意愿，不允许公民进行传教及干预等非正常的宗教活动。

我国《宪法》第三十七条规定："中华人民共和国公民的人身自由不受侵犯。任何公民，非经人民检察院批准或者决定或者人民法院决定，并由公安机关执行，不受逮捕。禁止非法拘禁和以其他方法非法剥夺或者限制公民的人身自由，禁止非法搜查公民的身体。"人身自由是公民其他权益能否得到落实的保障。我国宪法对公民人身自由的保护是严格而全面的。对公民的逮捕、搜身、限制等行为必须由特定的机关依照法律程序进行，其他组织和人员都无权对公民的人身自由进行剥夺。

四、人格尊严权

我国《宪法》第三十八条规定："中华人民共和国公民的人格尊严不受侵犯。禁止用任何方法对公民进行侮辱、诽谤和诬告陷害。"人格尊严是公民在社会生活中的重要保障。除宪法进行原则上的规制外，我国对公民人格的尊严保护同时可见于《中华人民共和国刑法》与《中华人民共和国民法》之中，任何侮辱、诽谤和诬告陷害的行为都是法律所明令禁止的。一旦公民的言论自由对他人实施了侮辱、诽谤和诬告陷害的行为，就已经超出了宪法赋予的自由权，就会受到相关法律的制裁惩罚。

五、隐私权

我国《宪法》第三十九条规定："中华人民共和国公民的住宅不受侵犯。禁止非法搜查或者非法侵入公民的住宅。"住宅是公民赖以生存的固定场所，除特定的司法机关严格依据程序外，禁止任何组织和个人擅自闯入公民的住宅。

我国《宪法》第四十条规定："中华人民共和国公民的通信自由和通信秘密受法律的保护。除因国家安全或者追查刑事犯罪的需要，由公安机关或者检察机关依照法律规定的程序对通信进行检查外，任何组织或者个人不得以任何理由侵犯公民的通信自由和通信秘密。"通信自由是指通过书信、电话、电子邮件等方式，自主与他人进行交往的自由。通信秘密是指这些方式所涉及的内容，任何组织、个人都无权窃取获悉。这里的"通信秘密"有两种例外，即国家安全以及犯罪事实。

六、其他权利

我国《宪法》第四十七条规定："中华人民共和国公民有进行科学研究、文学艺术创作和其他文化活动的自由。国家对于从事教育、科学、技术、文学、艺术和其他文化事业的公民的有益于人民的创造性工作，给以鼓励和帮助。"科学文化活动是经济发展的助推器，大学生应当享有广泛的进行科学文化活动的自由和权利。

值得注意的是，宪法规定了各种公民的自由权，但这种"自由"是相对的，并有着严格的规范性限制。当两种自由权发生冲突时，必有一方的利益受到损失甚至牺牲，以保全更高位阶的利益。只有在遵守宪法和法律的前提下，公民才能享有权利和自由受到保护的权益，不受限制的权利和自由是不存在的。我国《宪法》第五十一条规定："中华人民共和国公民在行使自由和权利的时候，不得损害国家的、社会的、集体的利益和其他公民的合法的自由和权利。"当公民的行为损害国家的、社会的、集体的利益以及其他公民的合法权利和自由时，不但不会受到法律的保护，而且在造成一定的危害后果时，还要承担相应的法律责任。

第五节 宪法赋予大学生的义务

一、劳动的义务

我国《宪法》第四十二条规定："中华人民共和国公民有劳动的权利和义务。国家通过各种途径，创造劳动就业条件，加强劳动保护，改善劳动条件，并在发展生产的基础上，提高劳动报酬和福利待遇。劳动是一切有劳动能力的公民的光荣职责。国有企业和城乡集体经济组织的劳动者都应当以国家主人翁的态度对待自己的劳动。国家提倡社会主义劳动竞赛，奖励劳动模范和先进工作者。国家提倡公民从事义务劳动。国家对就业前的公民进行必要的劳动就业训练。"

劳动是公民实现自身价值的重要途径，既是一项基本权利，也是公民对国家与社会应承担的义务。大学生在遵守劳动规章和制度的前提下，应积极行使劳动权利，履行劳动义务，为社会主义建设添砖加瓦。

二、维护祖国统一和民族团结的义务

我国《宪法》第五十二条规定："中华人民共和国公民有维护国家统一和全国各民族团结的义务。"

国家统一包括领土、政权、主权的统一。保卫祖国、抵抗侵略是中华人民共和国每一个公民的神圣职责。大学生是祖国的希望和未来，身兼保卫祖国统一的重任。各民族团结互助，是全民族共同发展和繁荣的基本条件，在大学期间尊重各民族同学的信仰，友好相处，是对每名大学生的基本要求。

三、遵守法律、保守秘密的义务

我国《宪法》第五十三条规定："中华人民共和国公民必须遵守宪法和法律，保守国家秘密，爱护公共财产，遵守劳动纪律，遵守公共秩序，尊重社会公德。"

宪法是保持我国国家统一、民族发展和长治久安的法制基础，全国各族人民，各组织团体都须以宪法为根本的活动准则，维护宪法尊严，保证宪法的实施，这也是大学生在校期间的基本行为准则。大学生是建设社会主义事业的接班人，有义务珍惜和保护国家和集体的财产，严格保守国家秘密，防止国内外敌对分子窃取，在遵守公共秩序与社会公德上争当表率。

四、维护祖国安全、荣誉和利益的义务

我国《宪法》第五十四条规定："中华人民共和国公民有维护祖国的安全、荣誉和利益的义务，不得有危害祖国的安全、荣誉和利益的行为。"

祖国的安全关系到国家主权和领土的完整，是全体人民各项权利实现的基础，也是中华民族能否屹立在世界之林的保障。维护祖国安全，是每一名大学生义不容辞的光荣职责，任何威胁到祖国安全、荣誉和利益的行为，都会受到严厉的制裁。

第六节 社会主义公民应具有的公德

社会公德是公民需要遵守的公共道德准则。相比较法律的强制规定，社会公德更多的属于道德范畴，并不通过强制力来约束，更多的是精神层面的自律。如果说法律是用来遵守的，那么社会公德更多的是需要尊重。社会公德主要是通过政府引导、社会呼吁、公民自觉三个方面来施行。在校大学生是受过高等教育的团体，承担着更多的社会责任，在社会主义公德的推行上

更是需要以身作则，率先垂范。

我国《宪法》第二十四条规定："国家通过普及理想教育、道德教育、文化教育、纪律和法制教育，通过在城乡不同范围的群众中制定和执行各种守则、公约，加强社会主义精神文明的建设。国家提倡爱祖国、爱人民、爱劳动、爱科学、爱社会主义的公德，在人民中进行爱国主义、集体主义和国际主义、共产主义的教育，进行辩证唯物主义和历史唯物主义的教育，反对资本主义的、封建主义的和其他的腐朽思想。"

爱祖国，是人们对自己祖国的一种深厚感情。有国才有家，祖国繁荣富强，才能让每一个小家庭欣欣向荣。

爱人民，就是要努力为人民服务，一切从人民的利益出发，一切为了人民。同一切危害人民利益的思想和行为进行坚决斗争。

爱劳动，就是要树立正确的劳动态度，诚实、积极、主动地进行劳动，积极参加公益劳动，通过劳动培养为社会服务的精神和尊重劳动人民的思想感情，理解、尊重各行各业的劳动者。

爱科学，就是要有"学科学、用科学"的强烈愿望和兴趣；努力钻研科学文化知识，勤奋求知；努力把学到的科学知识运用于生活实践中，并不断加以创新；同一切封建迷信思想作斗争，自觉抵制各种愚昧、迷信倾向，反对伪科学。

爱社会主义，就是要认识到社会主义制度是我国的根本制度，有其无可辩驳的优越性，必须拥护中国特色社会主义的各项路线、方针、政策，积极参加社会主义现代化建设，并且同一切危害社会主义事业的行为作斗争。

爱祖国、爱人民、爱劳动、爱科学、爱社会主义是我国全体公民必须共同遵循的五种基本道德规范，也是我国社会主义道德建设的基本要求，作为在校大学生，更需要以这些公德为行事准则。

第七节　涉及宪法的相关案例与分析

一、案例1

基本案情：据报道，身高不足1.5米、22岁的宁波大学历史系应届毕业生朱某报名参加广东省公务员考试，却被人事部门的一纸规定拦在考场外。她在报考广东省地方史志办时，由于所学专业对口、学习成绩优秀并发表过专业论文，用人单位对她各方面的情况表示满意，她顺利拿到了该单位的准考证。可是时隔不到1小时，她突然接到广东省地方史志办的电话，通知她立即退回准考证。朱某随即找用人单位了解情况，该单位的工作人员解释称，广东省人事部门对报名参加公务员考试的人员身高有相关规定，身材过矮的人员不允许报考，而朱某身高差了两厘米，按规定不能接受其报名。用人单位工作人员还带她到广东省人事部门进行政策咨询，得到的结果是广东省 26 号令规定，身高不够不能参加公务员考试。

点评：本案例中，朱某的就业平等权受到了侵害。我国《宪法》第三十三条规定："凡具有中华人民共和国国籍的人都是中华人民共和国公民。中华人民共和国公民在法律面前一律平等。国家尊重和保障人权。任何公民享有宪法和法律规定的权利，同时必须履行宪法和法律规定的义务。"

在就业招聘中，参与竞争的主体应当是平等的。招聘单位不公示其限制理由，直接剥夺符合法律规定、具有劳动就业能力的应聘者平等、公平的就业竞争机会的做法是违反《宪法》规定的。大学毕业生若因身高条件被拒之门外，用人单位应事先说明身高与工作的关系，或在招录公告中说明这一限制性条件。如果没有事先说明或是涉及特殊岗位领域，用人单位在考试及招录中对身高进行限制，这种做法剥夺了符合法律规定的具有劳动就业能力的应聘者进行平等、公平就业竞争的机会。

就业中出现的身高歧视现象，说明了用人单位对《宪法》以及人才没有真正的重视。近年来，人才市场上发布的各种招聘信息对年龄、身高等方面时见约束，但目前我国没有专门制定和颁布有关禁止歧视的法律法规。在一些特殊行业存在对身高的要求，比如说警卫、空姐等职业，法律给予了用人单位部分的自主权。但是任何自由都不可能是绝对的，如果特殊行业有特殊需要，对应聘者的身高确实有要求，也应当履行公示的原则，把限制内容的合理性和必要性予以充分说明并且需提前告知，否则就会因违反宪法的基本原则而宣告无效。

二、案例 2

基本案情：在就业竞争越来越激烈的形势下，找到一份称心如意的工作是大学毕业生的共同希望。然而，在一些招聘会上，许多单位不招收女生。据报道，在 2015 年的春季招聘会上，某大型国企对行政岗位进行招聘，在招收简章中要求：①重点大学应届毕业生。②通过英语六级考试。③中文相关专业。某重点大学毕业的女生林某报考了这一岗位，通过笔试、面试、体检等层层选拔，在所有应聘大学生中排名第一，在林某怀着喜悦的心情准备与公司签订三方协议时，却被告知因为是女生而被拒绝录取。经采访，公司考官认为女性不适宜出差，存在生育等问题，拒绝招聘。

　　点评：这家公司的做法违反了宪法的公平原则，同时侵犯了国家对妇女权利的保护。我国《宪法》第三十三条规定："凡具有中华人民共和国国籍的人都是中华人民共和国公民。中华人民共和国公民在法律面前一律平等。国家尊重和保障人权。任何公民享有宪法和法律规定的权利，同时必须履行宪法和法律规定的义务。"

　　在我国，男性公民与女性公民是平等的。林某作为中华人民共和国的公民，不应在就业时因性别受到歧视。除非一些特种行业，例如公安、司法、军队等需要在一线艰苦地区工作的职位外，任何单位都不得以任何理由歧视女性求职者。本案例中，该国企在招聘时并未涉及特种行业，也未在招聘告示中提前限制说明，林某通过层层选拔考试，符合录用条件，单位拒绝录取是不合法的。

　　此外，我国《宪法》第四十八条规定："中华人民共和国妇女在政治的、经济的、文化的、社会的和家庭的生活等各方面享有同男子平等的权利。国家保护妇女的权利和利益，实行男女同工同酬，培养和选拔妇女干部。"本条以条文的形式直接确立了妇女在我国政治、经济、文化、社会等方面拥有与男性同等的权利。国家对妇女权益的保护方针有三个方面：第一，国家保护妇女的权利和利益，即妇女依法享有的各项权利和利益都受到宪法和法律保护，任何个人和组织都不得侵犯。第二，国家实行男女同工同酬，即妇女与男子从事同一种工作，技术水平、熟练程度与男子相同，就应该获得与男子相同的报酬。第三，国家培养和选拔妇女干部，即国家在挑选干部人选时要注意妇女干部的配备，大胆使用和提拔经过实践证明有能力、群众信得过的、德才兼备的妇女干部，提高妇女在国家和社会生活中的地位。

　　因此，本案例中公司的行为因违背宪法规定而无效，用人单位无正当理由时不可通过性别对求职者设置障碍。

三、案例3

　　基本案情：近些年来，钓鱼岛游行、抵制日货、抵制家乐福等活动时有发生，这既是我国国民公民权觉醒的标志，也带来了相关问题，例如在游行中不理智的行为带来的侵犯他人权益甚至犯罪的行为。

　　点评：我国《宪法》第三十五条规定："中华人民共和国公民有言论、出版、集会、结社、游行、示威的自由。"《中华人民共和国集会游行示威法》第三条规定："公民行使集会、游行、示威的权利，各级人民政府应当依照本法规定，予以保障。"行使游行示威的权利是大学生群体公民意识的重要体现，然而，游行示威需要在宪法的规定下依照程序进行，否则，正当的游行示威活动就可能被不法分子利用，借机对国家、集体、个人的财产进行破坏，成为引发其他矛盾、破坏社会秩序稳定的诱因。

集会、游行、示威是公民享有的一项不可剥夺的宪法权利，行使这项权利需要遵循相关的程序与规则。在《宪法》衍生出的《中华人民共和国集会游行示威法》中就对相关程序有着明确的规定。例如，其中第四条规定："公民在行使集会、游行、示威的权利的时候，必须遵守宪法和法律，不得反对宪法所确定的基本原则，不得损害国家的、社会的、集体的利益和其他公民的合法的自由和权利。"第五条规定："集会、游行、示威应当和平地进行，不得携带武器、管制刀具和爆炸物，不得使用暴力或者煽动使用暴力。

从法律条文的规定来看，《宪法》和《中华人民共和国集会游行示威法》对公民正当的游行示威权利都是予以充分保障的。值得大学生注意的是，在表达自己的想法与意见时要注意采取适当的方式。一旦爱国失去理性，就容易产生不可控制的局面，在个体层面，可能会对他人的人身财产、权益产生危害；在全局层面，情绪化的排斥他国的有益经验，有可能耽误自己民族的发展进程。只有理性爱国，才能将自己的意见充分表达，避免因不理性的爱国行为给自己招惹麻烦。

四、案例4

基本案情：网络的发展带来了一个信息大爆炸的时代，各网站的索引功能使得各类信息的获取变得空前便利，"人肉搜索"就是在这样的背景下产生的。"人肉搜索"这个名词最早受到关注是在汶川大地震中，全国人民借助网络的力量，在传统通讯设备失灵的条件下，通过将失踪和幸存人口的信息公布于网络，极大地便利了各类信息的流通，为不少家庭的团聚、灾区的物资援助、受伤同胞的医疗救助和心理康复起到了十分重要的作用。此外，在丢失儿童的寻找中，例如"宝贝回家"网站，就是利用寻亲父母或儿童的记忆片段，采取"人肉搜索"的方式，为寻找亲人搭建一座数据化、信息化的桥梁，不少失散多年的亲人，正是依靠这一手段获得了团聚，取得了显著效果。

然而，随着网络发展带来的安全漏洞，个人信息在网络上留下越来越多的痕迹，"人肉搜索"功能在强大的同时，也出现了不可控性。号称"人肉搜索"第一案发生在 2007 年的北京。某公司的女性姜某自杀后，姜某的姐姐在网上发表了一篇文章，"讲述"了姜某与王某之间的故事。随后，部分网站转载了这一文章并披露了王某和所谓第三者的真实姓名、工作单位、居住小区等内容，引来了全国网友的广泛关注。网友通过"人肉搜索"对当人事进行道德上的"声讨"，虽然王某在诉讼中获得了精神抚慰金的赔偿，但此事造成了当事人巨大的精神压力，使其正常生活受到了严重干扰。

点评：我国《宪法》第三十三条规定："凡具有中华人民共和国国籍的人都是中华人民共和国公民。中华人民共和国公民在法律面前一律平等。国家尊重和保障人权。任何公民享有宪法和法律规定的权利，同时必须履行宪法和法律规定的义务。"隐私权是人权的重要组成部分，保护隐私权就是保护人权。缺乏规制的"人肉搜索"，无论是否有道德理由为其辩护，都存在着侵犯他人权利的问题。我国《宪法》第三十八条规定："中华人民共和国公民的人格尊严不受侵犯。禁止用任何方法对公民进行侮辱、诽谤和诬告陷害。"我国《宪法》第五十一条规定："中华人民共和国公民在行使自由和权利的时候，不得损害国家的、社会的、集体的利益和其他公民的合法的自由和权利。"

"人肉搜索"是表达自由权的一种形式，使网友在网络上可以了解相关当事人的信息，发表对当时事件的看法，对当事人以及社会而言都是一种外力的监督，但在这个过程中当事人的隐私却无法得到有效保障。一旦网络上的信息出现不真实的缺位现象，相关网民就可能对当事人进行错误的判断，甚至进行侮辱、诽谤和诬告陷害的行为，产生"获取知情权"与"保护他人隐私权"之间的尖锐矛盾。

个人信息在网络世界中极易泄露，如何规制网络对个人信息的保护是当前隐私权保护的发展重点。大学生在行使知情权的同时，务必要注意相关原则，不得损害国家的、社会的、集体的利益和其他公民的合法权益。大学生在行使言论自由权的同时，要自觉并有效地保障他人隐私，用好"人肉搜索"这把双刃剑，发挥其积极的社会功效。

第三章 大学生在国家安全方面的 常见问题与解决对策

　　自国家建立伊始，国家安全就成为民众关注的基本与首要问题。全球化背景下的国际形势复杂多变，我国仍面临多元化的安全威胁和挑战，传统安全威胁和非传统安全威胁相互交织，维护国家统一、领土主权、确保国家安全稳定的工作更加紧迫。当前，我国反恐怖斗争形势依然严峻，恐怖主义威胁将长期存在。境内外敌对势力对高校的渗透破坏进一步加剧。高校人才荟萃，知识密集，信息资源丰富，涉外交往频繁，是意识形态领域中极为敏感、极为重要的场所。同样，大学生群体也是境内外敌对势力渗透、颠覆、演变的重要目标。与国际国内安全形势发展的速度相比，当代大学生的国家安全意识相对滞后，一些大学生对国家安全法律法规不熟悉不了解，在遇到与国家安全相关的问题时概念模糊，认识片面，不知如何应对处理，甚至触犯法律，走入歧途。

　　为此，本章通过对《中华人民共和国国家安全法》、《中华人民共和国反恐怖主义法》、《中华人民共和国反间谍法》、《中华人民共和国保密法》等一系列等法律法规的解读，结合典型案例列举大学生在国家安全方面的常见问题与建议措施，从而提高大学生对复杂安全形势的正确认知能力，增强大学生的敌情观念和保密意识，防止大学生片面认为"国家安全与己无关"，进而强化大学生的国家安全意识与守法意识，使其切实认识到树立正确的国家安全观念、维护国家安全既是自己应尽的义务和责任，同时也是在保护个人的合法利益。

第一节　涉及国家安全的法律法规

一、《宪法》

　　我国《宪法》既从宏观上规定了基本的安全方针，又从微观上规定了国家机关维护国家安全的职责以及公民安全义务等较为细致的内容。宪法是国家安全法律的立法依据。1999 年 3 月 15 日通过的《宪法修正案》第十七条，明确将"国家安全"写进宪法。

二、《中华人民共和国刑法》

我国刑法中的危害国家安全罪，受我国中国特色社会主义理念、政治形势变化等因素的影响，在刑法体系、犯罪构成上呈现出独特性。[1] 其最大的特点是：危害国家安全罪是由反革命罪发展而来，随着社会发展、法律的价值取向发生变化，刑法在法治之路上不断进步。1997 年的《刑法》取消了反革命罪，并以"危害国家安全罪"之名予以取代，此修改不仅有利于在国际规则中维护国家安全，[2] 努力满足世界刑法的基本标准，更体现了我国重视人权保障，防止国家权力无限扩张的理念。在刑法体系中危害国家安全罪位于分则之首，显示在立法上对该类犯罪重点打击的意图，是一类需要特别讲究规格恶化标准的犯罪。

《中华人民共和国刑法》(以下简称《刑法》) 第二条规定："中华人民共和国刑法的任务，是用刑罚同一切犯罪作斗争，以保卫国家安全，……"。《刑法》分则第一章"危害国家安全罪"规定了危害国家安全罪，颠覆政权的犯罪，叛逃和叛逃的犯罪以及间谍资敌的犯罪四类危害国家安全的犯罪。第五十六条规定："对于危害国家安全的犯罪分子应当附加剥夺政治权利。"第六十六条规定："危害国家安全犯罪、恐怖活动犯罪、黑社会性质的组织犯罪的犯罪分子，在刑罚执行完毕或者赦免以后，在任何时候再犯上述任一类罪的，都以累犯论处。"危害国家安全的 12 个罪名中 7 个罪名规定了死刑。

三、《中华人民共和国国家安全法》

国家安全法以法律的形式确立总体国家安全观的指导地位和国家安全的领导体制，明确维护国家安全的各项任务，建立维护国家安全的各项制度，为构建国家安全体系，走出一条中国特色的国家安全道路奠定了坚实的法律基础。

新修改的国家安全法增加对太空、深海和极地等新型领域的安全维护任务，增加保护和提高粮食综合生产能力、保障粮食供给和质量安全的规定；明确国家在和平利用核能的同时应防止核扩散，不断增强有效应对和防范核

---

① 在中国，危害国家安全罪的存在可追溯到夏朝，在唐朝的《唐律疏议》中，形成专门规定危害国家安全罪的"十恶"(谋反、谋大逆、谋叛、恶逆、不道、大不敬、不孝、不睦、不义、内乱，其中前三种犯罪一直是历朝历代规定危害国家安全罪的蓝本)。中国刑法中最后一个危害国家安全罪的历史概念是"反革命罪"。

② 反革命罪改为危害国家安全罪，否认中国有政治犯的存在，由此避免国际司法协助中的困境。

威胁、核攻击的能力；明确要求维护网络空间主权等。新国家安全法首次提到香港、台湾，规定"维护国家主权、统一和领土完整是包括港澳同胞和台湾同胞在内的全中国人民的共同义务"。①

国家安全法还规定，国家加强国家安全新闻宣传和舆论引导。通过多种形式开展国家安全宣传教育活动，将国家安全教育纳入国民教育体系和公务员教育培训体系，增强全民国家安全意识。每年 4 月 15 日为全民国家安全教育日。"公民和组织应当履行遵守宪法、法律法规关于国家安全的有关规定；及时报告危害国家安全活动的线索；保守所知悉的国家秘密等维护国家安全的义务。""机关、人民团体、企业事业组织和其他社会组织应当对本单位的人员进行维护国家安全的教育，动员、组织本单位的人员防范、制止危害国家安全的行为。""公民和组织支持、协助国家安全工作的行为受法律保护。""公民和组织对国家安全工作有向国家机关提出批评建议的权利，对国家机关及其工作人员在国家安全工作中的违法失职行为有提出申诉、控告和检举的权利。""在国家安全工作中，需要采取限制公民权利和自由的特别措施时，应当依法进行，并以维护国家安全的实际需要为限度。"

四、《中华人民共和国反恐怖主义法》②

《中华人民共和国反恐怖主义法》(以下简称《反恐怖主义法》) 规定国家将反恐怖主义纳入国家安全战略，综合施策，标本兼治，加强反恐怖主义的能力建设，运用政治、经济、法律、文化、教育、外交、军事等手段，开展反恐怖主义工作。《反恐怖主义法》第三章"安全防范"第十七条规定："各级人民政府和有关部门应当组织开展反恐怖主义宣传教育，提高公民的反恐怖主义意识。教育、人力资源行政主管部门和学校、有关职业培训机构应当将恐怖活动预防、应急知识纳入教育、教学、培训的内容。"

《反恐怖主义法》明确"国家反对一切形式的恐怖主义，依法取缔恐怖活动组织，对任何组织、策划、准备实施、实施恐怖活动，宣扬恐怖主义，煽动实施恐怖活动，组织、领导、参加恐怖活动组织，为恐怖活动提供帮助的，依法追究法律责任。国家不向任何恐怖活动组织和人员作出妥协，不向任何

---

① 新国家安全法通过首提香港定要维护国家统一 . https://www.guancha.cn/broken-news/2015_07_01_325299.shtml.

② 2015 年 12 月 27 日第十二届全国人民代表大会常务委员会第十八次会议通过《中华人民共和国反恐怖主义法》，自 2016 年 1 月 1 日起施行。2011 年 10 月 29 日第十一届全国人民代表大会常务委员会第二十三次会议通过的《全国人民代表大会常务委员会关于加强反恐怖工作有关问题的决定》同时废止。

恐怖活动人员提供庇护或者给予难民地位。"《反恐怖主义法》还规定:"反恐怖主义工作应当依法进行,尊重和保障人权,维护公民和组织的合法权益。在反恐怖主义工作中,应当尊重公民的宗教信仰自由和民族风俗习惯,禁止任何基于地域、民族、宗教等理由的歧视性做法。"

五、《中华人民共和国刑事诉讼法》

《中华人民共和国刑事诉讼法》第一条规定:"为了保证刑法的正确实施,惩罚犯罪,保护人民,保障国家安全和社会公共安全,维护社会主义社会秩序,根据宪法,制定本法。"第二十条规定:危害国家安全案件由中级人民法院行使第一审权;第三十七条第三款规定:辩护律师在会见在押的危害国家安全犯罪嫌疑人时应当经侦查机关批准;第六十二条第一款规定:司法机关对危害国家安全案件的证人,在必要时可以采取诸如不公开真实姓名与地址等法律规定的方法进行保护;第七十三条第一款规定:对危害国家安全的犯罪嫌疑人不逮捕而进行监视居住时,可以在指定居所进行;第八十三条第二款规定:危害国家安全犯罪的嫌疑人进行拘留后如果通知可能有碍侦查,可以不通知其家属,但在有碍侦查情形消失以后应当立即通知其家属;第一百四十八条第一款规定:公安机关对危害国家安全犯罪案件可以经批准采用技术侦查措施。

六、《中华人民共和国反间谍法》

《中华人民共和国反间谍法》第四条规定:"中华人民共和国公民有维护国家的安全、荣誉和利益的义务,不得有危害国家的安全、荣誉和利益的行为。一切国家机关和武装力量、各政党和各社会团体及各企事业组织,都有防范、制止间谍行为,维护国家安全的义务。"第二十一条规定:"公民和组织发现间谍行为,应及时向国家安全机关报告;向公安机关等其他国家机关、组织报告的,相关国家机关、组织应该立即移送国家安全机关处理。"第二十九条规定:"明知他人有间谍犯罪行为,在国家安全机关向其调查有关情况、收集相关证据时,拒绝提供的,由其所在单位或者上级主管部门予以处分,或者由国家安全机关处十五日以下行政拘留;构成犯罪的,依法追究刑事责任。"

除以上的重要的法律中涉及有关国家安全的内容,其他法律法规也涉及部分有关国家安全的内容。如《中华人民共和国公民出境入境管理法》、《中华人民共和国外国人入境管理法》、《中华人民共和国保密法》、《中华人民共和国邮政法》、《中华人民共和国档案法》、《外国商会管理暂行规定》、《外国记者和外国常驻新闻机构管理条例》、《中华人民共和国军事设施保护法》、《中华人民共和国外资企业法实施细则》、《中国公民往来台湾地区管理办法》、《中华人民共和国领海及毗连区法》、《中华人民共和国无线电管理条例》、《中华人民共和国对外贸易法》、《中华人民共和国国家安全法实施细则》、《中华人民共和国人民警察法》、《中华人民共和国出境入境边防检查条例》、《商用密码管理条例》、《中华人民共和国电信条例》、《互联网信息服务管理办法》、《中华人民共和国行政许可法》等。①

---

① 《中华人民共和国公民出境入境管理法》第八条规定：国务院有关主管机关认为出境后将对国家安全造成危害或者对国家利益造成重大损失的，不批准出境。《中华人民共和国外国人入境出境管理法》第十二条规定："被认为入境后可能危害中国的国家安全、社会秩序的外国人，不准入境。"《中华人民共和国档案法》第二十三条规定：档案的所有者有权公布（自己所有的档案）但必须遵守国家有关规定，不得损害国家安全和利益，不得侵犯他人的合法权益。《外国商会管理暂行规定》第三条规定："外国商会必须遵守中华人民共和国法律、法规的规定，不得损害中国的国家安全和社会公共利益。"《外国记者和外国常驻新闻机构管理条例》第十四条规定："外国记者和外国常驻机构不得进行与其身份和性质不符或者危害中国国家安全、统一、社会公共利益的活动。"《中华人民共和国军事设施保护法》第三条规定："各级人民政府和军事机关应当从国家安全利益出发，共同保护军事设施，维护国防利益。"《中华人民共和国外资企业法实施细则》第五条规定：申请设立外资企业，危及中国国家安全的，不予批准。《中国公民往来台湾地区管理办法》第五条规定："中国公民往来台湾与大陆之间，不得危害国家安全、荣誉和利益的行为。"《中华人民共和国领海及毗连区法》第一条规定："为行使中华人民共和国对领海的主权和对毗连区的管制权，维护国家安全和海洋权益，制定本法。"《中华人民共和国无线电管理条例》第二十四条规定："因国家安全和重大任务需要实行无线电管制时，管制区域内设有无线电发射设备和其他辐射无线电波设备的单位和个人，必须遵守有关管制的规定。"《中华人民共和国对外贸易法》第十六条规定：属于为维护国家安全或者社会公共利益的货物、技术，国家可以限制进口或者出口；第十七条规定：危害国家安全或者社会公共利益的货物、技术，国家可以限制进口或者禁止进口或出口。《中华人民共和国国家安全法实施细则》第十三条规定："国家安全机关对查验中发现的不符合维护国家安全要求的电子通信工具、器材等设备、设施，可以责令有关组织和个人进行必要的技术处理；拒绝或者没有能力进行技术处理的，可以予以封存、扣押，依照有关法律、行政法规的规定处理。"《中华人民共和国人民警察法》第一条规定："为了维护国家安全和社会治安秩序，……，根据宪法，制定本法"；第二条规定："人民警察的任务是维护国家安全，……"。《中华人民共和国出境入境边防检查条例》第十五条规定：出境入境人员有危害国家安全、利益和社会秩序嫌疑的，边防检查站有权限制其活动，进行调查或者移送有关机关处理。《商用密码管理条例》第二十三条规定：泄露商用密码技术或者利用商用密码，对有危害国家安全行为的，由国家安全机关依法予以行政拘留。《中华人民共和国电信条例》第六条规定："任何组织或者个人不得利用电信网络从事危害国家安全、社会公共利益或者他人合法权益的活动。"《互联网信息服务管理办法》第十五条规定：互联网信息服务提供者不得制作、复制、发布、传播含有危害国家安全，泄露国家秘密内容的信息。《中华人民共和国行政许可法》第十二条规定：直接涉及国家安全、公共安全等特定活动，需要按照法定条件予以批准的事项，可以设定行政许可。

第二节　国家安全的内涵与相关解读

根据《中华人民共和国国家安全法》(以下简称《国家安全法》) 的规定，国家安全是指国家政权、主权、统一和领土完整、人民福祉、经济社会可持续发展和国家其他重大利益相对处于没有危险和不受内外威胁的状态，以及保障持续安全状态的能力。

首先，国家安全包含多个方面的内容，主要有国民安全、领土安全、主权安全、政治安全、军事安全、经济安全、文化安全、科技安全、生态安全、信息安全等 11 个领域的基本内容。

其次，国家安全是国家不处于内外威胁的一种客观状态。所谓外部的威胁与侵害，大致可分为外部自然界的威胁和侵害与外部社会的威胁和侵害两大类。但由于国家安全是一种社会现象，国家的外部威胁和侵害也就主要是指处于一国之外的其他社会存在对本国造成的威胁和侵害。如其他国家的威胁，非国家的其他外部社会组织和个人的威胁，某些国际组织或地区组织对某国的威胁和侵害，国内反叛组织在国外从事的威胁和侵害本国的活动等。

最后，国家安全是国家没有内部的混乱与疾患的客观状态。危及国家生存的力量不仅来源于一个国家的外部，而且还时常来源于一个国家的内部。国内的混乱、动乱、骚乱、暴乱，以及其他各种形式的疾患，都会直接危害到国家生存，造成国家的不安全。只有在同时没有内外两方面威胁的条件下，国家才能安全。内外威胁两个方面的统一，是国家安全的特有属性。

一、《国家安全法》相关内容的新解读

我国曾于 1993 年制定国家安全法，以规定国家安全机关的职权和反间谍工作为主要内容。随着国家的发展，国家安全形势发生了巨大变化，维护国家安全的任务和要求也发生了变化，该法律已难以适应全面维护各领域国家安全的需要。2014 年 11 月 1 日，十二届全国人大常委会第十一次会议审议通过了《中华人民共和国反间谍法》(以下简称《反间谍法》)，相应废止了原有的国家安全法，为制定新的《国家安全法》创造了条件。2015 年 7 月第十二届全国人大常委会第十五次会议在京闭幕，会议以 154 票赞成，0 票反对，1 票弃权，高票通过了《国家安全法》，该法自公布之日起正式生效。

新《国家安全法》共七章，对维护国家安全的任务与职责，国家安全制度，国家安全保障，公民、组织的义务和权利等方面进行了规定。对政治安全、国土安全、军事安全、文化安全、科技安全等 11 个领域的国家安全任务进行了明确。为提升全社会的国家安全意识，新《国家安全法》将每年 4 月 15 日定为全民国家安全教育日，通过多种形式开展国家安全宣传教育活动。

（一）新型领域被纳入立法范围

在维护国家安全的任务方面，新《国家安全法》要求，国家建设网络与信息安全保障体系，提升网络与信息安全保护能力，加强网络和信息技术的创新研究和开发应用，实现网络和信息核心技术、关键基础设施和重要领域信息系统及数据的安全可控。

此外，国家坚持和平探索和利用外层空间、国际海底区域和极地，增强安全进出、科学考察、开发利用的能力，加强国际合作，维护我国在外层空间、国际海底区域和极地的活动、资产和其他利益的安全。

（二）公民有义务及时报告危害活动的线索

《国家安全法》对公民、组织的义务和权利做出了规定，包括及时报告危害国家安全活动的线索等。在国家安全工作中，需要采取限制公民权利和自由的特别措施时，应当依法进行，并以维护国家安全的实际需要为限度。

（三）公民因国家安全工作所致损失可获补偿

《国家安全法》同时规定，公民和组织因支持、协助国家安全工作导致财产损失的，按照国家有关规定给予补偿，造成人身伤害或者死亡的，按照国家有关规定给予抚恤优待。

（四）公民对国家安全工作做出重大贡献可获奖励

国家对支持、协助国家安全工作的组织和个人给予保护，对维护国家安全有重大贡献的组织和个人给予奖励。"重大贡献"指：① 为国家安全机关提供重要线索，发现、破获严重危害国家安全的犯罪案件的；② 为国家安全机关提供重要情况，防范、制止严重危害国家安全的行为发生的；③ 密切配合国家安全机关执行国家安全工作任务，表现突出的；④ 为维护国家安全，与危害国家安全的罪犯进行斗争，表现突出的；⑤ 在教育、动员、组织本单位的人员防范、制止危害国家安全行为的工作中，成绩显著的。

（五）危害国家安全的五种行为

(1) 阴谋颠覆政府，分裂国家，推翻社会主义制度的行为。如台独分子一直没有放弃"两个中国"的妄想，达赖喇嘛在境外成立了流亡政府，东突厥势力也在国内大搞破坏、谋杀、爆炸等活动。

(2) 参加境外各种间谍组织，或者接受间谍组织或代理人的任务的行为。无论行为人是否接受了间谍组织的任务，是否进行了窃取、刺探、收买、非法提供情报或其他破坏活动，只要参加了间谍组织，即构成了间谍犯罪。未参加间谍组织，却接受了间谍组织或其代理人的任务，也不管其任务实现与否，不影响间谍犯罪的成立。

(3) 窃取、刺探、收买、非法提供国家秘密的行为。一般指在未参加间谍组织，也没接受其代理人任务的情况下，主动为间谍机构窃取、刺探、收买、提供情报。不管情报是否到了间谍手中，都不影响间谍犯罪的成立，都属于危害国家安全的行为。

(4) 策动、勾引、收买国家工作人员叛变或者将防地设施、武器装备交付他国或敌方的行为。

(5) 进行危害国家安全的其他破坏活动的行为。

① 组织、策划或者实施危害国家安全的恐怖活动的；

② 捏造、歪曲事实，发表、散布文字或者言论，或者制作、传播音像制品，危害国家安全的；

③ 利用设立社会团体或者企业、事业组织，进行危害国家安全活动的；

④ 利用宗教进行危害国家安全活动的；

⑤ 制造民族纠纷，煽动民族分裂，危害国家安全的；

⑥ 境外个人违反有关规定，不听劝阻，擅自会见境内有危害国家安全行为或者有危害国家安全行为重大嫌疑的人员的。

二、《反间谍法》的具体解读

（一）明确了属于间谍行为的 5 类行为

《反间谍法》对间谍行为进行明确定义，这是中国首次对具体间谍行为进行法律认定。

(1) 间谍组织及其代理人实施或者指使、资助他人实施，或者境内外机构、组织、个人与其相勾结实施的危害中华人民共和国国家安全的活动；

(2) 参加间谍组织或者接受间谍组织及其代理人的任务的；

(3) 间谍组织及其代理人以外的其他境外机构、组织、个人实施或者指使、资助他人实施，或者境内机构、组织、个人与其相勾结实施的窃取、刺探、收买或者非法提供国家秘密或者情报，或者策动、引诱、收买国家工作人员叛变的活动；

(4) 为敌人指示攻击目标的；

(5) 进行其他间谍活动的。

（二）明确了违反《反间谍法》的法律责任

《反间谍法》规定，境外机构、组织、个人实施或者指使、资助他人实施，或者境内机构、组织、个人与境外机构、组织、个人相勾结实施间谍行为，视不同情节给予不同处罚。实施间谍行为，有自首或者立功表现的，可以从轻、减轻或者免除处罚；有重大立功表现的，给予奖励。

明知他人有间谍犯罪行为，在国家安全机关向其调查有关情况、收集有关证据时，拒绝提供的，由其所在单位或者上级主管部门予以处分，或者由国家安全机关处十五日以下行政拘留；构成犯罪的，依法追究刑事责任。

（三）明确了国家安全机关反间谍工作的特殊权限

《反间谍法》赋予了国家安全机关开展工作所必需的特殊权力，如验证、调查权，进入有关场所和查档权，优先通行权，优先使用交通、通信工具和场地、建筑物权，查验电子通信设备权及提请免检权等。这些规定，将党中央和国务院赋予国家安全机关的工作权力法律化，为国家安全工作提供了基本的法律依据和保障。

（四）明确了社会各界维护国家安全的义务

维护国家安全，特别是开展反间谍工作，不能仅靠国家安全机关，还必须充分动员全社会的力量，得到全社会的大力支持和配合。

三、《中华人民共和国反恐怖主义法》中的"煽动分裂国家罪"解读

由最高人民法院、最高人民检察院、公安部联合出台的《关于办理暴力恐怖和宗教极端刑事案件适用法律若干问题的意见》（简称《意见》）中，规定了7种情形可认定为组织、领导、参加恐怖组织罪，6种情形可认定为煽动分裂国家罪。扬言炸航班等行为，也被《意见》列为暴力恐怖案件处理。

（一）准备作案工具可定罪

认定案件性质，是《意见》的重点。《意见》规定将 7 种行为定性为组织、领导、参加恐怖组织罪，比如参与制订行动计划、准备作案工具等活动的行为。如果在这些行为中同时实施杀人、放火、爆炸、非法制造爆炸物、绑架、抢劫等犯罪的，以组织、领导、参加恐怖组织罪和故意杀人罪、放火罪、爆炸罪、非法制造爆炸物罪、绑架罪、抢劫罪等数罪并罚。

《意见》同时规定，组织、纠集他人，宣扬、散布、传播宗教极端、暴力恐怖思想等 6 种情形，煽动分裂国家、破坏国家统一的，将以煽动分裂国家罪定罪处罚。

对于此前曾多次发生的扬言炸航班的情况，《意见》再次进行了明确，并列为暴力恐怖案件处理。编造以发生爆炸威胁、生化威胁、放射威胁、劫持航空器威胁、重大灾情、重大疫情等严重威胁公共安全的事件为内容的虚假恐怖信息，或者明知是虚假恐怖信息而故意传播、散布，严重扰乱社会秩序的，将以编造、故意传播虚假恐怖信息罪定罪处罚。

（二）网站可作为分裂罪共犯

《意见》还对一些共同犯罪的情形进行了明确。其中，网站、网页、论坛、博客、微博、即时通讯工具、聊天室、手机应用软件及其他网络应用服务的建立、开办、经营、管理者，如果明知他人散布、宣扬利用宗教极端、暴力恐怖思想煽动分裂国家、破坏国家统一或者煽动民族仇恨、民族歧视的内容，允许或者放任他人发布，也将以煽动分裂国家罪或者煽动民族仇恨、民族歧视罪的共同犯罪定罪处罚。

曾因实施暴力恐怖、宗教极端违法犯罪行为受到行政、刑事处罚、免予刑事处罚，或者被责令改正后又实施的，应当认定为明知。其他共同犯罪嫌疑人、被告人或者其他知情人供认、指证，行为人不承认其主观上"明知"，但又不能作出合理解释的，依据其行为本身和认知程度，足以认定其确实"明知"或者应当"明知"的，应当认定为明知。

（三）扬言炸航班将按暴力恐怖案件处理

7 种行为认定为组织、领导、参加恐怖组织罪发起、建立恐怖活动组织或者以从事恐怖活动为目的的训练营地，进行恐怖活动体能、技能训练的；

为组建恐怖活动组织、发展组织成员或者组织、策划、实施恐怖活动，宣扬、散布、传播宗教极端、暴力恐怖思想的；

51

在恐怖活动组织成立以后，利用宗教极端、暴力恐怖思想控制组织成员，指挥组织成员进行恐怖活动的；

对特定或者不特定的目标进行爆炸、放火、杀人、伤害、绑架、劫持、恐吓、投放危险物质及其他暴力活动的；

制造、买卖、运输、储存枪支、弹药、爆炸物的；

设计、制造、散发、邮寄、销售、展示含有暴力恐怖思想内容的标识、标志物、旗帜、徽章、服饰、器物、纪念品的；

参与制订行动计划、准备作案工具等活动的。

（四）6 种行为认定为煽动分裂国家罪

(1) 组织、纠集他人，宣扬、散布、传播宗教极端、暴力恐怖思想的；

(2) 出版、印刷、复制、发行载有宣扬宗教极端、暴力恐怖思想内容的图书、期刊、音像制品、电子出版物或者制作、印刷、复制载有宣扬宗教极端、暴力恐怖思想内容的传单、图片、标语、报纸的；

(3) 通过建立、开办、经营、管理网站、网页、论坛、电子邮件、博客、微博、即时通讯工具、群组、聊天室、网络硬盘、网络电话、手机应用软件及其他网络应用服务，或者利用手机、移动存储介质、电子阅读器等登载、张贴、复制、发送、播放、演示载有宗教极端、暴力恐怖思想内容的图书、文稿、图片、音频、视频、音像制品及相关网址，宣扬、散布、传播宗教极端、暴力恐怖思想的；

(4) 制作、编译、编撰、编辑、汇编或者从境外组织、机构、个人、网站直接获取载有宣扬宗教极端、暴力恐怖思想内容的图书、文稿、图片、音像制品等，供他人阅读、观看、收听、出版、印刷、复制、发行、传播的；

(5) 设计、制造、散发、邮寄、销售、展示含有宗教极端、暴力恐怖思想内容的标识、标志物、旗帜、徽章、服饰、器物、纪念品的；

(6) 以其他方式宣扬宗教极端、暴力恐怖思想的。

四、《中华人民共和国保密法》相关内容的解读

（一）进行保密知识教育的原因

国家秘密是关系到国家安全和利益，依照法定程序确定在一定时间内，只限一定范围人员知悉的事项。国家秘密按其秘密程度划分为"绝密"、"机密"、"秘密"三级。按其工作对象分为：科学技术保密、经济保密、涉外保密、

宣传报道保密、公文保密、会议保密、政法保密、军事军工保密、通信保密、电子计算机保密等。

有国家就有秘密，就需要保密工作，保密工作是国家的一项十分重要的工作，上至国家机关，下至单位、个人都有不可推卸的责任。随着改革开放的深入和经济的飞速发展，国内与国外组织或外籍人士的交流、合作更加广泛，同时也意味着增加了更多的失密、泄密的机会，因此，保密工作就显得更加重要。国外一些谍报组织和人员经常利用参观、旅游、讲学、合作研究等各种借口在国内游荡，伺机对一些科研技术、科学成果进行窃密、收买。一些意志薄弱的人员，禁不住金钱和物质的诱惑，帮助谍报组织进行窃密活动，造成重大科研、科技泄密，给国家带来了巨大的损失。

（二）造成失密、泄密的因素

(1) 新闻出版工作失误造成泄密。国内新闻泄密案件占整个新闻出版泄密案的一半以上，特别是在科技、经济方面，给国家造成了巨大的损失，同时也在政治上产生了严重的影响。境外的一些中国问题专家在谈到搜集中国情报的方法时，认为主要手段就是分析研究中国的报刊和出版物。境外谍报组织广泛收集我国公开发行的报纸、杂志、刊物、官方报告、人名通讯录、企业电话号码簿以及车船、飞机时刻表等，经过筛选让专家进行分析研究。美国中央情报局把凡是能得到的每一份共产党国家的出版物都买下来，每月约有20多万份，他们认为，所需要情报的80%可以从这些公开的材料中获得，称之为"白色情报"。

(2) 违反保密制度，在不合时宜的场所随意公开内部秘密。主要表现在相关人员在接待外来人员的参观、访问、贸易洽谈之时，违反保密制度，轻易地将宝贵的内部秘密泄露出去。

(3) 不正确地使用手机、电话、传真或互联网技术造成泄密。一些谍报组织借助科学技术成果，利用先进的间谍工具进行窃听、窃照、截取电子信号、破获电子信件等从而获取机密。

(4) 保密观念不强，随身携带秘密载体造成泄密。有些保密观念不强的人，随意将一些秘密资料、文件、记录本、样品等携带出门，遇上丢失、被盗、被抢、被骗，从而很快就会造成泄密事件。

(5) 保密意识淡薄，或无保密意识，有意无意地把秘密泄露出去。有些保密意识淡薄、缺乏保密常识的人，不分场合，随意在言谈中或通信中涉及国家秘密或秘密事项，或炫耀自己的见识广博，不料"道者无意，听者有心"，不经意间造成泄密。

(三)《中华人民共和国保密法实施条例》解读

《中华人民共和国保密法实施条例》(以下简称《实施条例》)第五条规定："机关、单位不得将依法应当公开的事项确定为国家秘密，不得将涉及国家秘密的信息公开。"

条文解读：

本条是贯彻落实《中华人民共和国保密法》(以下简称《保密法》)第四条"既确保国家秘密安全，又便利信息资源合理利用"的保密工作方针，对保密与信息公开关系的进一步明确。

本条所指的"依法应当公开"，与《保密法》第四条第二款所指的"依法公开"含义是一致的，一是指法律法规要求公开的必须公开，不得将其确定为"国家秘密"不予公开或者拒绝公开；二是指公开前必须依法进行保密审查，公开事项不得涉及国家秘密；三是指公开的程序和方式必须符合法律规定。我国法律对依法应当公开的事项有明确规定。《中华人民共和国政府信息公开条例》第九条规定，依法应当公开的事项主要包括"涉及公民、法人或者其他组织切身利益的；需要社会公众广泛知晓或者参与的；反映本行政机关机构设置、职能、办事程序等情况的；其他依照法律、法规和国家有关规定应当主动公开的"事项。目前，我国涉及信息公开的法律多达七十余项，如监督法、公务员法、行政许可法、行政复议法、治安管理处罚法、政府采购法、招标投标法等。对这些法律规定应当公开的事项，都应严格依照法律规定予以公开。

我国法律对国家秘密的确定也有明确规定。《保密法》对国家秘密事项范围作出了 7 个方面的原则规定，国家保密局会同中央有关机关制定了一系列保密事项范围，这些法律法规和规章是确定国家秘密的法律依据。

保密与信息公开是一个问题的两个方面。正确认识和把握二者辩证统一的关系，关键要做到依法保密、依法公开、保放适度。当前，一些机关、单位不能正确处理信息公开与保密的关系，既有定密随意、定密过多过滥的问题，也有不严格落实定密和信息公开的保密审查规定，擅自将不应公开的国家秘密公开，造成泄密的问题。《实施条例》对信息公开与保密的关系作出了进一步的明确规定，"机关、单位不得将依法应当公开的事项确定为国家秘密，不得将涉及国家秘密的信息公开"。机关、单位对法律规定应当公开的事项，要严格按照法律规定公开；对依法应当严格保密的事项，要准确规范定密；对根据形势变化或工作需要应当解密或公开的事项，要严格履行解密程序和信息公开保密审查程序。对应当定密的事项不定密，或者对不应当定密的事项定密，造成严重后果的，都应依法追究法律责任。这一规定对于增强机关、单位依法保密、依法公开意识具有重要的意义，既有利于确保国家秘密安全，又有利于保障公民的知情权、参与权和监督权。

（四）新《保密法》对严重违反保密规定的行为的惩处

过去，违反《保密法》的规定，必须造成泄密后果才给予处分或追究刑事责任，而新《保密法》将"结果罚"改为"行为罚"，规定不论是否产生泄密的实际危害，只要发生列举的 12 种严重违规行为之一，都将依法追究责任。

《保密法》第四十八条规定，有下列行为之一的，不论是否造成泄密后果，依法给予处分；构成犯罪的，依法追究刑事责任：

(1) 非法获取、持有国家秘密载体的；

(2) 买卖、转送或者私自销毁国家秘密载体的；

(3) 通过普通邮政、快递等无保密措施的渠道传递国家秘密载体的；

(4) 邮寄、托运国家秘密载体出境，或者未经有关主管部门批准，携带、传递国家秘密载体出境的；

(5) 非法复制、记录、存储国家秘密的；

(6) 在私人交往和通信中涉及国家秘密的；

(7) 在互联网及其他公共信息网络或者未采取保密措施的有线和无线通信中传递国家秘密的；

(8) 将涉密计算机、涉密存储设备接入互联网及其他公共信息网络的；

(9) 在未采取防护措施的情况下，在涉密信息系统与互联网及其他公共信息网络之间进行信息交换的；

(10) 使用非涉密计算机、非涉密存储设备存储、处理国家秘密信息的；

(11) 擅自卸载、修改涉密信息系统的安全技术程序、管理程序的；

(12) 将未经安全技术处理的退出使用的涉密计算机、涉密存储设备赠送、出售、丢弃或者改作其他用途的。

有上述行为尚不构成犯罪，且不适用处分的人员，由保密行政管理部门督促其所在机关、单位予以处理。

第三节　危害国家安全的行为与案例解析

一、案例1

基本案情：买加，男，1973 年 1 月生，维吾尔族，1993 年 9 月考入北京某大学。买加民族主义情节严重，他在宿舍的墙上贴有维吾尔族人的头像，作为自己崇拜的英雄。入学以后，买加纪律性差，经常外出，夜不归宿，与校外人员来往频繁，几次在私人饭馆组织新疆人聚餐，与一些民族分裂主义分子经常接触。1994 年 8 月，在新疆策划爆炸恐怖活动的民族分裂主义分子艾某跑到北京与买加直接联系。艾某被抓获后，买加不但不引以为鉴，反而在分裂祖国的罪恶道路上越走越远，越陷越深。由于参加非法活动，他知道自己已经被有关部门"重视"了。1994 年底，他以学习跟不上为由离校出走。由于西方敌对势力分裂中国，打着建立"××××斯坦共和国"的旗号，企图把新疆从祖国分裂出去。买加正是迎合了西方敌对势力的需要，弃学归疆，更加肆无忌惮，与分裂主义分子打得火热。为了实现他们分裂祖国的不可告人的目的，他毅然加入了"×× 解放组织党"，并成为该组织五名重要成员之一。1995 年的某一天，正当他们做着黄粱美梦，肆无忌惮地四处活动时，被新疆国家安全部门抓捕归案，买加与他的同党均落入法网。

案例解析：境外一些敌对组织和敌对势力一直虎视眈眈地注视着中国，稍有风吹草动，他们就会迫不及待地跳出来，大搞破坏活动，利用国内一些激进分子，煽动闹事，破坏民族团结，破坏祖国统一，买加就是这些敌对组织的一颗棋子，这些敌对组织利用民族感情结党成社进行分裂祖国的活动。祖国的利益神圣不可侵犯，祖国的统一、民族的团结更不容许遭到破坏，等待破坏分子的只能是人民的审判。

二、案例 2

基本案情：1990 年，吉林省某医学院学生金某被来校讲学的澳大利亚籍教师卡洛尔策反，加入了他们的情报组织，为其收集我国经济、军事、科技情报，后被我国国家安全机关抓获，受到了法律的制裁。

案例解析：金某参加间谍组织，并为其收集情报，对国家安全构成威胁，触犯了《中华人民共和国国家安全法》。任何出卖国家利益的行为，都是法律所不容许的，金某意志薄弱，接受外籍人员的策反，并为其工作，损害了国家和人民的利益，最终走向了可悲的下场。

三、案例 3

基本案情：海南省政府办公厅助理调研员席世国被境外情报机构看中，并被收买而走向堕落。自 1996 年 7 月首次作案至 1997 年 3 月案发，席世国在 7 个多月的时间里，多次利用省政府某些部门保密工作和内部管理存在的漏洞，获取近百份秘密文件和内部材料，提供给境外间谍分子，从中获得美元4300元、台币14万元、人民币6600元的情报酬金及其他酬物。他的行为，给国家的安全和利益造成了极大危害，影响十分恶劣。

案例解析：席世国从一名共产党员、国家公务员堕落为替境外情报机构非法提供国家秘密的犯罪分子，被拉入罪恶的泥潭，是因为他抵制不住拉拢腐蚀，讲金钱不讲政治，讲享受不讲奉献，讲关系不讲敌情，最终走向了背叛祖国、背叛人民的道路。

四、案例4

基本案例：某高校赴日研究生周某，在日本学习期间，被台湾一敌特组织策反，归国后，经常在节假日期间以旅游为名，对一些军事禁区进行拍照并收集资料，以密件的方式提供给台湾敌特组织，后被国家安全机关逮捕。

案例解析：作为一名研究生，接受国家多年的培养，本应为国家做出贡献，但周某禁不住金钱、物质的诱惑，参加了敌特组织，并为其收集军事资料，出卖了自己的国格、人格，也让培养他多年的亲人、师长感到伤心，周某也为他的行为付出了惨重的代价。

五、案例5

基本案情：1999年公安机关破获了一批"法轮功"组织及其人员非法获取、泄露国家秘密文件的案件。查明李洪志及"法轮大法研究会"按照其政治预谋，通过精心策划，一直在有组织、有计划地刺探党和政府的机密情报。非法获取、持有国家秘密文件59件，其中包括绝密级文件20件，机密级文件24件，秘密级文件15件。

案例解析：法轮功组织一直以"不参加政治"的说法掩盖其真实目的，在全国各地建立了严密的组织机构，从事一些民间团体所不应当从事的活动，刺探、收集国家秘密，攻击党和政府。此次案件的侦破，充分暴露了法轮功组织的狼子野心，法轮功组织一直在谋求政治上的地位，破坏国内团结、稳定的政治和社会环境，频繁制造事端，沦为反华势力的一条忠实走狗。

六、案例6

基本案情：吉林省某高校教授赵某，出生于韩国金逻北道，1936年，由于朝鲜战乱，致使其家庭离散，一个姐姐流落到日本，一个堂兄留在了韩国，而他却辗转来到了中国，成了中国公民，后成为了大学教授。我国实行改革开放以后，他与日本的姐姐及韩国的堂兄取得了联系，后申请出国探亲，先后到过日本和韩国。但赵某的活动一开始就被韩国间谍机关掌握并进行了精心的策反安排，他们运用各种手段，特别是煽动民族情感，扩大中国和朝鲜问题等，最后将赵某策反。赵某回国后仍在原学校任教，并利用教学、科研、出差等机会，在我国边境地区收集政治、经济、军事情报，先后报告给韩国间谍情报机关，给我国造成了极其恶劣的影响，后被我国司法机关法办。

案例解析： 作为一名高等院校的教授，有机会接触到更多的国家秘密，也有更便利的身份掩护自己的非法活动，因此，国外一些敌对势力一直把高校作为他们重点发展的目标，赵教授正是被间谍机关策反、利用的典型。如果赵教授能时刻以国家利益、民族团结、祖国统一为重，就不会被间谍机关策反，走上一条不归路。

七、案例 7

基本案情： 某大学讲师郭某，在美国自费留学期间，被驻美的台湾当局的间谍策反。台湾间谍以交朋友为名，从生活入手，常给郭买些物品，陪同游山玩水，以座谈台湾和大陆生活为由给郭某看一些台湾出版的淫秽书刊、电影，带郭某逛夜总会等，最后郭某被完全腐蚀，听命于台湾间谍人员的摆布。台湾间谍后将郭某秘密带到台北，参加了台湾的间谍组织，并接受了三个月的间谍训练。受训后，郭某回到美国并被秘密派回中国大陆，回到学校后，其继续以教师身份为掩护，利用各种机会和学到的间谍手段收集我国政治、经济、军事、科技情报，密报给台湾间谍机关，并领取了活动经费。郭某最后被国家安全机关逮捕，并判处十二年有期徒刑。

案例解析： 随着改革开放的深入，西方的一些价值观念为一些中青年人所接受，他们在接受这些价值观念的同时，灵魂也变得丑陋，为达到自己理想的生活目的，不惜出卖国家和人民的利益，参加间谍组织，最终等待他们的必定是铁窗下的生涯。

八、案例 8

基本案情： 北京某重点大学国际政治系四年级学生李某在毕业前夕，被在校任教的美籍英语教师、美国中央情报局间谍约翰·德雷克斯策反，参加了美国情报组织，并为其收集我国的各类情报。约翰通过帮助李某毕业后找工作、担保出国、物质及金钱引诱、个人感情 (二人同居) 等手段将其策反，并发展李某成为情报人员。

　　案例解析：毕业后找到一份理想的工作，或者能够继续出国深造，是每一个大学生的梦想，而面对国内日益严峻的就业形势，大学生们难免会想尽一切可能的办法。国外间谍组织也正是利用了大学生的这种需求心理，许以各种诱惑，用各种手段进行腐蚀、拉拢，将一些意志薄弱、经不起诱惑的学生策反，成为谍报组织服务的工具。

九、案例 9

　　基本案情：中央某部委某研究所工作人员李某，1991 年于东北某工业大学毕业，由于受金钱侵蚀，主动把我国《机械工业"九五"分行业规划》这份重要的文件出卖给某国商社驻京机构。该文件是中央某部委作为对"九五"期间各个分行业的发展起指导作用的指导性规划，涉及我国在"九五"期间机械工业领域的技术开发、技术改造、设备研究、设备引进等共 1685 个项目，其中含有外汇额度的设备引进项目就有 416 项，机械工业领域的秘密一目了然。后经我国国家安全机关开展工作将文件追回。最终，李某受到了法律的制裁。

　　案例解析：作为一名科研人员，保守科研机密是最起码的职业准则，然而李某为达到个人私利，知法犯法，置国家利益于不顾，出卖国家重大行业机密，严重触犯了法律。金钱蒙蔽了他的心智，铜臭将他引向罪恶的深渊。

十、案例 10

　　基本案情：吉林某大学一美籍教师在研究生外语授课过程中，以中国文化大革命内容的文章为题，讨论中国人权及社会制度等方面的问题，被上课的研究生当场严词拒绝，并报告学校有关部门，后经国家安全机关调查后，对该外籍教师做出限期离境的处理。

　　案例解析：作为大学生，遇到有危害国家安全的行为时，一定要挺身而出。国家的利益不容侵犯，这是每一名大学生所应行使的神圣职责。本案中的研究生，以大局为重，认清了外教的不法企图，并坚决给予回击，维护了祖国的尊严。人权和社会制度问题关系到一个国家的政治体制，是我国人民自己的问题，不允许他人横加干涉，更不允许以他人的标准衡量。外教想借用文化大革命事件对中国的人权、社会制度等问题进行攻击，其目的非常明显，研究生们的有力回击，也让外教认识到中国的主权不容侵犯。

第四节 大学生群体维护国家安全的方法

第一，大学生要始终如一地树立国家安全高于一切的观念。增强国家安全意识，理解"没有永久不变的国家友谊，只有永久不变的国家利益"，克服麻痹思想，提高识别能力，不要被"和平"、"友好"、"交往"中的一些假象所迷惑，认为世界处处充满爱，认为改革开放的年代，不会有那么多的间谍、特务，看不见隐蔽战线上尖锐复杂的斗争。

第二，善于识别各种伪装。大学生在对外交往中，不能只讲友情，不讲敌情，既要热情友好，又要内外有别。牢记国家利益高于一切，不能认为国家安全与己无关，对危害国家安全的行为视而不见，失去应有的警惕，或出于个人私利泄露国家机密，危害国家利益。对西方腐朽的思想意识、价值观念和生活方式，应自觉的抵制和斗争。

第三，发现外教或外籍人员在不恰当的场所宣扬西方的"自由"、"民主"、"人权"，散布极端的个人主义和无政府主义思潮，宣传西方物质文明及拜金主义等，都要及时向有关部门报告。对于收到的反动宣传品要及时主动上交，防止扩散，产生不良影响，与外国人接触要严守国家秘密。

第四，大学生到国外就读、学习或旅游前，要主动接受有关部门的国家安全教育，了解、掌握国家安全知识。不但要做好物资准备工作，还要做好充分的精神准备，提高国家安全和防范意识，自觉维护国家安全，抵制敌对势力的策反、拉拢、威胁、利诱活动，并定期向学校汇报工作、学习情况。同时，要严格遵守外事纪律和有关的规章制度，遵守前往国家的法律法规，尊重其社会公德和风俗习惯，避免产生误会或出现不应有的问题，绝不能做有损国格、人格的事情。

第五，要克服妄自菲薄等不正确的思想。任何国家都有其自己的安全利益，在政治、经济、文化、军事、科技、资源等方面都不尽相同，我国更是地广物博，具有很多"中国特色"的秘密，如果缺乏正确的认识，就有可能产生错误的看法，乃至做出亲者痛、仇者快的事情来。

第四章　大学生在刑法方面的常见问题与解决对策

　　刑法是规定犯罪、刑事责任和刑罚的法律，是掌握政权的统治阶级为了维护本阶级政治上的统治和经济上的利益，根据自己的意志，规定哪些行为是犯罪并应当负何种刑事责任，给予犯罪人何种刑事处罚的法律规范的总称。

　　刑法有广义刑法与狭义刑法之分。广义刑法是一切刑事法律规范的总称，狭义刑法仅指刑法典，在我国即《中华人民共和国刑法》。刑法还可区分为普通刑法和特别刑法。普通刑法指具有普遍使用效力的刑法,实际上即指刑法典。特别刑法指仅适用于特定的人、时、地、事（犯罪）的刑法，在我国，即指单行刑法和附属刑法。目前我国施行的是 1997 年颁布的《中华人民共和国刑法》（以下简称《刑法》）。

第一节　犯罪的概念

　　我国《刑法》第十三条明确规定："一切危害国家主权、领土完整和安全，分裂国家、颠覆人民民主专政的政权和推翻社会主义制度，破坏社会秩序和经济秩序，侵犯国有财产或者劳动群众集体所有的财产，侵犯公民私人所有的财产，侵犯公民的人身权利、民主权利和其他权利，以及其他危害社会的行为，依照法律应当受刑罚处罚的，都是犯罪，但是情节显著轻微危害不大的，不认为是犯罪。"

　　上述定义是由我国刑法规定的，是一个很具体、实用性很强的概念，符合我国刑法制定的目的，即惩罚犯罪，保护人民，实质上也就是保卫人民民主专政，维护社会秩序、经济秩序，保障公民权利。

一、基本案情

安乐死是指对无法救治的病人停止治疗或使用药物，让病人无痛苦地死去。"安乐死"一词源于希腊文，意思是"幸福"的死亡。它包括两层含义：一是安乐的无痛苦死亡；二是无痛致死术。我国"安乐死"的定义是指在患了不治之症且生命垂危的状态下，由于精神和躯体的极端痛苦，在病人和亲友的要求下，经医生许可，用人道的方式使病人在无痛苦的情况下结束生命的过程。[①] 安乐死包括积极安乐死和消极安乐死。积极安乐死是指病人患有痛苦不堪、无法治愈的疾病，为了减轻其死亡之前的痛苦，基于患者本人或者近亲属的请求或者同意，采取适当的方法，使其无痛苦地提前死亡的行为；消极安乐死通常是指对已经判断没有任何医疗价值和治愈可能的患者，停止使用医疗手段，任其死亡。消极安乐死一般不存在成立故意杀人罪的问题，但积极安乐死的法律性质是一个长期争论、尚无定论的问题，在法律没有明确将安乐死合法化的情况下，如何处理安乐死案件成为刑法理论和实践中的一个疑难问题。

被告人，蒲某升，男，46岁，陕西省汉中市传染病医院住院部肝炎科医生。1987年7月29日被逮捕，1988年9月23日被取保候审。

被告人，王某，男，36岁，陕西省第三印染厂销售科职工。1987年7月29日被逮捕，1988年9月23日被取保候审。

被告人王某之母夏某长期患病，1984年10月曾经被医院诊断为"肝硬化腹水"。1987年年初，夏某病情加重，腹胀伴严重积水，多次昏迷。同年6月23日，王某与其姐妹商定，将其母亲送往汉中市传染病医院救治，被告人蒲某升为主管医生。蒲某对夏某的病情诊断结论是：肝硬化腹水（肝功失代偿期、低蛋白血症）；肝性脑病（肝肾综合征）；渗出性溃疡病褥疮Ⅱ-Ⅲ期。医院当即开出病危通知书。蒲某升按一般常规治疗方法，进行抽腹水回输后，夏某病情有所缓解。6月27日，夏某病情加重，表现极为痛苦烦躁，甚至求死，当晚惊叫不安，经值班医生注射了10毫克安定后方能入睡，28日昏迷不醒。8时许，该院院长雷某查房时，王某询问雷某自己的母亲是否有救。雷某回答说："病人送得太迟了，已经不行了。"王某立即说："既然我妈没救，能不能采取个啥措施让她早点咽气，免受痛苦。"雷某未允许，王某坚持己见，雷某仍然拒绝。9时许，王某又找到主管医生蒲某升，要求给其母亲使用某种药物让她无痛苦的死亡，遭到蒲某升的拒绝。在王某再三要求并表示愿意签字承担责任后，蒲某升给夏某开了100毫克复方冬眠灵，并在处方上注明是家属要求，王

①　资料来源：baike.baidu.com/…99.htm-2013-1-21.

某在处方上签了名。当该院医护人员拒绝执行此处方时，蒲某升又指派陕西省卫校实习学生蔡某、戚某等人给夏某注射，遭到蔡某、戚某等人的拒绝。蒲某升生气地说："你们不打（指不给夏某注射），回卫校去！"蔡某、戚某等人无奈便给夏某注射了75毫克的复方冬眠灵。下班时，蒲某升又对值班医生李某说："如果夏某12点不行（指夏某还没有死亡），你就再给打一针复方冬眠灵。"当日下午1时至3时，王某见其母未死，便两次去找李某，李某又给夏某开了100毫克的复方冬眠灵，由值班护士赵某注射。夏某于6月29日凌晨5时死亡。经陕西省高级人民法院法医鉴定，夏某的主要死因是肝性脑病。夏某两次接受复方冬眠灵的注射总量为175毫克，用量在正常范围之内，并且患者是在第二次用药14小时后死亡，临终表现无血压骤降或呼吸中枢抑制。所以，复方冬眠灵仅仅加深了患者的昏迷程度，促进了死亡，并非其死亡的直接原因。

上述事实，有死者生前病史病例记载、证人证言、死因鉴定结论证实，被告人蒲某升、王某也已供认，足以认定。

公诉人认为，被告人蒲某升身为主管医生，故意向肝硬变病人夏某使用慎用或禁用药物复方冬眠灵，并强令实习学生进行注射，指示接班医生继续使用该药，促进夏某死亡。被告人王某不顾医院领导人的劝阻，坚决要求对其母亲夏某注射药物促其速死，并在医生用药的处方上签字，表示对其母亲的死亡承担责任。被告人蒲某升、王某的行为均已触犯我国《刑法》第一百三十二条规定，构成故意杀人罪。

辩护律师认为，被告人蒲某升、王某的行为与死者夏某的死亡之间没有直接的因果关系，不具备犯罪构成的4个要件，故两被告不构成犯罪，应当宣布无罪。

二、案件争点

对积极安乐死能否根据《刑法》第十三条"但书"宣布无罪？

三、裁判理由与结果

陕西省汉中市人民法院经过公开审理认为：被告人王某在其母夏某病危濒死的情况下，再三要求主管医生蒲某升为其母注射药物，让其母无痛苦地死去，虽属故意剥夺其母生命权利的行为，但情节显著轻微，危害不大，不构成犯罪。被告人蒲某升在王某的再三请求下，亲自开处方并指使他人给垂危病人夏某注射促进死亡的药物，其行为也属故意剥夺公民的生命权利，但其用药量属正常范围，不是造成夏某死亡的直接原因，情节显著轻微，危害不大,不构成犯罪。依照《中华人民共和国刑法》(1979 年刑法)第十条和《中华人民共和国刑事诉讼法》(1979 年刑诉法)第十一条的规定,于 1991 年 4 月 6 日判决,宣布被告人蒲某升、王某无罪。

宣判后,被告人蒲某升、王某对宣布他们无罪表示基本满意,但对判决书认定他们的行为属于故意剥夺他人的生命权利表示不服,提出上诉,要求二审法院改判。

汉中市人民检察院认为:蒲某升、王某二人在主观上有非法剥夺他人生命权利的故意,在客观上有实施了非法剥夺他人生命权利的行为,社会危害性较大,符合我国刑法规定的故意杀人罪的基本特征,已构成故意杀人罪。据此,该院以原判定性错误、适用法律不当为理由,向陕西省汉中地区中级人民法院提出抗诉,要求对蒲某升、王某两位被告人予以正确惩处。

陕西省汉中地区中级人民法院二审审理后认为:原审人民法院对本案认定的事实清楚,证据确实、充分,定位准确,审判程序合法,适用法律和判决结果是适当的,应予维持,抗诉和上诉的理由均不能成立。该院于 1992 年 3 月 25 日依法裁定:驳回汉中市人民检察院的抗诉和蒲某升、王某的上诉,维持汉中市人民法院对本案的裁决。

四、案件评析

该案是我国第一起安乐死杀人案。安乐死问题是一个涉及法医、医学、伦理学等诸多学科领域的复杂问题,目前世界上明确将安乐死予以合法化的国家仍是少数。我国同世界上多数国家一样,尚未通过法律明确规定安乐死的合法化,在这种情况下,如何处理安乐死案件就成为刑法理论和司法实践中的一个难题。

关于安乐死案件的处理,目前学术界主要有以下几种观点:① 通说的观点认为,对实践中出现的安乐死案件,仍应以故意杀人罪定性,但可根据具体情况免除或者减轻处罚。② 有学者认为,在法律未允许实行积极安乐死的情况下,实行积极安乐死的行为,仍然构成故意杀人罪,既不能认为这种行为不符合故意杀人罪的犯罪构成,也不宜以《刑法》第十三条“但书”为根据宣告无罪,但量刑时可以从宽处罚。③ 还有学者认为,必须以《刑法》第十三条“但书”为指导理解我国的犯罪构成,对犯罪构成进行实质的解释。对他人实行安乐死行为虽然具备刑事违法性,但缺乏犯罪程度的社会危害性,因而不属于故意杀人罪的犯罪构成,因而对于安乐死案件应当宣告无罪。

司法实践对安乐死案件的处理主要有两种做法：一是根据《刑法》第十三条"但书"的规定宣告无罪，陕西省汉中市人民法院对蒲某升、王某的判决就是这种做法的典型，该判决即体现了当时最高人民法院对安乐死案件的处理意见。最高人民法院于1991年2月28日在就蒲某升、王某案件对陕西省高级人民法院的批复中提出："你院请示的蒲某升、王某故意杀人一案，经高法讨论认为：'安乐死'的定性问题有待立法解决，就本案的具体情节，不提'安乐死'问题，可以依照《刑法》第十条的规定，对蒲、王的行为不做犯罪处理。"司法实践对安乐死案件的另一种做法是认定为故意杀人罪，但减轻处罚。河南、上海等地法院曾先后对妻子用农药毒死罹患晚期肝癌、痛苦不堪的丈夫，以及67岁的儿子电击致死因患脑出血瘫痪在床多年、只能靠输液维持生命的92岁老母等安乐死案件作出判决，认定被告人有罪并判处有期徒刑。

在国家立法机关没有将安乐死合法化的情况下，对安乐死案件进行非犯罪化处理是不合适的。首先，对他人实施安乐死行为符合故意杀人罪的犯罪构成。我国刑法规定的故意杀人罪是指故意非法剥夺他人生命的行为，对他人实施安乐死行为的人，不但明知自己行为的性质——非法剥夺他人生命，而且明知自己行为的后果——导致他人死亡，因而行为人具备非法剥夺他人生命的故意行为，符合故意杀人罪的构成要件。虽然行为人实施安乐死行为的动机可能是减少病人的痛苦，但根据我国的犯罪构成理论，这种良好的动机不影响犯罪构成，只是影响量刑的情节。其次，我国《刑法》第十三条"但书"不能作为安乐死案件出罪的根据。一方面，我国《刑法》第十三条是关于犯罪概念的规定，而犯罪概念与犯罪构成具有不同的功能：犯罪概念从宏观上规定什么是犯罪，揭示的是一切犯罪的共同本质；犯罪构成则从微观上确定行为是否构成犯罪，是认定犯罪的唯一法律标准。犯罪概念不是认定犯罪的具体标准，《刑法》第十三条的"但书"也不是宣告无罪的具体标准。如果按照犯罪概念出入人罪，则会混淆犯罪概念和犯罪构成的功能，影响刑法的安定性，将罪刑法定原则置于非常危险的境地。另一方面，考虑到我国刑事立法采用的是"立法定性又定量"的立法模式，在具体犯罪中规定了为数不少的"情节犯"，为了限制处罚范围，司法机关根据《刑法》第十三条"但书"的规定对有些案件进行非犯罪化处理，可以说是一种迫不得已的权宜之计。但根据《刑法》第十三条"但书"进行非犯罪化处理的案件应当是侵害非重大法益的案件，对于剥夺生命的安乐死案件不能根据《刑法》第十三条进行非犯罪化的处理。最后，认为对他人实施安乐死的行为虽然具备刑事违法性，但缺乏犯罪程度的社会危害性的观点也是不妥当的。从社会危害性与刑事违法性的关系看，社会危害性是刑事违法性的前提，刑事违法性是社会危害性的法律表现形式，只有社会危害性达到犯罪程度的行为立法者认为有必要用刑法进行规制的，才会规定在刑法中，使其具备刑事违法性，具备刑事违法性但没有达到犯罪程度的社会危害性的行为是不存在的。

综上所述，在立法没有对安乐死非法犯罪化作出明确规定的情况下，根据《刑法》第十三条"但书"对安乐死案件进行非犯罪处理缺乏理论依据，正确的做法应当是宣布为故意杀人罪，但根据案件的具体情况减轻或者免除处罚。

第二节　犯罪主体要件

我国《刑法》第十七条第二款规定："已满十四周岁不满十六周岁的人，犯故意杀人、故意伤害致人重伤或者死亡、强奸、抢劫、贩卖毒品、防火、爆炸、投毒罪的，应当负刑事责任。"这是我国刑法关于未成年人刑事责任范围的规定。虽然我国刑法以列举的方式规定了未成年人负刑事责任的范围，但刑法理论和司法实践对未成年人刑事责任的范围还存在着不同的理解和争论。因此，明确未成年人刑事责任的范围对于正确适用刑法、保障未成年人人权、贯彻罪刑法定原则有着重要的意义。

一、基本案情

2011年2月底，南京发生了一起令人震惊的绑架案：一位因赌博欠下高利贷的母亲刘某，被债主逼急，为了偿还赌博欠下的70多万元高利贷，竟然唆使不满16周岁的女儿小米在同学中物色绑架对象，小米便以生日为由骗同学小叶出去吃饭，借机杀死了小叶并向其家属勒索300万元。为把绑架的戏演得逼真，刘某还勒索了自己女儿的生父，造成两个女孩一起被绑架的假象。事后，一个女孩安然归来，另一个却下落不明，母女编造的谎言最终被拆穿。这起绑架案在南京市中院开庭审理，因女儿不满16周岁，法院进行了不公开审理。

二、案件争点

14～16周岁的未成年人承担刑事责任的范围是什么？

三、裁判理由与结果①

南京市中级人民法院一审宣判：36岁的刘某教唆女儿在同学中物色绑架

① 资料来源：http://js..people.com.cn/html/2011/11/12/46396.html.

对象，并带着女儿实施了绑架杀人的行为，被法院判处死刑。女儿小米因为是死从犯，且不满 16 周岁，被从轻判处有期徒刑 9 年。判决书称，两位被告人以勒索财物为目的，共同实施绑架并杀害被绑架人，刘某的行为已构成绑架罪，小米的行为构成故意杀人罪。之所以如此定罪，是因为刑法规定，同时实施绑架和杀人两种行为的，依法以绑架罪一罪处罚。刑法还规定，已满十四周岁不满十六周岁的人，只对 8 项重罪承担刑事责任，分别是犯故意杀人、故意伤害致人重伤或者死亡、强奸、抢劫、贩卖毒品、防火、爆炸、投毒罪。如果既犯这 8 项重罪中的一罪，又犯其他罪名，只追究重罪。因此，公诉机关以故意杀人罪对小米提起公诉，法院也认定小米犯故意杀人罪。

四、案件评析

本案对刘某行为的认定在事实上和法律上都不存在争议，本案争论的焦点在于小米的行为是否构成犯罪、构成何种犯罪。对小米行为认定的关键在于如何理解《刑法》第十七条第二款的规定。对此，刑法理论和司法实践有着两种截然相反的观点：一种观点认为，《刑法》第十七条第二款规定的 8 种具体罪名中没有规定绑架罪，因此，14～16 周岁的未成年人实施的绑架行为不构成犯罪，这是罪刑法定原则的要求。另一种观点认为，《刑法》第十七条第二款规定的是 8 种行为而不是具体罪名，14～16 周岁的未成年人只要实施了相应的犯罪行为就构成犯罪。笔者同意第二种观点。全国人大常委会法制工作委员会 2002 年 7 月 24 日在《关于已满十四周岁不满十六周岁的人承担刑事责任范围问题的答复意见》中指出，《刑法》第十七条第二款规定的八种犯罪是指具体犯罪行为而不是罪名。《刑法》第十七条中规定的"故意杀人、故意伤害致人重伤或者死亡的"，是指只要实施了杀人伤害的行为并造成了致人重伤、死亡后果的，都负刑事责任。而不是只有犯故意杀人、故意伤害罪的才负刑事责任，绑架撕票不负刑事责任。对司法实践中出现的已满十四周岁不满十六周岁的绑架人质后危害绑架人、拐卖妇女、儿童而故意造成被拐卖妇女、儿童重伤或者死亡的行为，依据法律应当追究其刑事责任。

在本案中，小米在明知其母亲要实施绑架行为的情况下，仍在母亲的唆使下帮助其物色绑架对象，以生日外出吃饭为由将同学置于其母亲的控制之下，然后与其母亲共同杀害了同学。小米既实施了绑架行为又实施了杀人行为，根据刑法规定，法律只评价杀人行为而不评价绑架行为，因而检察院以故意杀人罪起诉、以故意杀人罪定罪是正确的。

第三节　犯罪客观方面

刑法中的因果关系只指危害行为与危害结果之间引起与被引起的关系。在发生危害结果的情况下，只有确定危害结果是由危害行为引起的，才能让行为人承担刑事责任，从这个意义上说，确定危害结果之间的因果关系是行为人负刑事责任的客观基础。在行为直接造成危害结果的情况下，因果关系的判断不是一个特别复杂的问题，如甲对准乙头部开枪并造成乙死亡。但如果在行为与结果之间介入其他因素，由其他因素直接导致结果发生，或者结果是由多种因素共同引起的，那么因果关系的判断就会成为问题。

一、基本案情

被告人陆某，男，1971 年 6 月 5 日出生，原系某市公交汽车公司驾驶员。因涉嫌犯以危险方法危害公共安全罪于 2001 年 4 月 11 日被逮捕。

被告人张某，男，1959 年 5 月 26 日出生。因涉嫌犯以危险方法危害公共安全罪于 2001 年 4 月 11 日被逮捕。

某市人民检察院以被告人陆某、张某分别犯危险方法危害公共安全罪，向某市中级人民法院提起公诉。

某市中级人民法院经公开审理查明：2001 年 3 月 20 日上午 7 时许，被告人陆某当班驾驶一辆无人售票的公交车，从起点站出发行驶。当车行至市区某站时，被告人张某乘上该车。因张某上车后始终站在车前门第二台阶处影响乘客上车，陆某遂叫张某往车厢内走，但张某未予理睬。当公交车停靠下一站起步后，陆某见车上的乘客较多，再次要求张某往里走，张某不仅不听从劝告，反以陆某出言不逊为由，挥拳殴打正在驾车行驶的陆某，击中陆某的脸部。陆某被殴后，置行驶中的车辆于不顾，离开驾驶座位，抬腿踢向张某，并动手殴打张某，被告人张某则辱骂陆某并与陆某扭打在一起。这时公交车因无人控制偏离行驶路线，有乘客见公交车前出现车辆、自行车，惊呼"当心，车子！"但为时已晚，公交车撞倒一位相向行驶的骑自行车者，撞坏一辆出租车，撞毁附近住宅小区的一段围墙，造成骑自行车的被害人龚某因严重颅脑损伤致中枢神经功能衰竭而当场死亡，撞毁车辆及围墙造成物损人民币 21288 元（其中桑塔纳出租车物损人民币 12431 元，公交车物损人民币 6037 元，围墙损坏修缮人民币 2820 元）。随后，被告人陆某委托在场群众向公安机关报警并投案自首。

被告人陆某及其辩护人对被指控的犯罪事实不持异议，但辩称：① 陆某在受到被告人张某攻击后，本能地进行回击，其离开驾驶室的行为仅是一种违反安全行车规定的行为。② 当时道路上车流量并不多，发生本案严重后果具有偶然性。③ 陆某有返回驾驶室踩刹车的行为，说明陆某不希望危害结果的发生，故被告人陆某的过失行为造成危害交通安全的结果，应以交通肇事罪定罪判罪。同时鉴于被告人陆某有自首情节，建议对陆某从轻处罚。

被告人张某及其辩护人辩称：① 被告人张某因与陆某口角打了陆某一拳后，陆某不仅立即回击张某，而且未停车即离开驾驶座位与张某扭打，这些都是张某所无法预见的，故张某对所发生的结果不存在放任的故意；张某因口角打陆某一拳的行为不能与放火、决水、爆炸、投毒等足以危害公共安全的行为相提并论。② 如果张某打人一拳的行为要承担 10 年以上的有期徒刑，不符合罪刑相一致的原则。

二、案件争点

行为间接引起结果能否认定因果关系？

三、裁判理由与结果

某市中级人民法院审理后认为：被告人陆某在明知车辆无人驾驶的情况下会危及路上行人安全及其他车辆的正常驾驶，造成严重后果，在遭到他人殴打后，未采取任何安全措施，竟离开驾驶座位与人互殴，造成一人死亡、车辆受损及围墙倒塌的严重后果，其行为已触犯刑法，构成以危险方法危害公共安全罪，依法应判处 10 年以上的有期徒刑、无期徒刑或死刑，鉴于被告人陆某犯罪后能投案自首，依法可以减轻处罚。被告人张某违反交通运输管理法规，在车辆行驶过程中殴打驾驶员，致使发生一人死亡、车辆和财物受损的严重后果，其行为已经构成交通肇事罪，依法应予惩处。公诉机关指控罪名不当，应予纠正。依照《中华人民共和国刑法》第一百一十五条、第一百三十三条、第六十七条第一款、第五十六条第一款的规定，于 2001 年 11 月 19 日判决如下：

（1）被告人陆某犯以危险方法危害公共安全罪，判处有期徒刑 8 年，剥夺政治权利两年。

（2）被告人张某犯交通肇事罪，判处有期徒刑 3 年。

一审判决后，两位被告人均不服，向某高级人民法院提起上诉。

某高级人民法院经审理后认为：原审法院认定上诉人陆某犯以危险方法危害公共安全罪、张某犯交通肇事罪的犯罪事实清楚，证据确凿，适用法律正确，量刑适当，审判程序合法。原判鉴于陆某有自首情节，对其依法减轻处罚并无不当，陆某上诉要求再予从轻处罚不予准许。陆某及其辩护人上诉提出对陆某应以交通肇事罪处罚的意见，张某提出其有自首情节及其辩护人提出张某不构成犯罪的意见，不予采纳。按照《中华人民共和国刑事诉讼法》第二百二十五条第一款的规定，于2002年2月25日裁定驳回上诉，维持原判。

四、案件评析

因果关系问题是刑法理论中最具争议的问题，对此中外刑法理论都有很多学说。中国刑法学界对因果关系理论的研究较少，主要有两种学说，即必然因果关系说和偶然因果关系说。必然因果关系说认为，当危害行为中包含着危害结果产生的根据，并合乎规律地产生了危害结果时，危害行为与危害结果之间就是必然因果关系，只有必然因果关系才是刑法上的因果关系。偶然因果关系说认为，当危害行为本身并不包含危害结果产生的根据，但在其发展过程中偶然介入其他因素，由介入因素合乎规律地引起危害结果时，危害行为与危害结果之间就是偶然因果关系，介入因素与危害结果之间是因果关系，必然因果关系与偶然因果关系都是刑法上的因果关系。

本案涉及两个问题，即因果关系的判断和罪名的认定。由于陆某的行为直接引起了危害结果的发生，因而其行为与结果之间的因果关系非常明确。本案的焦点在于张某的行为与危害结果之间是否存在因果关系。张某及其辩护人认为张某只是打了陆某一拳，他不可能预见到作为司机的陆某会放弃驾驶车辆而进行还击，因而其行为与危害结果没有因果关系。也有学者认为，从我国学者提到的因果关系的判断原则看，张某的殴打行为如果致使驾驶员受到伤害并影响了其正常的驾驶能力，那就具有合乎规律地发生事故结果的内在可能性。但张某的殴击行为仅与陆某擅自离开驾驶室行为之间存在关系，因此在一般情况下，张某的行为并不具有必须导致驾驶员置行进中的车辆于不顾而与之互殴的现实性与可能性，因而张某的行为与交通事故之间不具有刑法上的因果关系。笔者认为上述观点是不妥当的。张某的行为与危害结果之间的关系不是合法则的因果关系，而是有介入因素参与其中的因果关系。在张某的行为与危害结果之间介入了司机陆某的行为，由陆某的行为直接导致了结果的发生，但陆某的行为是由张某的行为引起的，没有张某的行为就不会有陆某的行为，实际上是张某和陆某的行为共同导致了危害结果的发生。张某挥拳殴击正在驾驶公交车辆的陆某的脸部本身就是一种高度危险的行为，作为具有刑事责任能力的张某完全应当预见可能发生的严重后果，至于这种后果是如何发生的，不影响因果关系的成立。

本案法院认为陆某犯以危险方法危害公共安全罪是正确的。陆某置正在行驶的车辆于不顾而起身与乘客互殴的行为本身就是一种危及公共安全的高度危险行为。作为一名公交车司机，他非常清楚公交车无人驾驶可能发生的严重后果，但他为了逞一时之勇而放任了这种结果的发生，对危害结果的发生具有间接故意，其主客观方面完全符合以危险方法危害公共安全罪的构成要件。本案法院认定张某犯交通肇事罪是不妥当的。交通肇事罪虽然对主体没有特殊要求，但其主要的规范目的是规制交通运输人员因违反交通运输管理法规而发生重大交通事故的行为。张某本人没有驾驶车辆，其行为也不是违反交通法规的行为，而是具有高度危险的危害公共安全的行为，对危害结果的发生主观上也不存在希望或者放任的心态，而是一种疏忽大意的过失，因而其行为应当构成过失以危险方法危害公共安全罪。

第四节　犯罪主观方面

疏忽大意的过失是指行为人应当预见自己的行为可能发生危害社会的结果，因为疏忽大意而没有预见，以致发生这种结果的心理态度。无罪过时间包含两种情况：一是不可抗力事件；二是意外事件。所谓不可抗力事件是指行为在客观上虽然造成了损害结果，但不是出于故意和过失，而是由于不能抗拒的原因引起的。意外事件是指行为在客观上虽然造成了损害结果，但不是出于行为人的故意或者过失，而是由于不能预见的原因引起的。不可抗力事件与意外事件的区别在于引起事件的原因不同，前者是由于不可抗拒的原因，就是说预见到可能发生危害结果，但没有能力避免危害结果；后者是由于不能预见的原因引起的，就是说不可能预见危害结果，当然也就无法避免危害结果的发生。疏忽大意的过失与无罪过事件有明显的区别，前者属于承担刑事责任的犯罪行为，后者不需要承担刑事责任，因为在司法实践中需要准确认定，正确处理。

一、基本案情

被告人朱某平，男，1958年4月13日出生于淮安市淮阴区，汉族，初中文化，农民。2004年5月28日因涉嫌犯过失致人死亡罪被刑事拘留，同年6月4日被取保候审。

淮安市淮阴区人民检察院以被告人朱某平犯过失致人死亡罪，向淮安市淮阴区人民法院提起公诉。淮安市淮阴区人民法院经公开审理查明：被告人朱某平为了拆迁，从拆迁市场购买旧砖头、旧钢筋、旧楼板并交给无建筑资质的于某门用于建造两层楼房，并吩咐于某门为其节省资金。2004年5月中旬的一天，于某门带领王某玉、王某宝、王某喜、王某莲等人进行施工，在施工过程中未采取安全防范措施。2004年5月28日下午2时许，当被告人朱某平经于某门同意将两桶泥浆吊到二楼廊檐顶部不久，在楼板自重和施工操作等负荷作用下，导致挑梁断落，致使王某玉被砸当场死亡，王某宝被砸伤后抢救无效死亡，王某喜、王某莲被砸致轻微伤。经鉴定，该房屋建造标准很低，泥浆强度为0，主要承重构件的构造连接和整体性很差，挑梁不符合现行建筑结构设计规范的有关要求。

二、案件争点

疏忽大意的过失与意外事件的区分。

三、裁判理由与结果

淮阴区人民法院认为：被告人朱某平建设两层楼房，购买的是旧材料，为了拆迁，吩咐于某门尽量节省，由于疏忽大意没有预见到后果发生的可能性，并且亲自用吊车将两大桶烂泥浆吊到二楼，最终导致楼房崩塌，进而造成两死两伤的后果，被告人主观上具有疏忽大意的过失，客观上其行为与两死两伤的后果有因果关系，其行为符合过失致人死亡罪的法律特征。考虑到被告人朱某平在整个事故中起次要作用，其犯罪情节轻微，不需要判处刑罚，可以免除刑事处罚。依照《中华人民共和国刑法》第二百三十三条、第三十七条的规定，判决如下：被告人朱某平犯过失致人死亡罪，免予刑事处罚。

一审宣判后，被告人朱某平未上诉，检察机关也未抗诉，判决发生法律效力。

四、案件评析

在本案审理过程中，被告人朱某平及其辩护人提出，朱某平主观上无过失，无法预见致死伤后果，属意外事件。但法院认为，被告人朱某平应当预见自己的行为可能造成他人伤亡的结果而没有预见，导致两人死亡、两人轻伤后果的发生，其行为构成过失致人死亡罪。笔者同意法院的观点。

意外事件与疏忽大意的过失有相似之处，表现在行为人在事实上都没有预见到自己的行为可能造成危害社会的结果，在客观上都发生危害社会的结果。两者区别的关键在于：在意外事件中，行为人不应当预见到危害结果的发生；在疏忽大意的过失中，行为人应当预见危害结果的发生。因此，意外事件与疏忽大意过失的关键区别在于行为是否应当预见危害后果的发生。行为人应当预见危害后果的，构成疏忽大意的过失；行为人不应当预见危害后果的，属于意外事件。

应当预见有两层含义：一是预见义务；二是预见可能。预见义务包括两种情况：一是一般预见义务；二是特别预见义务。一般预见义务的适用对象是社会上的普通公民，其内容是在社会生活中遵守公共生活准则和行为规范，不损害他人及社会公共利益。特别预见义务的适用对象是从事特殊职业或者行为的人。预见可能是指行为人在行为时能够预见到其行为的后果。以主观标准为主、以客观标准为参考的观点，也称为折中说。认为判断是否有预见可能，原则上可以采取主客观相统一的标准，但应当以主观标准为主，结合考虑客观标准。另外，在认定行为人是否应当预见危害后果时，还应当注意预见义务与预见能力之间的关系。在一般情况下，只要行为人具有完全的刑事责任能力或者从事某一特定的职业，就可以认定其有预见义务。因此，应当预见的关键是预见可能，预见可能性的判断在应当预见的判断中具有决定意义。

在本案中，被告人朱某平购买旧建筑材料，委托无建筑资质的于某门，还嘱咐于某门尽量节省水泥以节省资金，同时在施工过程中没有采取任何安全防范措施，因此朱某平的建房行为是一种容易导致施工人员人身伤亡的危险行为。作为具有正常辨认控制能力的自然人，朱某平应当预见到自己行为可能发生的危险，但由于疏忽大意而没有预见，导致发生两死两伤的严重后果，因而其行为是一种应当承担刑事责任的疏忽大意的过失，而不是意外事件。

第五节　排除犯罪事由

正当防卫是防卫人为了保护合法权益而针对不法侵害实施的反击行为。我国《刑法》第二十条第一款规定了正当防卫的条件，包含起因条件、主观条件、对象条件、事件条件和限度条件。正当防卫的限度条件是指正当防卫行为不能明显超过必要的限度造成重大损害。防卫行为如果超过必要的限度造成重大损害就构成了防卫过当，根据我国刑法的规定，防卫过当是应当承担刑事责任的犯罪行为。正当防卫与防卫过当的界限在理论上是非常清楚的，但司法实践中正当防卫行为与防卫过当行为的区别往往难以把握，需要在综合考虑相关事实的基础上准确认定。

一、基本案情

被告人叶某，男，1976 年 7 月 30 日生。因涉嫌犯故意杀人罪，于 1997 年 2 月 21 日被逮捕，同年 5 月 21 日被监视居住。

浙江省台州市路桥区人民检察院以叶某犯故意杀人罪，向台州市路桥区人民法院提起公诉。

台州市路桥区人民法院经公开审理查明：1997 年 1 月上旬，王某友等人在被告人叶某开设的饭店吃饭后未付钱。数日后，王某友等人路过叶某的饭店时，叶某向其催讨所欠饭款，王某友认为有损其声誉，于同月 20 日晚纠集郑某伟等人到该店滋事，叶某持刀反抗，王某友等人随即逃离。次日晚 6 时许，王某友、郑某伟纠集王某明、卢某、柯某等人又到叶某的饭店滋事，以言语威胁，要叶某请客了事，叶某不从，王某友即从郑某伟处取出东洋刀往叶的左肩及头部砍去。叶拔出自备的尖刀还击，在店门口刺中王某友胸部一刀后冲出门外侧身将王某友抱住，两人互相扭打砍刺。在旁的郑某伟见状即拿起旁边的方凳砸向叶某的头部，叶某转身还击，刺中郑某伟的胸部后又继续与王某友扭打，将王某友压在地上并夺下其手中的东洋刀。事后，王某友和郑某伟经送医院抢救无效死亡，被告人也多出受伤。经法院鉴定，王某友全身 8 处刀伤，左肺裂引起血气胸、失血性休克死亡；郑某伟系锐器刺戳前胸致右肺贯穿伤、右心耳创裂，引起心包填塞、血气胸而死亡；叶某全身多处受伤，其损伤程度属轻伤。

二、案件争点

正当防卫与防卫过当的区别。

三、裁判理由与结果

台州市路桥区人民法院认为：被告人叶某在分别遭到王某友持刀砍、郑某伟用凳砸等不法暴力侵害时，持尖刀还击，刺死王、郑二人，其行为属正当防卫，不负刑事责任。依照《中华人民共和国刑法》第十二条第一款、第二十条第一款、第三款的规定，于 1997 年 10 月 14 日判决如下：被告人叶某无罪。

一审宣判后，台州市路桥区人民检察院向浙江省台州市中级人民法院提出抗诉，其主要理由是：叶某主观上存在斗殴的故意，客观上有斗殴的准备，其实施行为时持放任的态度，其行为造成两人死亡的严重后果。叶某的犯罪行为在起因、时机、主观、限度等条件上均不符合《中华人民共和国刑法》第二十条第三款的规定。

台州市中级人民法院经审理认为：叶某在遭他人刀砍、凳砸等严重危及自身安全的不法侵害时，奋力自卫还击，虽造成两人死亡，但其行为属于正当防卫，依法不负刑事责任。依照《中华人民共和国刑事诉讼法》第二百二十五条第一款的规定，于 1998 年 9 月 29 日裁定如下：驳回抗诉，维持原判。

四、案件评析

根据我国《刑法》第二十条第二款的规定，构成防卫过当需要具备两个条件：一是行为明显超过必要限度；二是造成重大损害。在发生严重后果的情况下，判断防卫过当的关键在于行为是否明显超过必要限度。判断行为是否明显超过必要限度，主要从以下两个方面考察：① 分析不法侵害行为的危险程度，侵害者的主观内容，以及双方的行为手段、行为强度、人员多少、所持工具、现场所处的客观环境与形势等；② 应当权衡防卫行为所保护的法益性质与防卫行为所造成的损害结果，即防卫行为所保护的法益与所损害的利益之间不能相差过大，不能为了保护微小的利益而侵害不法侵害人的生命与重大健康法益。

就本案而言，笔者认为叶某的行为属于正当防卫行为，法院的判决是正确的。从案件起因上看，王某友等人吃饭后不给钱，被告人叶某向其追索饭款是合理、合法的行为，而王某友等人不但不给钱，还寻衅报复，其行为属于不法侵害。从防卫意图上看，叶某是为了保护自己的生命健康法益免遭不法侵害而实施防卫行为，符合正当防卫的主观条件。从防卫时间上看，叶某是在王某友持东洋刀向其左臂、头部砍击两刀后才持尖刀反击的，其行为符合正当防卫的时间条件。另外，叶某虽然事先准备了尖刀并随身携带，但不是为了斗殴，而是在预见到王某友等人可能再次滋事的情况下为了防身而准备的，属于事先准备防卫工具的情形，不影响行为的正当性。从防卫对象上看，王某友与郑某伟都是不法侵害者且正在进行不法侵害，因而也符合正当防卫的对象条件。

由此可见，叶某的行为符合正当防卫的起因条件、主观条件、事件条件和对象条件，那么叶某的行为是否符合正当防卫的限度条件呢？对此，法院适用了《刑法》第二十条第三款，即认为叶某的行为属于特殊正当防卫（也称为无过当防卫）。所谓特殊正当防卫是指对正在进行的行凶、杀人、抢劫、强奸、绑架及其他严重危及人身安全的暴力犯罪所进行的防卫。根据我国刑法的规定，特殊防卫行为造成不法侵害人伤亡的，不属于防卫过当，不负刑事责任。认定叶某的行为是否构成特殊正当防卫的第一个问题是刑法的事件效力问题，即叶某的行为能否适用《刑法》第二十条第三款，答案是肯定的。叶某的行为实施在1997年1月即1979年刑法实施期间，而审判时则是1997年10月即1997年刑法生效以后。由于1979年刑法没有规定公民的特殊防卫权，而1997年刑法则对特殊防卫权做了规定，相比较而言，1997年刑法对被告人更为有利，根据从旧兼从轻的刑法适用原则，对叶某应当适用1997年刑法。对叶某的行为是否适用《刑法》第二十条第三款的另外一个问题是其行为指向的对象是否符合法律规定，也就是说相对方的行为是否属于《刑法》规定的"严重危及人身安全的暴力犯罪"，这也是不容置疑的。王某友等人的行为明显属于《刑法》第二十条第三款规定的"行凶"行为。虽然学界对"行凶"一词写入刑法典有诸多非议，但正如张明楷老师所指出的，刑法学者的任务不是指出刑法典的缺陷，而是将有缺陷的刑法解释得没有缺陷，因此在刑法典已经颁布实施的情况下，学界不应当纠缠于刑法典的个别用语是否妥当，而是应当尽量作出符合法治精神的解释。一般认为，行凶是指杀人与伤害界限不明，但有很大可能造成他人重伤或者死亡的行为。从本案具体案情来看，王某友用东洋刀刺向叶某的胸部、头部，郑某伟用方凳袭击叶某的头部，都是严重危及叶某生命的行凶行为，如果不及时反击，很有可能造成叶某的重伤或者死亡。因此，叶某的行为虽然造成了王某友和郑某伟的死亡，而其自身仅受轻伤，但其行为完全符合特殊防卫的条件，属于正当防卫行为。

最后需要特别指出的是，即使根据1979年刑法，或者不考虑《刑法》第二十条第三款关于特殊防卫的规定，叶某的行为仍然属于正当防卫行为。首先，从双方的实力对比来看，王某友等五六人手持东洋刀对叶某进行砍杀，侵害行为的强度很高、危险性极大，且在人数上占绝对的优势；而叶某一个人用尖刀自卫，明显处于劣势，属于被迫自卫。其次，从法益衡量的角度看，王某友等人侵害的和威胁的是叶某的重大健康和生命法益，而叶某的行为所针对的也是对方的重大健康和生命法益，两者针对的法益基本相同，具有均衡性，不存在为了保护微小的利益而侵害对方的重大健康和生命法益的情形。最后，虽然叶某的行为造成对方两人死亡，但由于其行为是制止不法侵害、保护自身法益所必需的，因而属于必要限度范围之内的行为。

第六节　共同犯罪

　　共同犯罪的未完成形态是司法实践中比较复杂的现象，在共同犯罪行为同步的情况下，共同犯罪形态的认定较为容易。但在共同犯罪行为不同步的情况下，如有人实施犯罪预备行为而其他人实施犯罪实行行为，或者有人在犯罪过程中自动中止犯罪而其他人继续实施犯罪行为等，共同犯罪形态的认定就会出现困难。共同犯罪未完成形态的认定可以分两种情况：第一种情况，在共犯人中没有人成立犯罪中止的情况下，共同犯罪的形态与各共犯人的形态是一致的，这种情况下判断各共犯人的犯罪形态应当遵循三个原则：① 一人着手，全体着手；② 一人既遂，全体既遂；③ 部分实行，全部责任。第二种情况，在共犯人中有人成立犯罪中止的情况下，各共犯的犯罪形态按以下原则处理：① 就共同正犯而言，当所有正犯者都要自动中止犯罪时，均成立中止犯；② 共同正犯中的部分正犯自动停止犯罪，并阻止其他正犯实施犯罪或者阻止结果发生时，这部分正犯成立中止犯，但其他正犯的行为导致结果发生的，全体正犯均成立既遂犯；③ 共同正犯中的部分正犯停止自己的行为，但其他正犯的行为导致结果发生的，全体正犯均成立既遂犯。在共同犯罪未完成形态的认定中，最为棘手的就是在共同犯罪中是否可能出现既遂与未遂或者既遂与中止并存的情况，这个问题在刑法理论上存在激烈的争论，在司法实践中存在不同的做法，值得深入研究。

一、基本案情

　　被告人张某，男，1981 年 12 月 10 日出生，汉族，无业。因涉嫌犯强奸罪、强制猥亵妇女罪，于 2000 年 6 月 26 日被逮捕。

　　被告人施某，男，1979 年 2 月 25 日出生，汉族，无业。因涉嫌犯强奸罪、强制猥亵妇女罪，于 2000 年 6 月 26 日被逮捕。

　　上海市长宁区人民检察院以被告人张某、施某犯强奸罪、强制猥亵妇女罪，向上海市长宁区人民法院提起公诉。

　　上海市长宁区人民法院经公开审理查明：2000 年 5 月 16 日，冯某（在逃）纠集张某、施某及"新新"（绰号，在逃）等人强行将被害人曹某（女，21 岁）带至某宾馆，进入以施某名义租用的客房内。冯某、张某、施某等人使用暴力、威胁等手段，强迫曹某脱光衣服站在床铺上，并令其当众小便和洗澡。事后，被告人张某对曹某实施了奸淫行为，在发现曹某有月经后停止奸淫；被告人施某见曹某处于生理期，未实施奸淫，而强迫曹某采用其他方式供其发泄性欲。之后冯某接到一电话后随即带被告人施某及"新新"外出，由张某继续看管曹某。约一小时后，冯某及施某返回客房，张某和施某等人又对曹某进行猥亵，直至发泄完性欲。2000年5月24日，施某在父母的规劝下到公安机关投案。

二、案件争点

共同犯罪中，部分共犯人自动停止犯罪行为，而其他共犯人完成犯罪的，自动停止犯罪行为的共犯人能否构成犯罪中止？

三、裁判理由与结果

上海市长宁区人民法院认为：被告人张某、施某伙同他人，违背妇女意志，以暴力、胁迫的手段强行与被害人发生性关系，其行为均已构成强奸罪；被告人张某、施某又伙同他人，以暴力、威胁等方法强制猥亵妇女，其行为均已构成强制猥亵妇女罪，依法应予以两罪并罚。被告人张某在强奸共同犯罪中起主要作用，系主犯。被告人施某在被告人张某实施强奸的过程中，先用语言威逼，后站在一旁，对被害人有精神上的强制作用，是强奸犯罪中止；其经父母规劝后向公安机关投案，如实供述自己的罪行，应当认定为自首。依照《中华人民共和国刑法》第二百三十六条第一款、第二百三十七条第二款、第二十四条、第五十六条、第五十五条第一款、第二十五条第一款、第二十六条第一款和第四款、第二十七条、第六十七条第一款、第六十九条和最高人民法院《关于处理自首和立功具体应用法律若干问题的解释》第一条的规定，于2000年12月21日判决如下：

（1）被告人张某犯强奸罪，判处有期徒刑9年，剥夺政治权利2年；犯强制猥亵妇女罪，判处有期徒刑6年零6个月。决定执行有期徒刑15年，剥夺政治权利2年。

（2）被告人施某犯强奸罪，判处有期徒刑1年零6个月；犯强制猥亵妇女罪，判处有期徒刑6年。决定执行有期徒刑7年。

一审宣判后，被告人张某和施某均不服，向上海市第一中级人民法院提出上诉。张某上诉提出在强奸过程中必然会有猥亵行为，故其行为不构成强制猥亵妇女罪。施某则提出猥亵行为以包含在强奸犯罪的过程中，因而一审认为其犯强制猥亵妇女罪不当。检察机关也提出抗诉，理由是被告人张某和施某主观上都具有奸淫被害人的故意。在共同强奸犯罪的过程中，被告人张某对被害人实施了奸淫,被告人施某实施了暴力、威胁等帮助张某奸淫的行为。被告人施某虽未实施奸淫行为,但并没有自动放弃奸淫意图。原判认定被告人施某属强奸犯罪中止,违背了法律有关犯罪中止的规定,适用法律不当,影响了对被告人的量刑。

上海市第一中级人民法院经审理查明:2000 年 5 月 16 日下午,上诉人张某、施某伙同冯某等人将被害人曹某强行带至某宾馆客房,其中张某对曹某实施了奸淫和猥亵行为,施某帮助张某实施强奸并且实施了威胁曹某的行为。

上海市第一中级人民法院认为:上诉人张某和施某伙同他人,违背妇女意志,以暴力、胁迫等手段强行与被害人发生性关系并强制猥亵被害人,其行为均分别构成强奸罪和强制猥亵妇女罪,依法均应予两罪并罚。上诉人张某在强奸共同犯罪过程中起主要作用,系主犯;上诉人施某在强奸共同犯罪中起次要作用,系从犯,上诉人施某有自首情节,依法可以从轻处罚。施某的行为不能认定为犯罪中止,其行为具有严重的社会危害性,原判对施某适用减轻处罚不当,依法应予以改判。检察机关抗诉意见正确,上诉人张某和施某的上诉理由均不能成立。按照《中华人民共和国刑事诉讼法》第二百二十五条第一款、《中华人民共和国刑法》第二百三十六条第一款、第二百三十七条第二款、第五十六条、第五十五条第一款、第二十五条第一款、第二十六条第一款及第四款、第二十七条、第六十七条第一款、第六十九条和最高人民法院《关于处理自首和立功具体应用法律若干问题的解释》第一条的规定,于 2001 年 3 月 26 日判决如下:

(1)驳回上诉人(原审被告人)张某、施某的上诉。

(2)维持上海市长宁区人民法院(2000)长刑除字第 559 号刑事判决第(一)项,即被告人张某犯有强奸罪,判处有期徒刑 9 年,剥夺政治权利 2 年;犯强制猥亵妇女罪,判处有期徒刑 6 年零 6 个月。决定执行有期徒刑 15 年,剥夺政治权利 2 年。

(3)撤销上海市长宁区人民法院(2000)长刑初字第 559 号刑事判决第(二)项,即被告人施某犯有强奸罪,判处有期徒刑 1 年零 6 个月;犯强制猥亵妇女罪,判处有期徒刑 6 年。决定执行有期徒刑 7 年。

(4)上诉人(原审被告人)施某犯强奸罪,判处有期徒刑 4 年;犯强制猥亵妇女罪,判处有期徒刑 6 年。决定执行有期徒刑 9 年。

四、案件评析

本案的关键在于被告人施某犯罪形态的认定。本案中,被告人张某在对曹某实施奸淫过程中，发现自己的下身沾有被害人经血，遂停止奸淫；而被告人施某发现被害人曹某有月经在身而未实施奸淫行为。根据我国刑法理论的通说，强奸罪是行为犯，以双方性器官的结合作为犯罪完成的标志，因此可以判定施某的行为已经构成强奸罪的既遂。

第五章 大学生在民法方面的常见问题与解决对策

第一节 民法的基本问题及热点问题

一、民法的范畴

（一）案例及分析

基本案情：某甲夜间驾驶汽车在公路上行驶，因事先饮酒过量，精神恍惚，汽车失去控制，将相向而行的路人撞死。此案例哪些行为属于民事法律范畴的调整范围。

分析：此案中的法律关系可分为三层。第一，乙被撞死，乙的亲属以甲侵犯乙的生命权为由主张损害赔偿，此事为民事案件，由民法调整。第二，甲违章驾车致乙死亡，甲构成交通肇事罪，依据刑法相关规定追究其刑事责任，由刑法调整。第三，甲酒后驾车，违反了《中华人民共和国道路交通安全法》（以下简称《道路交通安全法》），由行政法调整。

（二）理论介绍

民法，是指调整平等主体的自然人之间、法人之间以及自然人和法人之间的人身关系和财产关系的法律规范的总称。民法调整的对象是平等主体的自然人之间、法人之间以及自然人与法人之间的人身关系和财产关系。平等主体，即当事人之间互不隶属，处在同等的地位，在相互之间的关系上保持自己独立的意志自由。

民法的渊源有以下几种：① 宪法；② 民法典和民法单行法；③ 行政法规中的民事规范；④ 行政规章和地方法规中的民事法规；⑤ 最高人民法院民法使用的司法解释；⑥ 国际条约和国家管理中的民法规范；⑦ 国家认可的民事习惯。

二、民法的基本原则

（一）案例及分析

基本案情：10 岁的刘禅和 16 岁的姐姐刘婷回家经过校区门口时，刘禅手中的棍子不小心碰到了路边的泰迪狗。于是，小狗的主人闫雪便上前推了刘禅，刘禅没有站稳摔倒在地，刘婷上前理论，闫雪不仅没有道歉，反而出口骂姐妹二人不长眼，并要求刘禅向小狗下跪道歉。刘婷拒绝后便与闫雪争执起来，闫雪推开刘婷，并按住刘禅逼迫其向小狗下跪。

分析：本案中，刘禅和闫雪都是自然人，是平等主体，具有平等的人格地位，享有平等的权利，一方不得歧视另一方，不得贬损对方的人格。闫雪要求刘禅下跪道歉并对刘禅二人进行推扯，这种做法完全忽视他人的人格尊严，严重违反了民法的平等原则，侵害了受害人的人格尊严。同时闫雪的行为也违背了公序良俗的原则，违背了社会的一般伦理。因此，如果刘禅的父母将闫雪告上法庭，闫雪的行为是应当承担侵权责任的。

（二）理论介绍

民法体系中的最高规则，即民法的基本原则，它是一般的民事行为规范各价值判断的标准。民法的基本原则不仅是民事立法的准则，而且是民事主体进行民事行为的基本准则，是解释民法、适用民法和补充立法漏洞的基本原则。

民法的基本原则包括以下四点：

1. 平等原则

平等原则是民法针对民事主体地位确定的最高规则，是指在民法中所有的民事主体在地位上一律平等，没有任何人的地位可以高于其他人的地位。平等原则具体包括：① 民事主体资格平等，即所有的民事主体的民事权利、能力一律平等；② 民事主体的地位平等，即任何一方都不具备凌驾或优越于另一方的法律地位；③ 民事主体平等的享有权利、承担义务；④ 民事主体在适用法律时平等对待；⑤ 民事主体的民事权益平等地受法律保护。

2. 公平原则

公平原则是民法针对民事利益确定的民法最高规则，是指对社会的人身利益、财产利益进行分配时，必须以社会公认的公平观念作为基础，维持民事主体之间的利益均衡。

3. 诚信原则

诚信原则是民法针对具有教育性质的民事行为和民事活动确定的最高规则，是指将诚实信用的市场理论道德准则吸收到民法规则当中，约束具有交易性质的民事行为和民事活动的行为人应当诚实守信、信守承诺。此原则是债法的最高指导原则或"帝王条款"。

4. 公序良俗原则

公序良俗原则是民法针对非交易性质的民事行为和民事活动确定的最高规则，是指以一般道德为核心，民事主体在进行非交易性质的民事行为时，应当尊重公共秩序和善良风俗。在我国，公序更多的是指公共道德、公共利益，良俗是指一般的伦理要求。在非交易的民事活动中，公序良俗是衡量利益冲突的一般标准。法官依据公序良俗原则，填补法律漏洞，平衡利益冲突，确保国家的利益和公共的利益，协调冲突，保护弱者，维护社会正义。

三、民法调整的法律关系

（一）案例及分析

基本案情：甲将自己的房子售卖，与乙签订了房屋买卖合同，由于市场价格上涨，甲又萌生不愿将此房屋卖给乙的念头。于是与丙串通签订了房屋买卖合同，并办理了过户登记，乙很快便将房屋腾出来给丙入住。后丙去世，丙的儿子丁继承了该房产，并将房屋抵押给了戊，且办理了抵押登记。现在甲提出此房应该归他所有，乙认为应当归自己，丁和戊都以自己有权利证书提出抗辩。

分析：本案有四种民事法律关系。第一种，是甲、乙之间的民事法律关系，是一种合法、有效的民事法律关系，受《中华人民共和国合同法》（以下简称《合同法》）的约束和保护。第二种，是甲、丙之间的民事法律关系，是一种恶意串通的双重买卖的法律关系。第三种，是乙、丙、甲之间的民事法律关系，甲、丙的恶意串通，侵害乙的债权，是侵权法律关系。第四种，是丙、丁、戊之间的抵押法律关系，且戊善意无过失，构成善意取得抵押权，是有效的抵押关系。

（二）理论介绍

民事法律关系是指民法规范调整的权利义务关系，是由民法调整的平等主体即民事主体之间的人身关系和财产关系，包括主体、客体、内容三个基本要素。

四、不满18周岁的自然人所为的民事行为的有效性

（一）案例及分析

基本案情：2013 年 5 月起，高某与谢某（未满 18 周岁）合租房屋，租房期间由高某先行垫付一切房费及房屋内大小杂物的费用，以便最终结算。2014 年 7 月，经双方结算，谢某欠高某共计 1 万元，谢某出具欠条，并约定在年底还款。到期后谢某索要欠款多次未果，遂向法院提起诉讼。经法院查明，被告已满 16 周岁但不满 18 周岁，通过打工获得经济收入。谢某在审理中辩称自己未满 18 周岁，属于限制行为能力人，此借款行为当属无效。而法院认为，谢某年满 16 周岁，且已有固定的经济收入，应视为完全行为能力人。故判高某胜诉。

分析：民事行为能力是民事主体通过自己的行为而取得权利的能力。我国的自然人可分为三种行为能力人，分别是 10 周岁以下的无民事行为能力人，10～18 周岁限制行为能力人，18 周岁以上完全民事行为能力人。自然人年满 16 周岁且有自己固定的经济来源，可视为完全行为能力人。谢某已满 16 周岁且有自己固定的经济收入，应当视为完全民事行为能力人，承担借款的全部责任且必须还款。

（二）理论介绍

《中华人民共和国民法通则》（以下简称《民法通则》）第九条、第十一条、第十二条、第十三条规定如下：

第九条　公民从出生时起到死亡时止，具有民事权利能力，依法享有民事权利，承担民事义务。

第十一条　十八周岁以上的公民是成年人，具有完全民事行为能力，可以独立进行民事活动，是完全民事行为能力人。

十六周岁以上不满十八周岁的公民，以自己的劳动收入为主要生活来源，视为完全民事行为能力人。

第十二条　十周岁以上的未成年人是限制民事行为能力人，可以进行与他的年龄、智力相适应的民事活动；其他民事活动由他的法定代理人代理，或者征得他的法定代理人的同意。

不满十周岁的未成年人是无民事行为能力人，由他的法定代理人代理民事活动。

第十三条　不能辨认自己行为的精神病人是无民事行为能力人，由他的法定代理人代理民事活动。

不能完全辨认自己行为的精神病人是限制民事行为能力人，可以进行与他的精神健康状况相适应的民事活动；其他民事活动由他的法定代理人代理，或者征得他的法定代理人的同意。

五、法人的相关概念

法人是民事法律领域的一个非常重要的概念，它是相对自然人而言的。所有"法人不是人"，从某种意义上说是对的，因为法人是依法成立的组织，法律赋予其一种拟制的人格，将其作为"人"对待，而非真正的"人"。

法人可以分为企业法人(如公司法人，国有独资企业、中外合作企业等非公司制法人等)和非企业法人。非企业法人又可以分为机关法人(如行政机关、司法机关、军事机关等)，社会团体法人(如基金会、行业协会、俱乐部等)和事业单位法人(学校、医院等)三类。所以并非像很多人理解的那样，只有公司才有法人。

法定代表人又是什么意思呢？法定代表人并不是一个法律概念，更多的是一种通俗的称谓，一般是指根据法人的内部规定担任某一职务或由法定代表人对外依法行使民事权利和义务的人。以学校为例，一校之长即为法定代表人。

六、民事诉讼的时效性

不同类型民事纠纷的诉讼时效不同，《民法通则》第一百三十五条至第一百三十七条规定了具体的诉讼时效，分为以下四种情况：

(1) 一般情况下普遍适用的时效期间是二年。

(2) 下列诉讼时效期间为一年：①身体受到伤害要求赔偿的；②出售质量不合格的商品未声明的；③延付或者拒付租金的；④寄存财物被丢失或被损毁的。

(3) 因产品存在缺陷造成损害要求赔偿的请求权，在造成损害的缺陷产品交付最初消费者满十年丧失；但是，尚未超过明示的安全使用期的除外。

七、无效及可变更的民事行为

《民法通则》第五十八条、第五十九条、第六十条、第六十一条规定如下：

第五十八条　下列民事行为无效：

(1) 无民事行为能力人实施的；

(2) 限制民事行为能力人依法不能独立实施的；

(3) 一方以欺诈、胁迫的手段或者乘人之危，使对方在违背真实意思的情况下所为的；

(4) 恶意串通，损害国家、集体或者第三人利益的；

(5) 违反法律或者社会公共利益的；

(6) 经济合同违反国家指令性计划的；

(7) 以合法形式掩盖非法目的的。

无效的民事行为，从行为开始起就没有法律约束力。

第五十九条　下列民事行为，一方有权请求人民法院或者仲裁机关予以变更或者撤销：

(1) 行为人对行为内容有重大误解的；

(2) 显失公平的。

被撤销的民事行为从行为开始起无效。

第六十条　民事行为部分无效，不影响其他部分的效力的，其他部分仍然有效。

第六十一条　民事行为被确认为无效或者被撤销后，当事人因该行为取得的财产，应当返还给受损失的一方。有过错的一方应当赔偿对方因此所受的损失，双方都有过错的，应当各自承担相应的责任。

双方恶意串通，实施民事行为损害国家的、集体的或者第三人的利益的，应当追缴双方取得的财产，收归国家、集体所有或者返还第三人。

八、民事诉讼时效的后果

民事诉讼时效的后果是丧失胜诉权。胜诉是指当权利人起诉到法院，如果义务人以超过时效作为抗辩，已经查证属实，法院只能判权利人败诉，驳回其诉讼请求。生活中往往是亲戚、朋友及同事之间借款，过了约定还款日期，但是碍于情面不好要求及时返还，最后只好对簿公堂。然而一旦超过诉讼时效，不仅要不回钱，还花费了大量的时间和精力。

虽然丧失了胜诉权，但是权利人仍然有起诉的权利，法院不能拒绝受理。法院受理后可以查明是否时效届满。

九、精神损害赔偿的范围

精神损害的赔偿是有限的，主要包括以下几方面：

(1) 侵害人格权的精神损害赔偿。生活中最常遇到的是损害生命权、健康权、身体权、姓名权、肖像权、名誉权和荣誉权而发生的精神损害赔偿。

(2) 违反社会公共利益、社会公德而侵害他人隐私或者其人格利益的精神损害赔偿。

(3) 侵犯特定身份权利的精神损害赔偿，此种身份权利主要包括亲权、配偶权、亲属权等，通常表现在婚姻、家庭关系中，如夫妻关系、母子关系、父子关系等。如婚后多年发现孩子不是自己亲生的，丈夫将妻子告上法庭，要求精神损害赔偿，此种情形侵害了一个人作为父亲应有的身份权利。

(4) 侵害死者权益的精神损害赔偿。《最高人民法院关于确定民事侵权精神损害赔偿责任若干问题的解释》第三条规定：自然人死亡后，其近亲属因下列侵权行为遭受精神痛苦，向人民法院起诉请求赔偿精神损害的，人民法院应当依法予以受理：① 以侮辱、诽谤、贬损、丑化或者违反社会公共利益、社会公德的其他方式，侵害死者姓名、肖像、名誉、荣誉；② 非法披露、利用死者隐私，或者以违反社会公共利益、社会公德的其他方式侵害死者隐私；③ 非法利用、损害遗体、遗骨，或者以违反社会公共利益、社会公德的其他方式侵害遗体、遗骨。之所以对死者进行保护是因为侵害死者时往往会对死者近亲属的精神造成伤害。因此，在维护人性尊严与尊重社会风俗方面，死者的人格利益理应纳入法律保护。

(5) 损毁具有人格象征意义的物品的精神损害赔偿。例如，夫妻结婚照片、家族祖传物件、情侣信物等某些特定的物品对持有人具有特殊的意义，是一种精神寄托，具有人格象征意义。例如，夫妻二人在举行婚礼后发现婚纱影楼拍摄的婚礼全程母带损坏，影楼如果只赔偿一个胶卷的损失是无法弥补对方的精神痛苦的。对于此类案件法院一般会酌情在精神上给受到伤害者以适当的补偿和抚慰，同时也是对有过错一方的惩戒。

(6) 新《中华人民共和国消费者权益保护法》(以下简称《消费者权益保护法》) 首次增加了精神损害赔偿，规定经营者有侮辱诽谤、限制人身自由等侵害消费者或者其他受害人人身权益的行为，造成严重精神损害的，受害人可以要求精神损害赔偿。《中华人民共和国侵权责任法》(以下简称《侵权责任法》) 对精神损害赔偿做了较为明确的规定，相对《侵权责任法》，新《消费者权益保护法》属于特殊法，重新明确精神损害赔偿可以让消费者更加了解自己拥有的权利。

十、性骚扰的解决办法

对于解决性骚扰的办法主要有以下几种：

(1) 自力救济。受害人可以主动向本人所在单位、行为人所在单位、本市各级妇女联合会等机构反应投诉。

(2) 民事保护。性骚扰侵害了女性的身体权、人格尊严和名誉权等人身权利。性骚扰的猥亵本质，体现了这种行为对女性人格的不尊重。根据民法有关规定，被骚扰的女性完全可以通过提起民事诉讼的方式要求骚扰人停止骚扰、进行道歉，并且赔偿精神损失。

(3) 行政保护。构成违反治安管理行为的，受害人可以要求公安机关对违法行为人按照《中华人民共和国治安管理处罚法》(以下简称《治安管理处罚法》) 给予行政处罚。《治安管理处罚法》第四十二条规定，多次发送淫秽、侮辱或其他信息，干扰他人正常生活的，处五日以下拘留或者五百元以下罚款；情节较重的，处五日以上十日以下拘留，可以并处五百元以下罚款。

(4) 刑法保护。根据我国现行《刑法》规定，如果侵害人的骚扰行为出现了强制、暴力等情况，可能构成的罪名包括故意伤害罪 (一般是轻伤)、强制猥亵、侮辱妇女罪或者强奸罪。受害人可以举报，由司法机关按照《刑法》规定追究其刑事责任。

当然，针对性骚扰认定难、举证难、赔偿难的现实问题，受害人应积极搜集证据才能取得胜利，要注意人证、物证、视听资料等的收集。

十一、工作满整年才可以享受休假

(一) 案例及分析

基本案情：赵某在一家公司当销售员，2014 年 11 月底因家庭原因赵某向公司提出辞职，双方解除劳动关系。赵某认为 2014 年全年自己未休假，公司在结算工资时应当支付此项工资，公司则称赵某 2014 年没有工作满整年，因此不应享有休假待遇。

分析：根据《企业职工带薪年休假实施办法》的规定，用人单位与职工解除或终止劳动合同时，当年度未安排员工休满休假的，应当根据员工已工作时间折算未休年休假的工资报酬。该公司的做法完全是违法行为。

(二) 理论介绍

《中华人民共和国劳动法》第四十五条规定："国家实行带薪年休假制度。劳动者连续工作一年以上的，享受带薪年休假。具体办法由国务院规定。"

《职工带薪年休假条例》第二条、第三条、第四条规定如下：

第二条　机关、团体、企业、事业单位、民办非企业单位、有雇工的个体工商户等单位的职工连续工作 1 年以上的，享受带薪年休假 (以下简称年休假)。单位应当保证职工享受年休假。职工在年休假期间享受与正常工作期间相同的工资收入。

第三条 职工累计工作已满 1 年不满 10 年的，年休假 5 天；已满 10 年不满 20 年的，年休假 10 天；已满 20 年的，年休假 15 天。

国家法定休假日、休息日不计入年休假的假期。

第四条 职工有下列情形之一的，不享受当年的年休假：

(1) 职工依法享受寒暑假，其休假天数多于年休假天数的；

(2) 职工请事假累计 20 天以上且单位按照规定不扣工资的；

(3) 累计工作满 1 年不满 10 年的职工，请病假累计 2 个月以上的；

(4) 累计工作满 10 年不满 20 年的职工，请病假累计 3 个月以上的；

(5) 累计工作满 20 年以上的职工，请病假累计 4 个月以上的。

十二、新《消费者权益保护法》的7日"反悔权"

新《消费者权益保护法》明确规定了 7 日"反悔权"，但是一些电商仍然通过各种手段规避"反悔权"的规定。部分商家抓住第二十五条"其他根据商品性质并经消费者在购买时确认不宜退货的商品，不适用无理由退货"和"消费者退货的商品应当完好"的规定，玩起了文字游戏，逃避自身责任。如随意设置不宜退货的商品种类；自行解释何谓"商品完好"；设置了诸如"没有质量问题不可退货"、"退货必须未拆封"等门槛，增加限制退货的条件；违反法律规定，收取不合理费用；退货手续繁琐，甚至人为设置障碍等。

特别应当注意的是，目前来看微信购物可否享受"反悔权"还是未知。因为微信虽然属于第三方平台，但是它不是一个专门的购物平台，只是一个社交平台。因此，在微信朋友圈的交易需要谨慎对待，只有经营者与个人之间的交易，新消法才会给予保护，个人与个人之间的交易不是新消法的保护对象。

目前，经营者利用其提供的格式合同中的"霸王条款"免除自身责任，加重消费者负担的情况普遍存在。新《消费者权益保护法》第二十五条、第二十六条做出了比《合同法》更详细且有针对性的规定。这两条规定要求：经营者和消费者另有约定的，按照约定。经营者在经营活动中使用格式条款的，应当以显著方式提请消费者注意商品或者服务的数量和质量、价款或者费用、履行期限和方式、安全注意事项和风险警示、售后服务、民事责任等与消费者有重大利害关系的内容，并按照消费者的要求予以说明。经营者不得以格式条款、通知、声明、店堂告示等方式，作出排除或者限制消费者权利、减轻或者免除经营者责任、加重消费者责任等对消费者不公平、不合理的规定，不得利用格式条款并借助技术手段强制交易。格式条款、通知、声明、店堂告示等含有前款所列内容的，其内容无效。

十三、不公平格式条款

（一）北京市工商局公布的不公平格式条款

2011 年 6 月 7 日北京市工商局公布了首批 27 种不公平消费类格式条款，其部分内容如下：

1. 免除自己造成消费者人身伤害的责任

(1)"请勿在海滨浴场内追逐、打闹，如发生伤亡事故，后果自负。"

(2)"在场地使用过程中，如有人身伤害，本公司不负责任。"

2. 免除自己因故意或者重大过失造成消费者财产损失的责任

(1)"客户送洗衣物因天灾、火灾等不可抗拒因素，导致衣物损坏的，本店恕不负责。"

(2)"××公司不承担任何情况下可能造成的跑水、漏电、煤气泄漏等事故造成的损失。"

(3)"装饰工程所在区域如果存在环境污染现象，则乙方有权拒绝检测，对甲方自行检测的结果，乙方不承担任何责任。"

(4)"本会所对于会员在所内遗失或遭窃的物品不承担赔偿责任"，"酒店对个人贵重物品的丢失不负任何法律责任"，或"贵重物品妥善保管，遗失概不负责"。

(5)"在停车场停放自行车每月每户××元,摩托车××元,轿车××元,车辆损坏或丢失以及车内物品的损坏或者丢失均由车主自己承担责任。"

(6)"请在一个月内提取衣物，逾期则本店不负保管责任。"

(7)"所有赔偿要求必须在提取衣服时提出，出门恕不负责。"

3. 免除自己对提供的商品或者服务依法应当承担的保证责任

(1)"本店商品售出一概不予退换"，或"打折商品不退不换"，或"奖品、赠品一律不实行三包"。

(2)"消费者在验收合格后十日内未结清工程款,将失去免费保修的资格。"

(3)"购买后三天内将质保书寄回本厂，否则本厂不负保修责任。"

(4)"我们建议您将发票开具为商品明细，否则您将无法享受产品厂商或'××商城'的正常质保。"

4. 免除自己因违约依法应当承担的违约责任

(1)"如遇不可抗力或××汽车公司对我店的发车计划做出临时调整及运输车延期送车时间等造成交车时间的延误，本店不负违约责任。"

(2)"违约责任，你有我无"，即：在格式条款中仅规定消费者的违约责任，而对经营者自身的违约责任只字不提。

(3)"本店承接一切送洗衣物,但对洗熨结果,如褪色、缩小,本店不负赔偿责任。"

5. 设定消费者应该承担的违约金或者损害赔偿金超过法定数额或者合理数额

(1)"会员因故意造成健身器械损坏的,应按原价的双倍赔偿;会员穿鞋造成地面损坏,按修复价格的双倍赔偿。"

(2)"买车人违约时,已付的购车款不予退回。"

(3)"双方提前解除合同的,按未履行租期全部租金的 50% 作为违约赔偿金。"

(4)"甲、乙双方私自完成买卖交易的,双方按居间服务费双倍赔偿给丙方。"

6. 设定消费者承担应当由格式条款提供方承担的经营风险责任

规定"本中心有权根据市场价格情况酌情调整收费标准。"

7. 设定消费者承担其他依照法律法规不应由消费者承担的责任

"购货方在签订此订货合同的同时,应向供货方交付不少于订货总数额的 80% 的货款作为预定金。"

8. 排除消费者依法变更或者解除合同的权利

(1)"该商品一经售出,概不退还",或"特价、降价、处理、打折商品,不予退换",或"促销商品,售出概不退换。"

(2)"本超市保留修改和调整使用手册中各项条款及中止本卡使用的权利",或"管理层有权酌情决定,随时修正、改变、删除或增订此会所守则。"

(3)"甲乙双方不得拒绝丙方服务或要求退费。"

9. 排除消费者解释格式条款的权利

"该条款(章程)的最终解释权归我公司所有","该活动的最终解释权归我公司所有"以及"我公司依据合同法、消费者权益保护法等法律法规对该合同进行解释"等。

10. 排除消费者依法应当享有的其他权利

"请客人在本单开出之日起一个月内来本店提取衣物,逾期本店有权自行处理。"

(二)健身、沐浴、洗染、美容美发行业不公平格式条款

1. 健身行业

(1)"此卡售出,概不退换"或者"售出的各类会员卡一律不得退卡"。

(2)"俱乐部内发生的一切人员伤亡,俱乐部不负任何责任","对任何形

式的伤害享有免责权"，"不当使用本会所设施，造成的一切后果都由会员自己负责"，或者"本会所仅提供运动休闲服务，无法对有瑕疵的健身器材设备所产生的伤害负责。"

(3)"本中心对所丢失、被盗物品概不负责"或者"私人物品如遗失或损坏本俱乐部概不负责。"

(4)"会籍与会员卡均不得转让。"

(5)"本中心保留对此卡的最终解释权"或者"本卡的最终解释权归本会所所有。"

(6)"本中心有权对服务设施及服务项目进行调整或取消"，"本中心有权改变制度、服务项目及加减课程"，或者"本中心有权根据市场价格情况酌情调整收费标准。"

(7)"故意造成健身器械损坏的，应按原价的双倍赔偿"或者"会员穿鞋造成地面损坏，按修复价格的双倍价值赔偿。"

(8)"有关体型护理计划属于顾客个别所有，仅适用于顾客本人并限制顾客本人享用，不得授予、转借、赠与、出售或者转让。顾客向本中心缴付之所有款项不予退还且不得转让及不可换取其他课程或服务。"

(9)"本俱乐部所有会员卡均不可退款。"

2. 沐浴行业

(1)"如会员卡续卡须存入金额不得低于原卡金额的50%(或存入金额)，白银卡不得低于5000元。"

(2)"享有专属更衣柜的会员，卡内余额不可低于首次存入金额的1%，否则，本会所有权收回专柜的使用权。"

(3)"首次消费金额超过会员卡面值的50%(或60%)，方可使用。"

(4)"刷卡消费在卡内扣除，剩余金额以本公司的电脑记录(或系统、本酒店档案)为准。"

(5)"自您成为会员当月起，我们将收取50元/日的会员管理费。"

(6)"6个月未进行消费且过期的会员卡，每月25日按照卡内余额的5%收取管理费(不满一个月按整月计算，余额低于1000元每月25日按照50元固定值收取管理费)。"

(7)"如需发票，请您自发卡之日起一年内到发卡店领取发票，逾期系统将自动清零。"

3. 洗染行业

(1)"在洗涤中造成拉链、扣子及装饰品的损坏，不在公司赔偿范围之内。"

(2) "如对洗涤结果有异议的，请当面提出，离柜不认（当您取衣时请仔细检查，如发现有洗涤问题请立即告知店员处理，离店后如发生任何问题本店概不负责）。"

(3) "送洗衣物超过三个月不取的，经营者有权处理这些衣物（衣物应在规定的期限领取，超过一个月的，本店将收取 X 元 / 天的衣物保管费，逾期 X 个月不领取，店方有权处理）。"

(4) "送洗衣物在洗涤过程中造成的不明显、不影响使用和观瞻的问题，经营者不承担赔偿责任。"

(5) "本公司按照您要求的洗涤方式洗涤。本公司不负责衣物制造原因造成的缩水、褪色及损坏。"

(6) "保管期一月后如有虫咬、鼠伤、霉烂等本店不负责任。"

(7) "本公司不负责因衣物自身褪色而自染以及特别污渍除渍的责任。"

4. 美容美发行业

(1) "此卡最终解释权属于本美容店"，"本店拥有此卡最终解释权"，或"以上解释权归本店所有。"

(2) "销售成立后，一律不得退还现金（包括定金）"或"已经售出，概不退卡。"

(3) "如您在门店服务后出现皮肤过敏等服务质量问题，请提供鉴定机构出具的有效证明，经双方协商一致后予以退卡，退卡按购卡金额扣除已消费金额计算。"

(4) "为了您的财物安全，请您在服务过程中自行保管随身物品，若您有随身物品丢失或损坏的，应自行承担责任。"

(5) "此卡在某年某月某日前有效，期限为一年，不计息、不提取现金，过期作废。"

(6) "当储值卡内的余额不足以支付单次消费金额时，余额恕不退还现金，再次充值后，余额可累计使用。"

(7) "因已投保，如需索赔须向保险公司要求赔偿。"

（三）餐饮行业合同 6 种不公平格式条款

(1) "禁止自带酒水"。

违法定性：违反了《合同违法行为监督处理办法》第十一条第六款的规定，属于经营者利用合同格式条款排除消费者依法应当享有的其他权利的违法行为。

(2) "消毒餐具工本费一元"或"消毒餐具另收费"。

违法定性：违反了《合同违法行为监督处理办法》第十条第二款的规定，属于经营者利用合同格式条款设定消费者承担应当由格式条款提供方承担的经营风险责任的违法行为。

(3)"包间最低消费 XX 元"。

违法定性：违反了《合同违法行为监督处理办法》第十一条第五款的规定，属于经营者利用合同格式条款排除消费者依法应当享有的其他权利的违法行为。

(4)"如甲方需减少订席数，须提前十五天告知乙方，否则乙方将按原订席数全额收费。"

违法定性：违反了《合同违法行为监督处理办法》第十条第一款的规定，属于经营者利用合同格式条款设定消费者的违约金或者损害赔偿金超过法定数额或者合理数额的违法行为。

(5)"请保管好自己的物品，谨防被盗，丢失本店概不负责"或"公共场所请您携带好您的随身物品，如有丢失后果自负。"

违法定性：违反了《合同违法行为监督处理办法》第九条第二款的规定，属于经营者利用合同格式条款免除自己因故意或者重大过失造成消费者财产损失责任的违法行为。

(6)"餐厅有权接受或拒绝顾客自带酒水和食品，如果顾客不接受餐厅建议将被视为自动放弃食品卫生投诉权利。"

违法定性：违反了《合同违法行为监督处理办法》第十一条第六款的规定，属于经营者利用合同格式条款排除消费者依法应当享有的其他权利的违法行为。

（四）相关案例及分析

(1) 案例一及分析。

基本案情：北京某健身有限公司采用格式条款排除消费者依法变更或者解除合同权利。

2012 年 6 月 29 日，工商部门执法人员在检查中发现，北京某健身有限公司在其拟定的《会籍申请协议书》及《守则》中规定"本俱乐部所有会员卡均不可退款"，但并没有具体写明不可退款事由。直至工商部门检查时，该公司已先后与李某某等 786 名顾客签订了《会籍入会申请协议书》及《守则》。

分析：在社会活动中，消费者可以依自愿原则选择健身俱乐部为自己提供健身服务，也可以依法解除其与健身俱乐部的服务合同。该公司事先拟定"本俱乐部所有会员卡均不可退款"的条款，以格式条款的形式禁止消费者退卡、解除合同，排除了消费者依法享有的权利。因此，该条规定违反了《合同违法行为监督处理办法》第十一条第一款的规定，属于经营者排除消费者依法变更或者解除合同权利的违法行为。

工商部门依据《合同违法行为监督处理办法》第十二条"当事人违反本办法第六条、第七条、第八条、第九条、第十条、第十一条规定，法律法规已有规定的，从其规定；法律法规没有规定的，工商行政管理机关视其情节轻重，分别给予警告，处以违法所得额三倍以下，但最高不超过三万的罚款，没有违法所得的，处以一万元以下的罚款"的规定，责令该公司改正其违法条款，并给予了 2000 元的罚款处罚。

(2) 案例二及分析。

基本案情：北京 XXX 洗衣店采用格式条款排除消费者依法享有的其他权利。

2012 年 5 月 10 日，工商部门执法人员在检查时发现北京 XXX 洗衣店使用的"洗衣单"所附格式条款第二条内容为"保管期一月后如有虫咬、鼠伤、霉烂等本店不负责任"。据调查，该洗衣店于 2012 年 4 月 10 日起在向消费者接收衣物、收取款项过程中启用该"洗衣单"及其所附格式条款，至被查之日起共计使用 68 次。

分析：经营者与消费者除了洗衣约定外，还附带着经营者对衣物的保管责任，客户未按期领取衣物的，经营者不能以自己制定的格式条款免除自身的保管义务。《合同法》第三百七十四条规定："保管期间，因保管人保管不善造成保管物毁损、灭失的，保管人应当承担损害赔偿责任，但保管是无偿的，保管人证明自己没有重大过失的，不承担损害赔偿责任。"本案中，北京 XXX 洗衣店对消费者送洗的衣物应尽到妥善保管的责任。但该洗衣店以"逾期不取衣"为由，对自身可能因重大过失造成送洗衣物的毁损不承担法定的损害赔偿责任，免除了自己应承担的法定责任。

北京 XXX 洗衣店在其制定的格式条款中含有"保管期一月后如有虫咬、鼠伤、霉烂等本店不负责任"条款的行为，已经构成了《合同违法行为监督处理办法》第九条第二款所禁止的行为，属于经营者免除"因故意或者重大过失造成消费者财产损失的责任"的违法行为。依据《合同违法行为监督处理办法》第十二条："当事人违反本办法第六条、第七条、第八条、第九条、第十条、第十一条规定，法律法规已有规定的，从其规定；法律法规没有规定的，工商行政管理机关视其情节轻重，分别给予警告，处以违法所得额三倍以下，但最高不超过三万元的罚款，没有违法所得的，处以一万元以下的罚款"的规定，工商部门对北京 XXX 洗衣店作出罚款 1000 元的处罚决定。

第二节　民　事　责　任

一、民事责任的承担者

（一）案例及分析

基本案情：王某与李某是舍友，王某总是夜间在宿舍玩游戏不带耳机，影响宿舍其他人，李某对王某的这种行为非常反感。某日二人发生了争执，而王某为了报复李某，某天夜里将李某的笔记本电脑从窗户丢了出去，第二天李某找到电脑并怀疑是王某所为，王某不予承认，后李某报警，民警询问后王某承认是自己所为。

分析：本案王某故意损坏李某的笔记本电脑，对此事实王某应当承担民事侵权责任，王某应当赔偿李某的笔记本损失并赔礼道歉。

（二）理论介绍

民事责任是指民事主体违反民事法律义务所应当承担的不利法律后果。

民事责任的构成要件包括：① 违法或者违约行为；② 损害或者其他违约事实；③ 因果关系；④ 主观上的过错。

民事责任的功能包括：① 填补损害，救济权利；② 惩罚违法行为；③ 警戒社会，达到某一方面的目的。

民事责任的承担方式包括：① 停止侵害；② 排除妨碍；③ 消除危险；④ 返还财产；⑤ 恢复原状；⑥ 修理、重做、更换；⑦ 赔偿损失；⑧ 支付违约金；⑨ 消除影响、恢复名誉；⑩ 赔礼道歉。以上承担民事责任的方式，可以单独适用，也可以合并适用。人民法院审理民事案件，除适用上述规定外，还可以予以训诫、责令具结悔过、收缴进行非法活动的财物和非法所得，并可以依照法律规定处以罚款、拘留。

二、"互殴"民事责任的判断

（一）案例及分析

基本案情：陈某与李某是同一宿舍楼里的邻里关系，二人一直都不和睦。2013 年 4 月 5 日，陈某与李某再次在楼道里发生口角，后发生撕扯，在这期间李某被陈某推倒在地，李某气不过与陈某厮打在一起，之后陈某用暖水瓶砸向李某的头部，导致李某受伤入院治疗，共住院 15 天，花去医疗费 8000 余元，陈某也有些许的皮外伤。经派出所调解未果，考虑到孩子正在上学，建议双方家长协商解决。但双方在赔付款方面一直商量不妥，后李某诉至法院，要求陈某赔偿医药费、误工费、护理费等各项经济损失 15 万余元。法院认为，二人发生厮打，李某受伤入院事实清楚，证据确凿，应予确认。李某将陈某推倒在先，故李某也有一定的过错，根据双方过错程度，法院酌定李某承担 20% 的责任，陈某承担 80% 的责任。

分析：公民享有生命健康权，侵害公民身体造成伤害的，赔偿义务人应当赔偿医疗费、误工费等合理费用；受害人对损害结果的发生有过错的，可以减少侵害人的民事责任。生命健康权包括生命权、健康权和身体权。生命权是指公民享有的生命安全不被非法剥夺、危害的权利。健康权是指公民保护自己身体各器官、机能安全的权利。身体权是指自然人保持其身体组织完整并支配其肢体、器官和其他身体组织并保护自己的身体不受他人违法侵害的权利。本案中陈某侵害的是李某的健康权，李某有权要求陈某赔偿。

（二）理论介绍

《民法通则》第九十八条规定："公民享有生命健康权。"
《侵权责任法》第二条、第三条规定如下：
第二条　侵害民事权益，应当依照本法承担侵权责任。
本法所称民事权益，包括生命权、健康权、姓名权、名誉权、荣誉权、肖像权、隐私权、婚姻自由权、监护权、所有权、用益物权、担保权、著作权、专利权、商标专用权、发现权、股权、继承权等人身、财产权益。
第三条　被侵权人有权请求侵权人承担侵权责任。

三、"反击"所承担的责任

（一）案例及分析

基本案情：李某（高校周边社区居民）、薛某（某高校大二学生）二人在校内因抢占篮球场地发生口角，在二人争吵过程中，李某的老婆王某用手抓挖薛某的脸部，薛某在用手推挡的过程中，抓住王某的衣服将其推倒在地。后学生报警，王某称其耳朵不舒服申请法医鉴定。经鉴定王某左耳外伤性鼓膜穿孔，构成轻伤。王某遂要求薛某承担医药费。

分析：二人在争吵过程中，王某用手抓挖薛某的脸部，致使薛某面部多处皮下出血，表皮脱落，薛某为使本人的人身免受正在进行的不法侵害，而采取推挡的方法制止王某的不法侵害，属于正当防卫，而对王某造成的侵害，薛某不承担民事赔偿责任。本案中，薛某的推挡行为并未超过必要限度，因此，薛某不应当承担民事责任。

（二）理论介绍

《民法通则》第一百二十八条规定："因正当防卫造成损害的，不承担民事责任。正当防卫超过必要的限度，造成不应有的损害的，应当承担适当的民事责任。"

四、紧急避险承担的责任

（一）案例及分析

基本案情：王某下课乘公交车到城里购物，公交车行驶的途中，冯某驾驶的私家车突然从路右侧超车到左侧，司机许某本能地采取紧急制动措施，才未与冯某的车相撞，但由于惯性作用，使毫无准备的乘客张某上身猛撞在前方的扶手上，造成其锁骨骨折，花费医疗费 3500 余元。事后张某认为其损伤与司机驾驶不慎有关，司机许某辩称应该是私家车主冯某的错，而私家车主冯某则称自己并非故意为之，与其无关。

分析：紧急避险包括以下三个要件构成：① 必须存在正在发生的并且威胁公共利益、本人或者他人利益的危险。② 必须是在别无选择的情况下采取的非常措施。③ 避险行为不得超过必要限度，即不得造成更大的损失。许某紧急刹车是为了避免撞上突然超车横穿的私家车而不得已采取的必要措施，也是避免车祸的唯一选择，没有超过必要限度，符合法律上的紧急避险行为，是合法行为。因此，公交车驾驶员许某不承担赔偿责任，而应由引起险情人冯某承担赔偿责任。如果险情的发生无从寻找，依据法律上的公平原则，受害人可以要求驾驶员赔偿部分损失。

（二）理论介绍

《侵权责任法》第三十一条规定："因紧急避险造成损害的，由引起险情发生的人承担责任。如果危险是由自然原因引起的，紧急避险人不承担责任或给予适当补偿。紧急避险采取措施不当或者超过必要的限度，造成不应有的损害的，紧急避险人应当承担适当的责任。"

五、小心"避险"损失的承担者

（一）案例及分析

基本案情： 杨某骑自行车送女朋友刘某回宿舍，在行驶到十字路口时，程某驾驶昌河车行至该路口。杨某为躲避紧急向南拐弯，从而导致女朋友重摔在地上，程某根本没有注意到发生此事，随即直接行驶而过。事后杨某将女友刘某送至宿舍。第二天，刘某继续上课并在一节体育课上进行了大量运动。第三天，刘某感觉大腿外侧疼痛不已，并出现肿胀现象，后经治疗医生诊断为骨裂。而后刘某报案坚持认为其摔伤与该车辆有密切关系。法院认为，杨某采取急转弯的方式避免与程某的车辆相撞，结果两车没有相撞而致刘某摔倒受伤，该事件与程某存在一定的关联性。因杨某操作不当致车上人员摔伤又没有及时检查治疗，杨某的行为是造成避险不当和损害扩大的主要原因，应当承担主要责任。机动车辆的速度过快是由机动车的属性决定的，当时程某的速度并没有过快，且具有可操纵性，而程某的驾驶行为不能简单地视为紧急危险的情况，因此法院酌定程某补偿刘某500元。

分析： 本案中，杨某为了不与程某相撞，采取急转弯的方式，具有紧急避险的特征，但是刘某没有及时检查治疗的行为，明显是导致严重后果的主要原因。因此，刘某应当承担损害的主要责任，程某与损害结果亦有一定的关联性，应在刘某医疗费用限度内酌情补偿，对扩大的损害程某不承担责任。

（二）理论介绍

《民法通则》第一百二十九条规定："因紧急避险造成损害的，由引起险情发生的人承担民事责任。如果责任是由自然原因引起的，紧急避险人不承担民事责任或承担适当的民事责任。因紧急避险采取措施不当或者超过必要的限度，造成不应有的损害，紧急避险人应当承担适当的民事责任。"

六、共同危险行为侵权的责任承担者

（一）案例及分析

基本案情： 某校高层宿舍内，某日三名男生酒后回到宿舍继续饮酒。在饮酒的过程中，三人将喝完的酒瓶从窗户丢到楼下，此时晚自习结束回宿舍的李某路过被砸伤，当场头部出血并出现5公分的伤口，后被送往医院包扎治疗，并时不时伴有头晕的症状。经调查，不知道是三人中谁丢的瓶子砸伤了李某。因此，李某将三人同时作为被告向法院起诉。

分析：此案件中三名男生的行为属于典型的共同危险行为。共同危险行为又称准共同侵权行为，是指二人或二人以上共同实施有侵害他人权利危险的行为，并且已造成损害结果，但不能判明其中谁是加害人的侵权行为。构成共同危险行为应具备下列要件：① 行为是由数人实施的；② 行为性质具有危险性；③ 具有危险性的共同行为是致人损害的原因；④ 损害结果不是共同危险行为人全体所致，但不能判明谁是加害人。共同危险行为的侵权后果是全体共同危险行为人承担连带责任。如果共同危险行为人之一能够证明自己实施的行为与损害结果没有因果关系，不是造成损害的原因，则免除其侵权责任。

（二）理论介绍

《侵权责任法》第十条、第十三条规定如下：

第十条　二人以上实施危及他人人身、财产安全的行为，其中一人或者数人的行为造成他人损害，能够确定具体侵权人的，由侵权人承担责任；不能确定具体侵权人的，行为人承担连带责任。

第十三条　法律规定承担连带责任的，被侵权人有权请求部分或者全部连带责任人承担责任。

七、连带责任的概念及具体行为

共同侵权行为也称共同加害行为、共同致人损害，即数个行为人基于共同的故意或者过失，侵害他人人身权利和财产权利的行为。《侵权责任法》对因共同侵权行为而承担责任的情形做出了明确规定。

媒体曾经报道"婚宴上男子醉酒身亡，同桌 7 人成被告"、"醉酒者家门外被冻身亡，同饮者均负连带责任"的新闻。朋友间共同饮酒属于社交层面的情谊行为，在喝酒的朋友之间产生了安全保障的"注意义务"，即酒桌上的人相互之间应当有义务提醒和关照对方，避免因为喝酒而伤到身体。在此类案件中，同饮者由于共同的过失致人死亡连带赔偿责任。因此，对于已经喝醉酒的朋友，一定要尽到安全保障义务，告知对方家人其醉酒程度，以免延误最佳救治时期。对于开车的朋友，如果对方喝酒后，一起喝酒的朋友应当劝其不得驾车，如未加劝阻，有可能承担由此引发的法律责任。

如几人打架，将路过老人撞倒，老人将打架双方均告上法庭，而实际调查时，老人也说不清是谁撞的，而对方也承认老人被撞倒的事实，但都表示并不是自己撞的。对此类情形从形式上看是多数人造成的侵权，即使并非真正意义的共同侵权，事实侵权行为的各人之间没有意思联络，并非具有共同伤害他人的目的，但是也应当承担连带责任。《最高人民法院关于审理人身损害赔偿案件适用法律若干问题的解释》第三条规定："二人以上共同故意或者共同过失致人损害，或者虽无共同故意、共同过失，但其侵害行为直接结合发生同一损害后果的，构成共同侵权，应当依照民法通则第一百三十条规定承担连带责任。二人以上没有共同故意或者共同过失，但其分别实施的数个行为间接结合发生同一损害后果的，应当根据过失大小或者原因力比例各自承担相应的赔偿责任。"

生活中还有很多其他因共同侵权而承担连带责任的情况，如明星代言虚假广告，明星与食品、药品的生产者、销售者承担连带责任。如劳动者与多家用人单位的连带责任。劳动者与多家用人单位同时存在劳动关系，相当于职场上的"重婚"行为。但是，用人单位雇佣与原用人单位尚未解除劳动合同的劳动者，侵害原用人单位利益，作为实际利益的获得者，则应当对此承担连带责任。

八、"无约"的数人侵权的责任承担者

（一）案例及分析

基本案情：高某周末回家途中遇曹某倒车逆行，高某躲避不及跌入一旁修路挖的坑里，造成高某受伤。后查明负责修路的施工单位未在该施工路段设置安全警示标志以及采取相关的保护措施。

分析：曹某逆行构成对高某的侵权，应对逆行引起的侵权行为承担责任。施工单位在公共场所施工未设置明显标志和采取安全措施，也构成侵权行为，亦应当承担侵权责任。曹某与施工单位对高某的伤害均有过失，但均不存在故意，不存在共同过错，即对高某的伤害无事前意思联络。因此，曹某和施工单位对高某的损害应在各自的过错范围内承担按份责任。

（二）理论介绍

原因力并合的无意思联络的数人共同侵权，需要各自承担责任。此类型的行为特征包括：① 二人以上的侵权人；② 都有过错；③ 都实施了侵权行为，但系不同的行为特征；④ 每一种侵权行为都不足以导致该后果，相互结合在一起才共同导致该结果。

《最高人民法院关于审理人身损害赔偿案件适用法律若干问题的解释》第三条规定："二人以上共同故意或者共同过失致人损害。或者虽无共同故意、共同过失，但其侵害行为直接结合发生同一损害后果的，构成共同侵权，应当依照民法通则第一百三十条规定承担连带责任。"

《侵权责任法》第十二条规定："二人以上分别实施侵权行为造成同一损害，能够确定责任大小的，各自承担相应的责任；难以确定责任大小的，平均承担赔偿责任。"

九、宠物狗侵权责任的承担

（一）案例及分析

1. 放狗咬人事件

2014年7月16日18时许，被告周女士携带宠物犬在小榄镇北区一小区的通道内散步，期间与邻居黄女士相遇。黄女士好心提醒被告注意管理好自己的宠物并保持小区通道卫生，被告周女士不听劝告，反而诱导自家宠物咬向原告，导致原告躲避不及被咬伤送院治疗。后双方到当地派出所调解无果。

原告多次向被告索赔医疗费等费用，被告均以自身经济困难为借口拒绝支付。原告诉至法院，请求判令被告向原告支付治疗费2042.8元、误工费467元和营养费1000元。该案在审理过程中，经中山市第二人民法院民一庭法官主持调解，双方当事人自愿达成如下协议：被告周女士同意赔偿原告黄女士医疗费2042.8元以了结本案纠纷。

2. 宠物狗打架主人遭殃事件

据法院介绍，2014年9月24日约19时15分，何先生牵着宠物狗回家路经小榄镇北边街附近，突然被告余先生的狗在无人牵引的情况下从原告身后窜出并将原告扑倒在地，接着咬伤原告及其宠物狗，后该狗由被告制服并带回家。

事发后，被告虽送原告的小狗就医，但拒不赔偿治疗费用，且何先生因此次事故产生了较大的精神压力。事后何先生提起诉讼，请求判令被告支付自己被狗咬伤的医疗费2010.5元，宠物受伤的医疗费2915元，交通费600元，误工费2000元，营养费800元，精神损害赔偿金1800元，合计10125.5元。

被告辩解称，自己为防盗才养狗，当时自己的狗未拴好才跑出去与原告的狗打架，原告为保护自己的狗被咬伤。经法官主持调解，双方达成协议：

被告向原告何先生一次性支付 6000 元现金以解决本案纠纷。

3.分析

从《物权法》角度看，动物也是一种法律上的"物"，就如同我们的汽车、房屋、手机一样，主人对其享有相应的"物"权。我国《侵权责任法》明确提到：饲养的动物造成他人损害的，动物饲养人或者管理人应当承担侵权责任，但能够证明损害是因被侵权人故意或者重大过失造成的，可以不承担或者减轻责任。违反管理规定，未对动物采取安全措施造成他人损害的，动物饲养人或者管理人应当承担侵权责任。因第三人的过错致使动物造成他人损害的，被侵权人可以向动物饲养人或者管理人请求赔偿，也可以向第三人请求赔偿，动物饲养人或者管理人赔偿后，有权向第三人追偿。

若是无主狗咬人，找得到饲养员的，由饲养员赔偿；而找不到赔偿主体时，可以主张"补充责任"，查明小区或一定区域的管理者是否负有过错。明知流浪狗闯进居民居住区而不驱赶者，则需承担赔偿责任，已经尽到管理义务的管理者，则不需要承担责任。

（二）问题引申

针对媒体曝光的虐待动物等行为，应如何从法律的角度评定呢？

有人认为狗、猫等宠物，是属于自己的东西，可以随意对待，甚至虐待。目前，我国没有专门的《动物保护法》，也没有专设的"虐待动物罪"，因而对那些虐待动物的人没有处罚。所有人对自己所有的动物可以进行处置，一般不会产生民事上的法律责任，更谈不上刑事责任。但是，动物毕竟是一种活物，如果对其过于残忍，则会产生极大的社会道德危机。

十、好心相助的损失与报酬

（一）案例及分析

基本案情：惠某晨跑至一湖边，见一女子站在桥上有轻生之疑。惠某靠近告知其站在此处危险，不料该女子欲跳入湖中，惠某情急之中拉住该女子，并将该女子救上来。在救助过程中，惠某的手机掉入湖里，衣服被划破，而该女子的手臂、头部受伤，衣服也被撕破。惠某及时让过路人拨打 120，到医院后惠某先行垫付各种医药费，其中包含 120 元为自己包扎伤口的费用。随后，公安机关联系到该女子家属，其家属对惠某感谢不已。惠某的手机、医药费、衣服破损等费用是否可向其家属索要？

分析：惠某与该女子之间存在无因管理之债。所谓无因管理之债，是指没有法定的或者约定的义务，为避免他人利益受损害，自愿管理他人事务或为他人提供服务的行为。该案例完全符合无因管理之债的关系。该女子应当赔偿惠某的手机损失、治疗自己伤口的费用及修补衣服的费用，但是惠某无权向该女子请求支付报酬。

（二）理论介绍

《最高人民法院关于贯彻执行〈中华人民共和国民法通则〉若干问题的意见（试行）》第一百三十二条规定："民法通则第九十三条规定的管理人或者服务人可以要求受益人偿付的必要费用，包括在管理或服务活动中直接支出的费用，以及在该活动中受到的实际损失。"

《民法通则》第九十三条规定："没有法定的或者约定的义务，为避免他人受损失进行管理或者服务的，有权要求受益人偿付由此而支付的必要费用。"

第三节　物权、债权问题

一、捡手机、捡钱包的归还问题

（一）案例及分析

基本案情：常某在校园内打扫卫生期间捡到一部手机（价值 5800 元），见四周无人便将手机迅速装进自己的衣兜里。几小时后，失主刘某发现自己的手机丢失，便让同学给自己的手机打电话，常某一直未接听并将该手机关机，后刘某发送短信表明该手机对自己非常重要，请捡到手机的好心人尽快与其联系，但常某一直未有归还之意。因刘某的手机有开机定位系统，刘某通过手机系统定位到常某并向其索要手机，但常某拒绝返还并谎称已将手机卖掉。

分析：常某的行为可分为两个阶段：① 常某拾得手机并实际占有；② 常某拒不归还手机。

第一个阶段中常某的行为属于"不当得利"，常某对此手机的占有是合法的，符合动产所有权的合法取得方式，常某是善意受益人，但是常某应当将手机返还失主，在此过程中支出的费用，可由失主刘某偿还。第二阶段中常某的行为属于"侵权行为"，刘某已找到常某，但是常某仍不归还手机，这种行为侵犯了刘某对该手机的所有权，是故意侵害他人财产权的侵权行为。

（二）理论介绍

《民法通则》第七十九条第二款、第九十二条规定如下：

第七十九条第二款规定："拾得遗失物、漂流物或者失散的饲养动物，应当归还失主，因此而支出的费用由失主偿还。"

第九十二条规定："没有合法的根据，取得不当利益，造成他人损失的，应当将取得的不当利益返还受损失的人。"

《最高人民法院关于贯彻执行〈中华人民共和国民法通则〉若干问题的意见（试行）》第一百三十一条规定："返还的不当利益，应当包括原物和原物所生的孳息。利用不当得利所取得的其他利益，扣除劳务管理费用后，应当予以收缴。"

不当得利的特征包括：① 双方当事人必须一方为受益人，他方为受害人。② 受益人取得利益与受害人遭受损害之间必须有因果关系。③ 受益人取得利益没有合法根据，即既没有法律上、也没有合同上的根据，或曾有合法根据，但后来丧失了这一合法根据。受益人在得知自己的受益没有合法根据或得知合法根据已经丧失后，有义务将已得的不当利益返还受害人。

二、物权取得的方式

（一）案例及分析

基本案情：甲在校园内发现自己去年丢失的自行车被乙推行，甲便上前询问，乙称自己是从丙处购买，并出示了付款收据。

分析：本案有两种情形：无论丙是拾到或是偷得该自行车，法律规定拾得遗失物与违法所得都不得适用善意取得制度，这是善意取得制度的例外情况。无论怎样甲都有权向乙要回自行车。乙买车钱的处理可分两种情形：第一，如果乙不能证明丙是正规经营资格的销售者，则甲无需支付给乙任何费用，直接推走自行车，乙可找丙返还购买自行车的钱，自行车归甲所有；第二，如果乙证明是在正规经营销售者丙处购买的自行车，甲执意要回自行车，则甲需要向乙支付购自行车的费用，那么甲可以向丙追偿。

（二）理论介绍

《中华人民共和国物权法》（以下简称《物权法》）第一百零七条规定："所有权人或者其他权利人有权追回遗失物。该遗失物通过转让被他人占有的，权利人有权向无处分权人请求损害赔偿，或者自知道或者应当知道受让人之日起二年内向受让人请求返还原物，但受让人通过拍卖或者向具有经营资格的经营者购得该遗失物的，权利人请求返还原物时应当支付受让人所付的费用。权利人向受让人支付所付费用后，有权向无处分权人追偿。"

物权取得包括原始取得与继受取得两种方式。

(1) 原始取得：即直接依据法律的规定，非依他人既存的权利和意志而取得物权。原始取得的主要形式包括：① 劳动生产、孳息；② 公法方式，包括征用、没收、罚款、罚金等；③ 先占、拾得、发现、添附、时效取得、善意取得。

(2) 继受取得：即依他人既存的权利和意志而取得物权。继受取得的主要形式包括：① 基于合同 (买卖、互易、赠与)；② 基于继承 (法定继承与遗嘱继承)、遗赠。

第四节　部分合同法问题

一、定金的价值

（一）案例及分析

基本案情：张某在商场购物时，发现某品牌加湿器正在促销，原价 680 元，现价 380 元。张某对此加湿器比较满意决定购买，而促销员告知，因促销活动目前除此样品以外暂时没有全新的，如需要可以从别处调货，时间为两天，张某表示可以等，于是先行交付定金 200 元，双方约定两天后中午取货。两天后张某如约前来取加湿器，但促销员告知由于货源紧缺，别处也暂时无货，再等三天会有配送。张某很不愉快，感觉浪费了自己的时间也没有提到货，决定不购买该产品并要求促销员双倍返还定金。促销员则认为返还 200 元定金即可，况且再等三天就有货也可以履行合同义务，现在是张某不要，为何还要返还 400 元。双方对此问题争执不下。

分析：本案例有两个问题需明晰：① 二人谁先违约；② 张某可否要求双倍返还定金。第一，就买卖合同而言，双方已约定交付时间，商场应在约定时间内将商品交付给张某，在无任何质量问题的情况下，张某需签收商品并支付货款。但是约定的交货期满后，促销员告知还需再等三天才可提货，商场违反了合同的交货期限的约定，商场违约在先。第二，由于商场违约在先，无法在约定的时间履行交付商品的义务，则应当双倍返还定金。

（二）理论介绍

《合同法》第一百一十五条规定："当事人可以依照《中华人民共和国担保法》约定一方向对方给付定金作为债权的担保。债务人履行债务后，定金应当抵作价款或者收回。给付定金的一方不履行约定的债务的，无权要求返还定金；收受定金的一方不履行约定的债务的，应当双倍返还定金。"

二、定金、订金、押金的区别

定金是指为担保合同债权的实现，双方当事人通过书面约定，由一方当事人向对方预先支付一定数额的金钱作为担保的方式。合同上写明支付定金的，依据《合同法》相关规定，一方违约时，双方有约定的按照约定执行；如果无约定，销售者违约时，定金双倍返还；消费者违约时，定金不返还。定金的总额不得超过合同标的的 20%。定金担保的是债权，不具有物权效力。

订金，目前法律上没有明确规定，一般可视为"预付款"。订金的效力取决于双方当事人的约定。双方当事人如果没有约定，订金的性质主要是预付款，销售者违约时，应无条件退款；消费者违约时，可以与销售者协商解决并要求经营者退款。如果双方当事人另有约定，则按照约定执行。

押金是为了担保债务的履行，债务人或第三人将一定数额的金钱移交债权人所有，在债务人不履行合同时，债权人可以用债务人所交押金进行优先受偿；如债务人依约履行了债务，则其所交押金可以抵作价款或者收回。目前，我国现行法律对于押金尚无明确的法律规定，依据法律没有强制性规定即为合法的法律原则，应当允许当事人在经济活动中采取约定给付一定数额的押金这种担保方式。

三、分期付款中货款未付完的问题处理

（一）案例及分析

基本案情：林某心怡一款手机许久，但由于每月的生活费有限一直未下决心购买。一天在某网站上看到此款手机在做活动而且可以分期付款，林某在网上购买了此手机并办理了分期付款手续。总价 6800 元的手机，首次支付 2900 元，余下 3900 元每月支付 325 元，12 个月支付完毕。然而，林某支付了 4 个月价款后，再也没有支付剩余价款，直至 6 个月后未支付到期货款共 1950 元。

分析：分期付款买卖合同指在合同成立后，买受人按照合同约定分期向出卖人支付价款。分期付款的买受人未支付到期价款的金额达到全部价款的

五分之一的，出卖人可以要求买受人支付全部价款或者解除合同。本案中，林某自取得该手机的所有权后，未支付的分期价款 1950 元已经达到全部价款的五分之一。因此，该网上购物平台公司可以要求林某一次性支付全部价款或者解除合同并要求林某支付使用费。

（二）理论介绍

《合同法》第一百六十七条规定："分期付款的买受人未支付到期价款的金额达到全部价款的五分之一的，出卖人可以要求买受人支付全部价款或者解除合同。出卖人解除合同的，可以向买受人要求支付该标的物的使用费。"

四、试用商品后的购买问题

（一）案例及分析

基本案情：某商场内某化妆品在做免费试用的活动，凭身份证及商场会员卡可领取一套化妆品，试用一个星期，如不愿购买则无需支付任何费用。楚某见该化妆品是较好的品牌推出的新款套装，于是决定参与此活动并在化妆品公司提供的合同上签字。约定试用后同意购买则支付 4700 元获得该化妆品套装，不同意购买则退还化妆品。一周后，该化妆品专柜的销售员打电话询问是否购买，楚某未给予答复。连续三天楚某不是不接电话，就是不给明确答复。遂在一周后，销售员打电话告知楚某在 3 日内到商场支付 4700 元价款。

分析：试用买卖指约定买受人先行试用标的物，然后在一定期间内再决定是否购买的买卖合同。试用买卖以买受人试用标的物后，在一定期限内表示认可为买卖合同的生效条件。出卖人有允许买受人试用的义务，买受人则享有自由决定是否购买的权利，在其决定购买前，标的物所有权仍属于出卖人。买受人在试用期届满时不对是否购买标的物作出明确表示，就视为其购买。即买受人如不愿购买标的物，就必须在试用期内以明确的方式作出表示，否则期限届满时将被推定为承诺购买。

本案中，楚某在试用期届满后经多次催告都未作明确表示，所以视为楚某同意购买，应该支付相应价款。

（二）理论介绍

《合同法》第一百七十一条规定："试用买卖的买受人在试用期内可以购

买标的物，也可以拒绝购买。试用期间届满，买受人对是否购买标的物未作表示的，视为购买。"

五、保管他人之物所要尽到的责任

（一）案例及分析

基本案情：学校放暑假，齐某决定回家，由于随身携带的行李过重，齐某决定不将笔记本电脑带回家，但是担心宿舍不安全，齐某便将笔记本电脑放在了郭某处，舍友郭某因放假期间要复习考研在校外租住，郭某也欣然答应为齐某保管笔记本电脑。一日郭某出门忘记锁门，夜间回到租住房发现屋内被盗，郭某的笔记本电脑及自己的电脑均丢失。郭某与齐某联系告知房间被盗的事实，电脑丢失并已经报案。齐某开学到校后询问派出所案件办理进度，被告知一直未抓获盗窃者，齐某又气又悔，后悔将电脑放在郭某处保管，欲让郭某赔偿但又觉得不好意思毕竟对方好心帮助自己。

分析：原则上保管人应当承担损害赔偿责任，但有偿保管与无偿保管，保管人责任的大小轻重是有所区别的。保管期间，因保管人保管不善造成保管物毁损、灭失的，保管人应当承担损害赔偿责任，但若保管是无偿的，保管人证明自己没有重大过失的，不承担损害赔偿责任。因此，无偿保管人仅对因其故意或重大过失而造成保管物损毁、丢失的后果承担损害赔偿责任。

本案中，郭某无偿为齐某保管笔记本电脑，但郭某事实上存在忘记锁门的重大过失，所以如果齐某要求郭某赔偿其笔记本电脑的损失，完全是具有法律依据的。如果郭某尽到了保管义务，但是笔记本是被盗窃者撬门入室盗走的，则郭某不存在故意或重大过失，齐某也就无权要求郭某赔偿损失。

（二）理论介绍

《合同法》第三百六十九条、第三百七十四条规定如下：

第三百六十九条　保管人应当妥善保管保管物。

当事人可以约定保管场所或者方法。除紧急情况或者为了维护寄存人利益的以外，不得擅自改变保管场所或者方法。

第三百七十四条　保管期间，因保管人保管不善造成保管物毁损、灭失的，保管人应当承担损害赔偿责任，但保管是无偿的，保管人证明自己没有重大过失的，不承担损害赔偿责任。

六、家属楼内餐厅对周围环境的影响

（一）案例及分析

基本案情：陈某是某小区 2104 户的业主，秦某为 2104 户楼下的业主，燕某为 2104 户隔壁的业主。陈某将自己的房屋出租给汪某，并签订房屋租赁合同，约定要保持屋内整洁，期满退房时必须保持租房时的原样。后汪某将房子重新整理，开了一间私房西餐厅。几个月后，餐厅深受好评，顾客络绎不绝。与此同时，餐厅产生的噪音、油烟影响了秦某和燕某等业主的正常生活，进入楼内的人员混杂给小区内的安全也造成了一定的影响。秦某、燕某等业主由于无法忍受多次向小区物业反映，物业联系房东陈某告知其尽快解决问题，但是汪某与陈某有合同，陈某无法将汪某赶走，汪某称一定会按照合同约定期满退房时保持房间原貌。

分析：家属区内房屋改造为经营性用途，在城市里非常多见，但是小区业主对自家房屋的改造，必须在不影响其他业主的条件下进行。汪某没有征得利害关系业主秦某、燕某的同意，随意改变房屋的用途，而且汪某的行为也不得违反法律、法规及管理规约。所以，如利害关系业主反对，则房东陈某必须将房屋恢复为居住用途。

（二）理论介绍

《物权法》第七十七条规定："业主不得违反法律、法规及管理规约，将住宅改变为经营性用房。业主将住宅改变为经营性用房的，除遵守法律、法规以及管理规约外，应当经有利害关系的业主同意。"

第五节　婚姻关系

一、结婚不成，彩礼的归属问题

（一）案例及分析

基本案情：黄某（女）与闫某（男）在大学期间确定男女关系，感情稳定，本科毕业后，双方计划结婚，闫某依据黄某家乡当地的习俗，准备了 5 万元礼金、价值 3 万元的首饰、价值 4 万元的家电送给黄某。然而半年后，二人因为买房的问题发生了争执，导致感情破裂并分手。闫某父母认为既然无法结婚，对方就应该将彩礼返还，但是黄某只返还了礼金、家电，没有退还首饰。

　　分析：婚前彩礼往来并非单纯的以无偿转移财产为目的的行为，而是以保证结婚为目的的赠与，如果没有顺利结婚，那么赠与的前提也就没有了。根据公平原则，应当将双方的财产关系恢复到原来的状态。因此，黄某应该全数返还彩礼。

　　（二）理论介绍

　　《最高人民法院关于适用〈中华人民共和国婚姻法〉若干问题的解释（二）》第十条对彩礼的返还作出了明确的规定。

　　第十条　当事人请求返还按照习俗给付彩礼的，如果查明属于以下情形，人民法院应当予以支持：

　　(1) 双方未办理结婚登记手续的；

　　(2) 双方办理结婚登记手续但确未共同生活的；

　　(3) 婚前给付并导致给付人生活困难的。

　　适用前款第 (2)、(3) 项的规定，应当以双方离婚为条件。

二、未领结婚证的夫妻关系问题

　　（一）案例及分析

　　雷某（女）与岳某（男）2004 年毕业后同居，并在半年后在岳某的家乡举办了婚礼。但是二人一直没有领取结婚证，回到工作的城市天津，二人以夫妻的名义租房生活在一起。几年后，由于岳某的工作能力强，收入颇为丰厚并胜任部门经理一职，其秘书华某同样非常得力，二人之间的感情不断升温，岳某将与雷某没有领取结婚证的事实告诉华某，华某催促岳某尽快离开雷某，以便二人登记结婚。岳某也逐渐挑剔雷某，明确表达不愿再一起生活，让雷某另找他人。雷某认为岳某即使让她离开也应当给予一定的财产，但是二人没有结婚证不知该如何诉求。

　　分析：事实婚姻指符合结婚条件的男女没有到民政局办理结婚登记，举办了婚宴或以夫妻名义共同生活在一起的婚姻形式。

　　1994 年 2 月 1 日之前，男女双方虽没有办理结婚登记，但以结婚名义共同生活的，只要符合结婚的实质要件，就可以认定为事实婚姻。

　　1994 年 2 月 1 日民政部《婚姻登记管理条例》公布实施以后，男女双方符合结婚实质要件的，人民法院应当告知其在案件受理前补办结婚登记；未补办结婚登记的,按解除同居关系处理。因此,雷某可以解除同居关系为诉求,由法院对同居期间的财产等问题进行处理。

(二) 理论介绍

《最高人民法院关于适用〈中华人民共和国婚姻法〉若干问题的解释(二)》第一条规定:"当事人起诉请求解除同居关系的,人民法院不予受理。但当事人请求解除的同居关系,属于婚姻法第三条、第三十二条、第四十六条规定的'有配偶者与他人同居'的,人民法院应当受理并依法予以解除。当事人因同居期间财产分割或者子女抚养纠纷提起诉讼的,人民法院应当受理。"

三、同居期间的财产分配问题

同居关系纠纷是指具有同居关系的男女当事人,在解除同居关系时涉及同居关系存续期间共有财产分割或者子女抚养问题而引发的纠纷。根据相关规定,在同居关系解除时,同居生活期间双方共同所得的收入和购置的财产,按一般共有财产处理,根据双方的出资比例予以合理分割。

《最高人民法院关于人民法院审理未办结婚登记而以夫妻名义同居生活案件的若干意见》第八条、第十条作出了相关规定。

第八条 人民法院审理非法同居关系的案件,如涉及非婚生子女抚养和财产分割问题,应一并予以解决。具体分割财产时,应照顾妇女、儿童的利益,考虑财产的实际情况和双方的过错程度,妥善分割。

第十条 解除非法同居关系时,同居生活期间双方共同所得的收入和购置的财产,按一般共有财产处理。同居生活前,一方自愿赠送给对方的财物可比照赠与关系处理;一方向另一方索取的财物,可参照最高人民法院〔84〕法办字第112号《关于贯彻执行民事政策法律若干问题的意见》第(18)条规定的精神处理。

四、怀孕期间的离婚案处理

(一) 案例及分析

基本案情:解某(女)与单某(男),二人婚前感情一直不错,但是婚后经常因为生活上的琐事及解某与单某母亲的争执闹得不可开交,二人之间的争吵不断,单某无法忍受解某对待母亲的态度,遂在解某怀孕6个月时提出离婚，解某不同意并吵闹不停，单某遂向法院提起诉讼。

分析：在女方怀孕期间、分娩 1 年后或者中止妊娠后的 6 个月，男方不得提出离婚。女方提出离婚的，或者人民法院认为确有必要受理男方离婚请求的，不在此限。如男方坚持在此期间离婚，可以通过男女双方自愿登记离婚、协议离婚等形式实现。"确有必要"的概念法律没有明确规定，审理实践中通常有两种情况：① 在此期间双方确实存在不能继续共同生活的重大而急迫的事由，如一方对他方有危及生命、人身安全的可能；② 女方怀孕系与他人通奸所致，女方也不否认。

解某正在怀孕期间，但不属于"确有必要"受理男方离婚请求的情况，所以单某不能提起离婚诉讼。单某可与解某沟通，如矛盾仍无法调和，可与妻子协议离婚。

（二）理论介绍

《中华人民共和国婚姻法》(以下简称《婚姻法》) 第三十四条规定："女方在怀孕期间、分娩后一年内或中止妊娠后六个月，男方不得提出离婚。女方提出离婚的，或人民法院认为确有必要受理男方离婚请求的，不在此限。"

五、无过错方请求损害赔偿的情形

（一）案例及分析

基本案情：程某与章某结婚两年，育有一女。章某常常因工作夜不归宿，程某听章某的同事说了几句闲话，便心生疑虑，怀疑程某有外遇。程某跟踪章某一段时间后，发现章某在距离自家两站地的高层楼内频繁进出。某日程某与章某大吵，章某承认已有外遇，并与一女子同居许久。程某心痛不已决意与章某离婚。程某不仅要求分割财产，同时请求损害赔偿。

分析：根据我国婚姻法规定，在一方与他人同居而导致离婚的情况下，没有过错的一方可以请求损害赔偿。损害赔偿包括物质损害赔偿，也包括精神损害赔偿。也就是说因同居导致离婚的，婚姻中无过错的一方可以向有过错一方请求物质损害赔偿和精神损害赔偿。由于章某与他人同居而导致二人离婚，程某作为无过错方，可以要求章某支付相应的精神损害赔偿。

（二）理论介绍

《婚姻法》第四十六条规定："有下列情形之一，导致离婚的，无过错方有权请求损害赔偿：① 重婚的；② 有配偶者与他人同居的；③ 实施家庭暴力的；④ 虐待、遗弃家庭成员的。"

《最高人民法院关于适用〈中华人民共和国婚姻法〉若干问题的解释 (一)》第二十八条规定："婚姻法第四十六条规定的'损害赔偿'，包括物质损害赔偿和精神损害赔偿。涉及精神损害赔偿的，适用最高人民法院《关于确定民事侵权精神损害赔偿责任若干问题的解释》的有关规定。"

六、夫妻感情破裂为由的离婚案

(一) 案例及分析

基本案情：邢某与范某办理结婚登记后，由于婚前了解不够，二人婚后矛盾频发，争吵不断。范某决定离婚，邢某则考虑到自己年龄大且范某家庭条件好，不同意离婚，范某无奈，以二人感情破裂为由诉至法院要求离婚。

分析：《婚姻法》规定："男女一方要求离婚的，可由有关部门进行调解或直接向人民法院提出离婚诉讼。人民法院审理离婚案件，应当进行调解；如感情已破裂，调解无效，应准予离婚。"但是法院在判断夫妻感情是否破裂时，不会只因为一方指出夫妻感情破裂就准予离婚，而是对此持有审慎的态度，从婚姻基础、婚后感情、离婚原因、夫妻关系等各个方面综合分析。因此，感情破裂并不是离婚的万能理由。

(二) 理论介绍

《婚姻法》第三十二条对离婚的理由作出了明确的规定。

第三十二条　男女一方要求离婚的，可由有关部门进行调解或直接向人民法院提出离婚诉讼。

人民法院审理离婚案件，应当进行调解；如感情确已破裂，调解无效，应准予离婚。

有下列情形之一，调解无效的，应准予离婚：

(1) 重婚或有配偶者与他人同居的；

(2) 实施家庭暴力或虐待、遗弃家庭成员的；

(3) 有赌博、吸毒等恶习屡教不改的；

(4) 因感情不和分居满二年的；

(5) 其他导致夫妻感情破裂的情形。

一方被宣告失踪，另一方提出离婚诉讼的，应准予离婚。

七、夫妻共同财产的定性

（一）案例及分析

基本案情：胡某与孙某是大学同学，二人毕业后办理了结婚登记手续。胡某的父母用自己的积蓄为二人买了一套房子，并登记在胡某的名下。后二人感情破裂决定离婚，但对于胡某名下的房子，孙某认为既然是婚后买的房子，应属于夫妻共同财产，有自己的一份。胡某认为房子登记在自己的名下，属于父母对自己的赠与，与孙某无关。

分析：婚后双方父母出资购买，产权登记在一方子女名下的，认定为按份共有，夫妻按照房产份额享有权利并承担相应义务；婚后一方父母出资为子女购买不动产且产权登记在自己子女名下的，应视为其子女一方的个人财产。因此，本案中房产应当为胡某的个人财产，并非夫妻共同财产，孙某无权要求分割该房产。

（二）理论介绍

《最高人民法院关于适用〈中华人民共和国婚姻法〉若干问题的解释（三）》第七条规定："婚后由一方父母出资为子女购买的不动产，产权登记在出资人子女名下的，可按照婚姻法第十八条第（三）项的规定，视为只对自己子女一方的赠与，该不动产应认定为夫妻一方的个人财产。由双方父母出资购买的不动产，产权登记在一方子女名下的，该不动产可认定为双方按照各自父母的出资份额按份共有，但当事人另有约定的除外。"

八、婚前一方首付房款，婚后共同还贷离婚时的分割问题

（一）案例及分析

基本案情：蔡某（女）与谢某（男）结婚之前，谢某购买了一套三居室并付了首付，登记在自己的名下，婚后二人一起还贷。婚后第四年二人因分歧决定离婚。谢某主张房子是自己买的，房子坚决不给蔡某，蔡某认为虽然首付 38 万是谢某所付，但是其余的 45 万是二人在婚后一起偿还的，因此该房产也有自己的一份。

分析：一方首付房款，婚后共同还贷的情况下，由双方协议处理；协议不成则房屋产权归付首付一方，对于双方共同财产还贷部分，则由付首付一

方予以补偿。钱某婚前支付了首付款并进行了产权登记，虽然二人婚后以夫妻共同财产还贷，但该房产仍不能算作夫妻共同财产，而是谢某的个人财产。对于二人共同还贷部分，应由谢某按照婚后共同还贷部分的一半款项以及相应增值部分按比例适当补偿蔡某。

（二）理论介绍

《最高人民法院关于适用〈中华人民共和国婚姻法〉若干问题的解释（三）》第十条对婚前购买的不动产作出了明确的规定。

第十条　夫妻一方婚前签订不动产买卖合同，以个人财产支付首付款并在银行贷款，婚后用夫妻共同财产还贷，不动产登记于首付款支付方名下的，离婚时该不动产由双方协议处理。

依前款规定不能达成协议的，人民法院可以判决该不动产归产权登记一方，尚未归还的贷款为产权登记一方的个人债务。双方婚后共同还贷支付的款项及其相对应财产增值部分，离婚时应根据婚姻法第三十九条第一款规定的原则，由产权登记一方对另一方进行补偿。

《最高人民法院关于适用〈中华人民共和国婚姻法〉若干问题的解释（二）》第二十条对房屋所有权作出了相关规定。

第二十条　双方对夫妻共同财产中的房屋价值及归属无法达成协议时，人民法院按以下情形分别处理：

(1) 双方均主张房屋所有权并且同意竞价取得的，应当准许；

(2) 一方主张房屋所有权的，由评估机构按市场价格对房屋作出评估，取得房屋所有权的一方应当给予另一方相应的补偿；

(3) 双方均不主张房屋所有权的，根据当事人的申请拍卖房屋，就所得价款进行分割。

九、婚姻存续期间一方未经另一方同意处置重大共同财产的有效性

（一）案例及分析

基本案情：林某（女）与姚某（男）婚后不久，姚某好酗酒和打麻将的毛病逐渐显露，林某多次劝解无效。双方不但经常争吵，而且在没有征求林某同意的情况下，姚某将二人婚后购买的房屋出卖给了余某。当林某知晓此事时，房产已经过户到余某的名下。林某以自己不知情为由试图取回房产所有权，余某当然不同意。林某是否可以姚某擅自处置重大财产为由取回房屋

所有权？

分析：《婚姻法》规定："夫妻对共同所有的财产，有平等的处理权。"日常生活中夫妻一方有单独处置共同财产的权利，如日用品、食物等。除此之外，夫妻任何一方不得擅自处置夫妻共同财产，只有经过双方平等协商，达成一致意见以后才可以进行处置。其中任何一方擅自处置夫妻共同财产，不知情的善意第三人取得该财产的，应保护第三人的合法权益，该处置行为有效。而由于一方擅自处置夫妻共同财产给另一方造成损失的，应由擅自处分夫妻共同财产的一方给予赔偿。

本案中，余某为善意第三人，对姚某擅自出卖房屋的事实不知情，因此在房屋完成过户手续后即取得该房屋的所有权，林某不可能再取回房屋的所有权，而林某的损失由姚某承担，林某可以要求姚某赔偿损失。

（二）理论介绍

《最高人民法院关于适用〈中华人民共和国婚姻法〉若干问题的解释（一）》第十七条对处置重大财产的问题作出了明确规定。

第十七条 婚姻法第十七条关于"夫或妻对夫妻共同所有的财产，有平等的处理权"的规定，应当理解为：

(1) 夫或妻在处理夫妻共同财产上的权利是平等的。因日常生活需要而处理夫妻共同财产的，任何一方均有权决定。

(2) 夫或妻非因日常生活需要对夫妻共同财产做重要处理决定，夫妻双方应当平等协商，取得一致意见。他人有理由相信其为夫妻双方共同意思表示的，另一方不得以不同意或不知道为由对抗善意第三人。

十、涉及离婚的相关问题

(1) 夫妻婚前的个人财产婚后增值部分在离婚时将如何分割？

夫妻个人财产的孳息和自然增值仍然是个人财产。

《最高人民法院关于适用〈中华人民共和国婚姻法〉若干问题的解释（一）》第十九条规定："婚姻法第十八条规定为夫妻一方所有的财产，不因婚姻关系的延续而转化为夫妻共同财产。但当事人另有约定的除外。"

《最高人民法院关于适用〈中华人民共和国婚姻法〉若干问题的解释（三）》第五条规定："夫妻一方个人财产在婚后产生的收益，除孳息和自然增值外，应认定为夫妻共同财产。"只有夫妻个人财产的增值部分是将该财产用于生产经营所得的收益或者是知识产权获得的收益，才能对其进行分割，而该个人财产的孳息和自然增值部分属于夫妻一方的个人财产。

(2) 哪些是夫妻共有财产呢?

《婚姻法》第十七条对夫妻共有财产作出了明确的规定。

第十七条　夫妻在婚姻关系存续期间所得的下列财产,归夫妻共同所有:

① 工资、奖金;

② 生产、经营的收益;

③ 知识产权的收益;

④ 继承或赠与所得的财产,但本法第十八条第三项规定的除外;

⑤ 其他应当归共同所有的财产。

夫妻对共同所有的财产,有平等的处理权。

《最高人民法院关于适用〈中华人民共和国婚姻法〉若干问题的解释(二)》第十二条规定:"婚姻法第十七条第三项规定的'知识产权的收益',是指婚姻关系存续期间,实际取得或者已经明确可以取得的财产性收益。"

(3) 夫妻共同债务离婚后怎么处理,债权人利益如何保障?

根据我国婚姻法的规定,离婚时,原为夫妻共同生活所付的债务,应当共同偿还。共同财产不足以清偿的,或财产归各自所有的,由双方协议清偿;协议不成时,由人民法院判决。尽管夫妻双方可以协议清偿共同债务,但是该协议仅对夫妻双方有效,对于债权人来说,在夫妻双方离婚后仍有权向任何一方要求清偿全部债务,且夫妻双方不得以内部协议进行抗辩。

(4) 离婚后双方关于提高子女抚养费的要求如何处理?

《婚姻法》第三十七条规定:"离婚后,一方抚养的子女,另一方应负担必要的生活费和教育费的一部分或全部,负担费用的多少和期限的长短,由双方协议;协议不成时,由人民法院判决。关于子女生活费和教育费的协议或判决,不妨碍子女在必要时向父母任何一方提出超出协议或者判决原定数额的合理要求。"

《最高人民法院关于人民法院审理离婚案件处理子女抚养问题的若干具体意见》第十八条也对子女抚养费的支付作出了相关规定。

第十八条　子女要求增加抚育费有下列情形之一,父或母有给付能力的,应予支持。

(1) 原定抚养费数额不足以维持当地实际生活水平的;

(2) 因子女患病、上学,实际需要已超过原定数额的;

(3) 有其他正当理由应当增加的。

第六节　消费者权益保护

一、产品缺陷造成他人损害的责任承担者

（一）案例及分析

基本案情：赵某在家中吃饭，不慎将桌上啤酒碰倒，引起爆炸，玻璃碎片将赵某的面部及眉部划伤，后送医院治疗，花费 7000 元。

分析：啤酒瓶存在缺陷，给赵某造成损害，赵某既有权向该啤酒生产商主张损害赔偿，也有权向购买啤酒时的销售商主张损害赔偿。

（二）理论介绍

《侵权责任法》第四十一条、第四十三条、第四十四条规定如下：

第四十一条　因产品存在缺陷造成他人损害的，生产者应当承担侵权责任。

第四十三条　因产品存在缺陷造成损害的，被侵权人可以向产品的生产者请求赔偿，也可以向产品的销售者请求赔偿。

产品缺陷由生产者造成的，销售者赔偿后，有权向生产者追偿。

因销售者的过错使产品存在缺陷的，生产者赔偿后，有权向销售者追偿。

第四十四条　因运输者、仓储者等第三人的过错使产品存在缺陷，造成他人损害的，产品的生产者、销售者赔偿后，有权向第三人追偿。

二、"后果自负"的法律问题

（一）案例及分析

基本案情：某日，赵某去 A 超市购物，超市不让带较大的袋子进入，管理人员要求赵某将背包存放在入口处的自动储物箱内，赵某将纸质小票贴身携带进入超市，约 1 小时后赵某到储物箱取背包时，发现储物箱已被打开，里面已无任何物品。赵某遂找到超市服务台，要求其负责。但超市负责人称在自动储物柜旁边已贴了购物须知，上面明确说明该储物箱不得存放贵重物品，一旦物品丢失，超市概不负责。后赵某报警，公安机关查明，超市的储物柜自身存在问题，极易被撬开，不能很好地起到安全保管物品的作用。

分析：本案例有两个问题需要明确：① 超市贴出的购物须知与顾客之间的合同的关系问题；② 该购物须知内容是否有效。第一，顾客进入超市购物，超市有责任为顾客提供一个安全、有保障的购物环境。超市的储物箱是为了

避免顾客的外带物品与超市自营物品发生混淆而产生纠纷或顾客夹带物品而给超市造成损失，如此一来超市应为顾客存放在储物箱内的物品提供充分的安全保管。且超市将购物须知贴在超市入口处，就是为了告知顾客，进入超市购物必须遵守此条款，由此进一步说明购物须知是超市和顾客之间合同的组成部分；第二，超市贴出的购物须知内容具有免责条款的性质，而经公安机关调查，超市的储物箱自身具有缺陷，超市对此存在重大过失，根据《合同法》相关规定，该免责条款无效，超市应当负责赔偿顾客的损失。

（二）理论介绍

《合同法》第五十三条规定："合同中的下列免责条款无效：① 造成对方人身伤害的；② 因故意或者重大过失造成对方财产损失的。"

三、虚假标注产品质量等级的行为定性

（一）案例及分析

基本案情：查某于 2014 年 5 月在某商场购买了蜂蜜，该产品外包装标签注明质量等级为一级品，食品安全标准符合 GB 14963 要求，但卫生部发布的《食品安全国家标准蜂蜜》(GB 14963—2011) 中无一级品等级，该标准于 2011 年 10 月 20 日实施。查某认为商场存在欺诈行为，要求返还货款，但因协商不成，向当地消协投诉。

分析：《消费者权益保护法》规定："消费者享有知悉其购买、使用的商品或者接受的服务的真实情况的权利。"本案的蜂蜜实属标识不合格产品。商场作为销售者，有验明商品是否符合食品安全标准的义务。因其未尽审查义务，销售标注内容虚假的商品，误导消费者做出错误的意思表示的行为，其行为构成欺诈。根据有关法律，查某不仅可以要求商场返还货款，还可要求增加赔偿其购买商品价款的三倍赔偿。

（二）理论介绍

《中华人民共和国产品质量法》(以下简称《产品质量法》) 第三十三条规定："销售者应当建立并执行进货检查验收制度，验明产品合格证明和其他标识。"

《消费者权益保护法》第五十五条第一款规定："经营者提供商品或者服务有欺诈行为的，应当按照消费者的要求增加赔偿其受到的损失，增加赔偿的金额为消费者购买商品的价款或者接受服务的费用的三倍；增加赔偿的金

额不足五百元的，为五百元。法律另有规定的，依照其规定。"

四、过期产品购买后的求偿问题

（一）案例及分析

基本案情：谭某在超市购买了 5 包雪饼，其中有 2 包价值 44 元的雪饼已过保质期。谭某随后找到客服中心，要求依法赔款 440 元。

分析：超市作为食品销售者，应当按照保管食品安全的要求储存食品，及时检查待售食品，清理超过保质期的食品。本案中超市未履行法定义务，可认定为销售明知是不符合食品安全标准的食品。销售者明知是不符合食品安全标准的食品而进行销售，消费者可以同时主张赔偿损失和支付价款十倍的赔偿金，也可以只主张十倍的赔偿金。谭某要求赔偿 440 元并不过分，是在法律规定的罚则范围内的权利要求。

"十倍罚则"是考虑到食品与老百姓健康息息相关，相关部门加大惩罚赔偿力度的一种行为，提高了违法行为的成本，可以有效遏制问题食品的出现。而且，根据《最高人民法院关于审理食品药品纠纷案件适用法律若干问题的规定》，惩罚性赔偿不以消费者人身权益遭受损害为前提，只要有损失就可以提出赔偿要求。

（二）理论介绍

《中华人民共和国食品安全法》（以下简称《食品安全法》）第四条第二款规定："食品生产经营者应当依照法律、法规和食品安全标准从事生产经营活动，保证食品安全，诚信自律，对社会和公众负责，接受社会监督，承担社会责任。"

《食品安全法》第五十四条第一款规定："食品经营者应当按照保证食品安全的要求储存食品，定期检查库存食品，及时清理变质或超过保质期的食品。"

《食品安全法》第一百四十八条第二款规定："生产不符合食品安全标准的食品或者经营明知是不符合食品安全标准的食品，消费者除要求赔偿损失外，还可以向生产者或者经营者要求支付价款十倍或者损失三倍的赔偿金；增加赔偿的金额不足一千元的，为一千元。但是，食品的标签、说明书存在不影响食品安全且不会对消费者造成误导的瑕疵的除外。"

五、耐用商品问题的举证责任

在一般证据规则中，"谁主张谁举证"是举证责任分配的一般原则，而举证责任倒置是一个例外。举证责任倒置是指基于法律规定，将通常情形下本应该由提出主张的一方当事人（原告）就某种事由不负担举证责任，而由他方当事人（被告）就某种事实存在或不存在承担举证责任，如果该方当事人不能就此举证证明，则推定原告的事实主张成立的一种举证责任分配制度。

《消费者权益保护法》第二十三条第三款规定："经营者提供的机动车、计算机、电视机、电冰箱、空调器、洗衣机等耐用商品或者装饰装修等服务，消费者自接受商品或者服务之日起六个月内发现瑕疵，发生争议的，由经营者承担有关瑕疵的举证责任。"

《最高人民法院关于审理食品药品纠纷案件适用法律若干问题的规定》第六条规定："食品的生产者与销售者应当对于食品符合质量标准承担举证责任。"

六、消费者在经营场所因第三人受到损害时经营者所负的责任

（一）案例及分析

基本案情：小李和小钱相约到商场买衣服，走到一楼大厅时，小钱突然被三楼掉下的书砸到了额头。此书是三楼一个 10 岁的小女孩不小心掉下的，小钱当时觉得无大碍就没有追究。但是回家后小钱发现自己前额出现了淤青，小钱后悔当时没有追究责任，对此情况如果小钱追究有何解决办法，商场有没有责任呢？

分析：宾馆、商场、餐馆等经营场所的经营者在提供服务时应保障消费者人身、财产安全。安全保障义务不仅要求经营者提供的服务安全，而且要求其在消费者受到伤害时能够提供及时和必要的救助。《侵权责任法》进一步规定了第三人直接侵权责任和经营者补充责任的情形。因此，小钱有权要求小女孩的监护人承担主要的侵权责任；商场作为公共场所，因安全警示不到位、安全保障不力等情况，在直接责任人不能全部赔偿，或者不能赔偿的时候，应当承担补充责任。

（二）理论介绍

《消费者权益保护法》第七条规定："消费者在购买、使用商品和接受服务时享有人身、财产安全不受损害的权利。消费者有权要求经营者提供的商品和服务，符合保障人身、财产安全的要求。"

《侵权责任法》第三十七条规定："宾馆、商场、银行、车站、娱乐场所等公共场所的管理人或者群众性活动的组织者，未尽到安全保障义务，造成

他人损害的，应当承担侵权责任。因第三人的行为造成他人损害的，由第三人承担侵权责任；管理人或者组织者未尽到安全保障义务的，承担相应的补充责任。"

七、就餐被盗的维权问题

（一）案件及分析

基本案情：孙某和牛某到一饭店吃饭，将上衣和提包放在一旁的座位上。吃完饭结账时，孙某发现提包内的钱包找不到了，二人非常着急，在饭桌周围仔细查找均未果，确定应该是小偷偷走了。孙某非常生气便叫来服务员要求饭店赔偿，认为饭店有义务给顾客提供相对安全的就餐环境。但是餐厅经理则认为，餐厅已经在醒目位置张贴有"请妥善保管好自己的财物，谨防小偷！"的标语。孙某的财物丢失是自己保管不善造成的与饭店无关。对此情况饭店是否有责任呢？

分析：类似本案的情形，生活中经常出现，但往往顾客都是自己承受被偷的后果，也很少认为店家有责任。但是根据《消费者权益保护法》规定："消费者在购买、使用商品和接受服务时享有人身、财产安全不受损害的权利。"本案中，饭店虽然已张贴了警示标语，履行了部分义务但是未能提供存包服务或其他有效的保安服务，以防止顾客财物被盗。饭店在保障顾客财产安全方面存在服务瑕疵，未完全尽到经营者在合理限度范围的安全保障义务，致使孙某财产权受到侵害，应当承担相应的民事责任。

（二）理论介绍

《消费者权益保护法》第七条、第十八条规定如下：

第七条　消费者在购买、使用商品和接受服务时享有人身、财产安全不受损害的权利。

消费者有权要求经营者提供的商品和服务，符合保障人身、财产安全的要求。

第十八条　经营者应当保证其提供的商品或者服务符合保障人身、财产安全的要求。对可能危及人身、财产安全的商品和服务，应当向消费者作出真实的说明和明确的警示，并说明和标明正确使用商品或者接受服务的方法以及防止危害发生的方法。

宾馆、商场、餐馆、银行、机场、车站、港口、影剧院等经营场所的经营者，应当对消费者尽到安全保障义务。

八、不能挑选买到劣质商品的处理办法

（一）案例及分析

基本案情：李某在水果店购买橘子，店家告知不能挑选，每斤 2.5 元出售，看橘子的外观还不错，于是李某购买了 10 斤。回到家李某剥开橘子发现多数橘子已经坏掉，于是李某便将刚购买的橘子拎回水果店，要求店家退货，店家则声称当时已经告知不可挑选，正因为不可以挑选所以才卖这么便宜，不给李某退货。

分析：《消费者权益保护法》规定，消费者在购买商品时，不仅有权自主选择出售方，也有权自主选择商品品种，对商品进行比较、鉴别和挑选，更有自主决定购买或不购买任何一种商品的权利。出售者要充分保障消费者的自主选择权，消费者有证据证明出售者侵害该权利的，可要求返还商品并退还购货款。本案中，水果店没有尊重消费者的选择权，并且明知是变质的水果而进行销售，存在欺诈之嫌，李某仅仅要求退货是其正当的权利。实则依法律规定李某可以主张十倍赔偿。

（二）理论介绍

《消费者权益保护法》第九条规定："消费者享有自主选择商品或者服务的权利。消费者有权自主选择提供商品或者服务的经营者，自主选择商品品种或者服务方式，自主决定购买或者不购买任何一种商品、接受或者不接受任何一项服务。消费者在自主选择商品或者服务时，有权进行比较、鉴别和挑选。"

第五十五条第一款规定："经营者提供商品或者服务有欺诈行为的，应当按照消费者的要求增加赔偿其受到的损失，增加赔偿的金额为消费者购买商品的价款或者接受服务的费用的三倍；增加赔偿的金额不足五百元的，为五百元。法律另有规定的，依照其规定。"

《食品安全法》第一百四十八条第二款规定："生产不符合食品安全标准的食品或者经营明知是不符合食品安全标准的食品，消费者除要求赔偿损失外，还可以向生产者或者经营者要求支付价款十倍或者损失三倍的赔偿金；增加赔偿的金额不足一千元的，为一千元。但是，食品的标签、说明书存在不影响食品安全且不会对消费者造成误导的瑕疵的除外。"

九、拒绝赠送厂家附赠的赠品的行为的合理性

（一）案例及分析

基本案情：元旦期间各大电器品牌在商场搞活动，宫某看中了一款电冰箱，

此款电冰箱正在搞活动，买电冰箱送电热壶和电饭锅。宫某觉得很实惠，于是在活动期间购买了此款冰箱，将兑换赠品券带回了家。第三天他持发票到商场客服兑换赠品，服务台却告知此赠品并非冰箱的组成部分，可给可不给，当时没有兑换将不再兑换了（实则是服务员为了出售其他电器，将赠品送给了他人）。对此宫某非常气愤，认为既然承诺赠品就应该兑现。对此情况，宫某应该怎么办？

分析：首先，商场将 A 商品的赠品，附带到 B 商品上赠送给他人，对于生产厂家而言，是一种违约行为。生产厂家的赠品行为是为了促销，为了提升冰箱的销量，此赠品只能是送给购买冰箱的消费者，因此冰箱和赠品两种不同的标的物成为了一个不可分割的综合体。商场没有按照要求发放赠品，构成违约。其次，商场侵犯了宫某的知情权和处分权。商场在进行促销活动期间，应当告知宫某领取赠品的情况，当时未说明，可认定未尽到告知义务。宫某对客服人员表述的理由为并不知情，因此不能将这种情况视为宫某放弃赠品的处分行为。

（二）理论介绍

《消费者权益保护法》第八条对知情权有明确规定。

第八条　消费者享有知悉其购买、使用的商品或者接受的服务的真实情况的权利。

消费者有权根据商品或者服务的不同情况，要求经营者提供商品的价格、产地、生产者、用途、性能、规格、等级、主要成分、生产日期、有效期限、检验合格证明、使用方法说明书、售后服务，或者服务的内容、规格、费用等有关情况。

十、"满减/赠"行为的选择问题

（一）案例及分析

基本案情：任某在商场购物，看到某款化妆品打出"周年店庆，满减 / 赠 50"的宣传标语。于是，任某购买了该品牌的护肤水和护肤乳液，价格共计 500 元。结账时，任某表示不要赠品要减 50 元。然而，收银员解释说减 50 元是减免券下次才可使用，任某认为化妆品店利用模糊标语误导了消费者，涉嫌欺诈。而该店称"本次活动的解释权归本店所有"。

分析：本案涉及格式条款的解释问题。根据《合同法》规定，在双方对格式条款的理解发生争议时，首先，应当按照通常理解予以解释。其次，对格式条款按照常理解释后，仍有两种以上解释的，应当作出不利于提供格式条款一方的解释；最后，若格式条款和非格式条款不一致的，应当采用非格式条款。非格式条款，是消费者与经营者协商一致达成的协议，体现了双方真实的意思表示。针对该店面的销售活动，按照字面一般理解，应该是直接在结账时优惠，并且应该是本次活动直接适用。因此，该化妆品店应该收取任某 450 元。

（二）理论介绍

《合同法》第四十一条规定："对格式条款的理解发生争议的，应当按照通常理解予以解释。对格式条款有两种以上解释的，应当作出不利于提供格式条款一方的解释。格式条款和非格式条款不一致的，应当采用非格式条款。"

《合同法》第一百二十五条第一款规定："当事人对合同条款的理解有争议的，应当按照合同所使用的词句、合同的有关条款、合同的目的、交易习惯以及诚实信用原则，确定该条款的真实意思。"

第七节　道路交通

一、违章占道造成他人损失的责任承担者

（一）案例及分析

基本案情：闫某的店面位于校内临街一侧，在新生入校期间，闫某为了多销便把自己的货物摆放在门口，占用街道空间，高某骑自行车从此路过，周某正在货物前挑选物品，高某提前刹车减速，但是由于人多车子不小心撞到了周某，使其小腿擦伤。此责任完全应由高某承担吗？

分析：首先，高某是直接的侵权人。高某虽无过错但是存在一定的过失，尽管他已经减慢行驶速度，但是仍没有做到避免他人不必要的损伤出现的行为。其次，闫某也应当承担一定的赔偿责任。闫某将店内货物未经允许摆放在街道，是违法行为，且因闫某的占道经营行为使得通行人员遭受损害。最后，对于闫某的行为，校内道路主管部门应当责令其停止占道行为。不仅是校内，校外如遇此情形亦是如此。

（二）理论介绍

《道路交通安全法》第三十一条、第一百零四条规定如下：

第三十一条　未经许可，任何单位和个人不得占用道路从事非交通活动。

第一百零四条　未经批准，擅自挖掘道路、占用道路施工或者从事其他影响道路交通安全活动的，由道路主观部门责令停止违法行为，并恢复原状，可以依法给予罚款；致使通行人员、车辆及其他财产遭受损失的，依法承担赔偿责任。

由前款行为，影响道路交通安全活动的，公安机关交通管理部门可以责令停止违法行为，迅速恢复交通。

二、借车发生交通事故的责任承担者

（一）案例及分析

基本案情：吴某周末计划与女朋友出去游玩，提前几天便联系同学康某，欲借用其越野车，康某爽快答应。后吴某因违规变道，与另一车辆发生碰撞，对方驾驶员郑某受伤。郑某在医院治疗期间对吴某和康某提起共同诉讼，要求赔偿医药费、误工费等损失。康某认为自己并无任何过错，与自己无关，不愿承担赔偿责任。

分析：首先，吴某是直接责任人，需赔偿郑某的损失。其次，对于康某是否承担责任，《道路交通安全法》并没有规定，从目前法律处理来看，车辆所有人是否有责任，主要看其在借出机动车时是否存在过错或过失。如知道或应知道借用人无证或酒后驾驶，知道借用人驾车技术不成熟，或者知道自己车辆存在安全隐患而借给他人造成交通事故的，车辆所有人需要承担连带责任。因此，康某是否有责任要依据其在将车借给吴某时有无过错与过失。

（二）理论介绍

《侵权责任法》第四十九条规定："因租赁、借用等情形机动车所有人与使用人不是同一人时，发生交通事故后属于该机动车一方责任的，由保险公司在机动车强制保险责任限额范围内予以赔偿。不足部分，由机动车使用人承担赔偿责任；机动车所有人对损害的发生有过错的，承担相应的赔偿责任。"

三、无过错承担责任的问题

（一）案例及分析

基本案情：一男子横穿高速公路，金某驾驶车辆刚好经过，因躲闪不及，将此男子撞死，后该男子家属找到金某要求其赔偿医疗费、丧葬费、死亡赔偿金、精神抚慰金。金某无过错要担责吗？

分析：首先，该男子对此次交通事故承担主要责任，金某无任何违法违规的行为。其次，在道路上行人一般处在弱势地位，机动车驾驶人应持更加谨慎的态度。在《道路交通安全法》中，法律对机动车驾驶人施加了严格责任。因此，即使金某没有违反法律法规，也需要承担不超过百分之十的责任。但是该男子作为成年人具有完全行为能力，应该对自己的行为负责，可以适当减轻金某的赔偿责任。

（二）理论介绍

《道路交通安全法》第六十七条、第七十六条规定如下：

第六十七条　行人、非机动车、拖拉机、轮式专用机械车、铰接式客车、全挂拖斗以及其他设计最高时速低于七十公里的机动车，不得进入高速公路。高速公路限速标志标明的时速不得超过一百二十公里。

第七十六条　机动车发生交通事故造成人身伤亡、财产损失的，由保险公司在机动车第三者责任强制保险责任限额范围内予以赔偿；不足的部分，按照下列规定承担赔偿责任：

（1）机动车之间发生交通事故的，由有过错的一方承担赔偿责任；双方都有过错的，按照各自过错的比例分担责任。

（2）机动车与非机动车驾驶人、行人之间发生交通事故，非机动车驾驶人、行人没有过错的，由机动车一方承担赔偿责任；有证据证明非机动车驾驶人、行人有过错的，根据过错程度适当减轻机动车一方的赔偿责任；机动车一方没有过错的，承担不超过百分之十的赔偿责任。

交通事故的损失是由非机动车驾驶人、行人故意碰撞机动车造成的，机动车一方不承担赔偿责任。

四、搭便车发生事故的责任承担者

（一）案例及分析

基本案例：盖某早晨晚起，为赶时间便乘坐邻居甄某的车，请甄某将自己送到公司路口处，甄某欣然同意。但是，由于早高峰车辆较多，甄某在一路口与另一辆车相撞，盖某头部撞在了车前的装饰品上，出现两处挫伤。盖某的损失应当由谁负担？

分析：搭便车在日常生活中是非常正常的一种行为，但是往往因此发生许多问题。首先，邻居甄某与盖某的好意同乘行为，无法律规定进行判断。类似此案件发生后，均基于《侵权责任法》进行判断。其次，机动车驾驶人是否承担责任需根据不同情形判断：交通事故完全由对方车辆造成的，则由对方承担赔偿责任；交通事故双方都有责任的，则己方驾驶人也需要承担责任；而如果同乘人对于事故发生有过错或过失的，比如明知对方醉酒驾车仍搭乘的，可以减轻己方驾驶人的责任。

（二）理论介绍

《侵权责任法》第六条规定："行为人因过错侵害他人民事权益，应当承担侵权责任。根据法律规定推定行为人有过错，行为人不能证明自己没有过错的，应当承担侵权责任。"

《最高人民法院关于审理人身损害赔偿案件适用法律若干问题的解释》第二条规定："受害人对同一损害的发生或者扩大有故意、过失的，依照民法通则第一百三十一条的规定，可以减轻或者免除赔偿义务人的赔偿责任。但侵权人因故意或者重大过失致人损害，受害人只有一般过失的，不减轻赔偿义务人的赔偿责任。适用民法通则第一百零六条第三款规定确定赔偿义务人的赔偿责任时，受害人有重大过失的，可以减轻赔偿义务人的赔偿责任。"

五、交通事故损害的赔偿事项

(1)《最高人民法院关于审理人身损害赔偿案件适用法律若干问题的解释》第十七条规定："受害人遭受人身损害，因就医治疗支出的各项费用以及因误工减少的收入，包括医疗费、误工费、护理费、交通费、住宿费、住院伙食补助费、必要的营养费，赔偿义务人应当予以赔偿。受害人因伤致残的，其因增加生活上需要所支出的必要费用以及因丧失劳动能力导致的收入损失，包括残疾赔偿金、残疾辅助器具费、被扶养人生活费，以及因康复护理、继续治疗实际发生的必要的康复费、护理费、后续治疗费，赔偿义务人也应当予以赔偿。受害人死亡的，赔偿义务人除应当根据抢救治疗情况赔偿本条第一款规定的相关费用外，还应当赔偿丧葬费、被扶养人生活费、死亡补偿费以及受害人亲属办理丧葬事宜支出的交通费、住宿费和误工损失等其他合理费用。"

(2)《最高人民法院关于审理道路交通事故损害赔偿案件适用法律若干问题的解释》第十五条规定："因道路交通事故造成下列财产损失，当事人请求侵权人赔偿的，人民法院应予支持：① 维修被损坏车辆所支出的费用、车辆所载物品的损失、车辆施救费用；② 因车辆灭失或者无法修复，为购买交通事故发生时与被损坏车辆价值相当的车辆重置费用；③ 依法从事货物运输、旅客运输等经营性活动的车辆，因无法从事相应经营活动所产生的合理停运损失；④ 非经营性车辆因无法继续使用，所产生的通常替代性交通工具的合理费用。"

(3) 保险公司的交强险承担的赔偿。

《中国保监会关于调整交强险责任限额的公告》(2008) 规定如下：

被保险机动车在道路交通事故中有责任的赔偿限额为：死亡伤残赔偿限额 110 000 元人民币；医疗费用赔偿限额 10000 元人民币；财产损失赔偿限额 2000 元人民币。

被保险机动车在道路交通事故中无责任的赔偿限额为：死亡伤残赔偿限额 110 000 元人民币；医疗费用赔偿限额 1000 元人民币；财产损失赔偿限额 100 元人民币。

(4)《机动车交通事故责任强制保险条例》第二十三条规定："机动车交通事故责任强制保险在全国范围内实行统一的责任限额。责任限额分为死亡伤残赔偿限额、医疗费用赔偿限额、财产损失赔偿限额以及被保险人在道路交通事故中无责任的赔偿限额。机动车交通事故责任强制保险责任限额由保监会会同国务院公安部门、国务院卫生主管部门、国务院农业主管部门规定。"

第六章　大学生在商法、经济法方面的常见问题与解决对策

第一节　大学生在商法方面的常见问题与解决对策

商法是调整商事关系的法律规范的总称，社会中的商事活动与商法的相关知识密不可分。大学生群体也不例外，在国家鼓励大学生创业的今天，大学生必须对商法的基本概念和常见问题有所了解，才能更好地保护自己的合法权益，更加有效地开展商事活动。同时，大学生群体和其他群体一样，全面参与了商事活动的方方面面，并无很强的特殊性可言，所以，对于商法与经济法的系统学习是非常必要的。

一、商法概论

（一）商法的基本理论

1. 商法的概念

要了解商法的概念，首先要了解商的含义。大学生在了解到商的含义后，才能对商法调整的范围有更确切的了解。

一般人理解的"商"是指商人为营利进行买卖交易行为，而使商品由生产者、经营者流转到消费者的经营活动。但法学上的"商"，范围更广，涵义更深，还包含"辅助商"，也称"第二种商"、"第三种商"、"第四种商"。"第二种商"是指商品交易间接性的营业，是"固定商"的"辅助商"，比如，货物运输、仓储保管等；"第三种商"是指虽不属于商品交易的媒介活动，但从事与商品交易有关的资金融通活动，如银行业务、信托等；"第四种商"是指与商品交易媒介有连带关系的营业，如旅馆业、娱乐业等。

可见，法学上的"商"范围很广，一些国家或地区正是根据该理念而确定商法的范围。

那么，什么是商法？商法，即商事法，是调整商事关系的法律规范的总称。商法的内容极为复杂，但一般来说商法是由商事组织法和商事行为法两大部分组成的。因此，商法有如下定义：商法是规范商人和商行为的法律制度。这里"商人"绝不仅指经商的个人而是指一切实施营利行为的个人和组织。商事组织法一般是关于商业交易基础条件和手段的规定，包括对公司制度、合伙制度、票据制度、保险制度、破产制度、海商制度以及有价证券制度等的规定。商事行为法是规定商业交易本身的法律，各国除在其商法典或民法典中对商行为做出基本规定外，一般都颁布了单行的商事法规。

2. 商事法律关系

对商事法律关系的了解有助于大学生在分析自身商法问题时，进行更加准确的定位。商事法律关系，是指商事法为调整商事关系而设置在商主体之间的、用以规范商事关系的商事权利义务关系。商事法律关系包括商事财产法律关系和商事人身法律关系两大类。商事财产法律关系包括内部商事财产经营法律关系（如合伙经营法律关系、投资股份法律关系）和外部财产交易法律关系（如商事买卖合同法律关系、股票交易关系）。商事人身法律关系包括商事营业主体内部组织管理法律关系（如公司内部的组织管理法律关系、分支公司与公司的从属法律关系）和商事营业主体之间的人身权法律关系（如商业名称权法律关系、商誉权法律关系）。

（二）中国的商事法律制度

我国采用"民商合一"的编纂体制。就世界范围而言，商法的编纂体制有两种：一种是采用"民商分立"的体制，即民事、商事分别立法，于民法典之外另立商法典，使民法典与商法典各自独立存在；另一种是采用"民商合一"的体制，即民事、商事统一立法，有关商事的规定，或编入民法典，或以单行法颁行之。立法的实践已表明，我国在商法编纂方面，也采用"民商合一"的体制。我国已有民法通则（应被视为现行的民事基本法），并已制定了合同法，今后将制定具有中国特色的民法典。商法的编纂则不采取制定商法典的做法，而是采用以公司法、证券法、票据法、保险法、商业银行法、海商法等分别颁布的做法。国内外的经验表明，商事法技术性强，适应市场经济瞬息万变的需要，适时修改将是十分必要的，相对其他法律部门，其修改是较频繁的。因此，商事法以单行法颁行比以法典颁行适应性强。换言之，采用"民商合一"的编纂体制较采用"民商分立"的编纂体制更能适应市场经济的发展。

我国现行的商事法律制度包括两个方面，即规范商事主体的商事组织法律制度和规范商事行为的商事行为法律制度。商事组织法律制度主要包括公司法、合伙企业法、个人独资企业法以及其他企业法律制度。而主要的商事行为法律制度有证券法、票据法、保险法、海商法等。

二、商事主体法律制度

很多大学生在毕业后创业或者投资的过程中，不能准确定位自己所选择的方式，不能区分个体、合伙、有限责任公司、股份责任公司等主体的差别，使得自己在创业中处于被动的地位，所以对商事主体的系统学习是非常必要的。

（一）商事主体概述

1. 商事主体的概念和特征

商事主体又称商事法律关系的主体，是指依照法律的规定，以自己的名义参加商事法律关系，在商事活动中享有权利和承担义务的当事人，包括个人和组织。

商事主体一般具有法定性、营利性以及能够以自己的名义独立享有权利和承担责任等三个法律特征。

2. 商事主体的种类

根据当代商事法律的理论和实践，商事主体依照其由低级向高级发展的历程，法律形态依次分别为个人、合伙和法人。各类商事主体的设立条件、活动范围、权利义务以及适用的法律规范都不尽相同。

个人直接参与商业活动的情况包括作为消费者进行商品交易和作为经营者进行商品经营两种，只有当个人作为经营者从事商业活动时，才被称做商事主体。个体作为商事主体形式在我国目前主要有个体工商户、农村承包经营户以及单个自然人投资设立的独资企业。

合伙指两个或两个以上的合伙人为共同目的，按照法律和合伙协议的规定组成的共同出资、共同经营、共享收益、共担风险的一种资源联合。在我国，合伙的法律渊源主要有《民法通则》、《合伙企业法》、《中外合作经营企业法》等。根据这些法律的规定，目前在我国的合伙形式只表现为普通合伙，具体分为：个人合伙、合伙型联营和合伙企业。

法人，是具有民事权利能力和民事行为能力，依法独立享有民事权利能力和民事行为能力，依法独立享有民事权利和承担民事义务的组织。法人包括企业法人和非企业法人，公司是一种典型的企业法人，而国家机关、公益事业单位和非营利性社会团体则属于非企业法人。本书中所研究的商事主体法人指企业法人。

以下将以《中华人民共和国个人独资企业法》、《中华人民共和国合伙企业法》、《中华人民共和国公司法》、《中华人民共和国中外合资经营企业法》、《中华人民共和国中外合作经营企业法》、《中华人民共和国外资企业法》和《中华人民共和国企业破产法》为基础，介绍各类商事主体法。

（二）个人独资企业法律制度

1. 个人独资企业的概念和设立

个人独资企业是指由一个自然人投资，财产为投资人个人所有，投资人以其个人财产对企业债务承担无限责任的经营实体。投资人对企业的债务承担无限责任，即当企业的资产不足以清偿到期债务时，投资人应以自己个人的全部财产用于清偿，这实际上是将企业的责任和投资人的责任连为一体。在我国，独资企业在所有制关系上属于私营企业的一种，私营企业有独资企业、合伙企业和公司三种。

设立个人独资企业应当具备下列条件：投资人为一个自然人，且只能是中国公民；有合法的企业名称，应与其责任形式及从事的营业相符合，不得使用"有限"、"有限责任"或者"公司"字样；有投资人申报的出资，《中华人民共和国个人独资企业法》只规定要有出资，对出资数额未作限制，而且出资方式可以是货币，也可以是实物、土地使用权、知识产权或者其他财产权利；有固定的生产经营场所和必要的生产经营条件；有必要的从业人员。

2. 个人独资企业的事务管理和权利、义务

个人独资企业投资人可以自行管理企业事务，也可以委托或者聘用其他人负责企业事务管理。

个人独资企业享有依法申请贷款、依法取得土地使用权等权利。同时，个人独资企业必须遵守依法纳税、不得从事禁止经营的业务等义务。

（三）合伙企业法律制度

1. 合伙企业的概念和设立

合伙企业，是指依照《中华人民共和国合伙企业法》(以下简称《合伙企业法》)在中国境内设立的，由各合伙人订立合伙协议，共同出资、合伙经营、共享收益、共担风险，并对合伙企业债务承担无限连带责任的营利性组织。合伙企业的利润和亏损，由合伙人依照合伙协议约定的比例分配和分担；合伙协议未约定利润分配和亏损分担比例的，由各合伙人平均分配和分担。

设立合伙企业应具备以下条件：有两个以上的合伙人，并且都是依法承担无限责任者；有书面的合伙协议；有各合伙人实际缴纳的出资；有合伙企业名称；有营业场所和从事合伙经营的必要条件。

2. 合伙企业的内部关系和外部关系

1) 合伙企业的内部关系

合伙企业的内部关系是指合伙企业与各合伙人之间及各合伙人之间的权利义务关系。主要包括：

(1) 合伙人对合伙企业有出资义务；

(2) 合伙人对合伙企业财产享有共同支配权，而不以出资额的比例为限，这一点不仅体现在对合伙的经营上，也延伸到对合伙财产的处分上；

(3) 合伙人对合伙企业的经营活动共担损益；

(4) 合伙人对合伙企业事务享有共同决策权；

(5) 合伙人对执行合伙企业事务享有同等的权利；

(6) 合伙人对合伙企业负有竞业禁止和交易限制义务，即为了保证合伙企业业务的正常开展，《合伙企业法》第三十二条第一款作出了相应的限制性规定："合伙人不得自营或同他人经营与本合伙企业相竞争的业务。"为了维护全体合伙人的共同利益，《合伙企业法》在第三十二条第二款又作出了如下的限制性规定："除合伙协议另有约定或者经全体合伙人一致同意外，合伙人不得同本合伙企业进行交易。"

2) 合伙企业的外部关系

合伙企业的外部联系主要体现在合伙企业与第三人的关系上，因合伙企业不具法人性质，其外部关系较公司企业的外部关系有很大的差异，这里侧重介绍合伙企业的债务清偿。

合伙企业对其债务，应先以其全部财产进行清偿。合伙企业财产不足清偿到期债务的，各合伙人应当承担无限连带清偿责任，由各合伙人按照合伙企业分担亏损的比例，用其在合伙企业出资以外的财产承担清偿责任。合伙人由于承担连带责任，所清偿数额超过其应当承担的数额时，有权向其他未支付或未足额支付应承担数额的合伙人追偿。

3. 合伙企业的变更

合伙企业的变更有三种情况：第一，新合伙人入伙；第二，合伙人退伙；

第三，合伙人出资份额转让。无论发生何种变更，都必须符合《合伙企业法》的规定，并依照《合伙企业法》第五十六条和《合伙企业登记管理办法》的规定，向登记机关办理变更登记手续。

4. 典型案例及解析

1) 基本案情

某市市民张某有私人住房两间。2000年8月，外地人李某来此地准备开餐厅，经人介绍，向张某以一万元的月租租用该房。张某表示，愿意出租房屋，但不收租金，而要从餐馆的利润中分一部分，李某同意。双方签订了书面合同，规定：张某提供房屋2间，并负责修缮、安装，适合开店之后交由李某使用3年，张某、李某按2：8的比例分配赢利，张某不干预李某的经营，也不参与经营管理。于是，李某到工商部门登记，将协议上交后，登记为合伙企业，领取了营业执照。从2000年10月到2001年2月，李某与张某每两个月都按照合同分配赢利，张某一共从中分得赢利3万元。2001年5月，李某不慎购进一批有质量问题的牛肉，两天内造成一百多人中毒，为此赔偿医疗费、损失和罚款等费用10万元。李某让张某承担一部分费用，张某不同意，称自己未经营饭店，只是房屋的出租人，李某将自己登记为合伙人未经其同意而无效，故中毒事故与己无关。双方发生争议，李某遂起诉到法院。

2) 解析

本案涉及合伙企业成立的条件，合伙人出资的方式，不参与经营管理的合伙人是否承担赔偿责任以及有过错的合伙人对合伙债务承担何种责任等问题。对此，我国《合伙企业法》第八条、第十一条、第二十五条、第二十七条、第三十二条作了规定。

设立合伙企业，按照《合伙企业法》的规定，必须同时具备五项条件，即：有两个以上的合伙人，并且都是依法承担无限责任者；有书面的合伙协议；有各合伙人实际缴纳的出资；有合伙企业名称；有营业场所和从事合伙经营的必要条件。

关于出资方式，合伙人可以用货币、实物、土地使用权、知识产权等出资。这里的实物是指可以利用的物质形态，包括厂房、其他建筑物等。在合伙企业中，合伙人可以用实物的所有权出资，形成合伙企业的财产；也可以用财产的使用权出资，形成合伙企业的财产。总之，合伙人出资形成的合伙财产由合伙人共同经营和使用。从本案的实际情况来看，张某将自己合法所有的房屋交由李某经营使用，并从中约定按比例分配利润，虽然未明确自己是合伙人，但张某的行为已经表明其为事实上的合伙人。张某和李某是餐馆的合伙人，餐馆是合法的合伙企业。

对于不参与经营管理的合伙人是否承担赔偿责任的问题，《合伙企业法》规定，各合伙人对执行合伙企业事务享有同等的权利，可以由全体合伙人共同执行合伙企业事务，也可以由合伙协议约定或者全体合伙人决定，委托一名或者数名合伙人执行合伙企业事务。这表明合伙企业的事务可以由一名或多名合伙人经营管理。本案中的张某明确表示不干预餐馆的经营，也不参加经营，属于不执行合伙事务的合伙人，但不参与经营管理并不等于不承担合伙债务。《合伙企业法》明确规定，由一名或数名合伙人执行合伙企业事务的，其执行合伙企业事务所产生的收益归全体合伙人，所产生的亏损或者民事责任，由全体合伙人承担。因此，张某不参与经营管理，同样对合伙企业的债务承担连带责任。

对于有过错的合伙人对合伙债务承担何种责任的问题，《合伙企业法》规定，合伙企业的利润和亏损由合伙人按照合伙协议约定的比例分配和分担；合伙协议未约定利润分配比例和亏损分担比例的，由各合伙人平均分配和分担。虽然本案中没有约定亏损分担比例，但可以依据赢利的分配比例确定亏损的分担比例。《最高人民法院关于贯彻执行〈中华人民共和国民法通则〉若干问题的意见》中进一步规定，对造成合伙经营亏损有过错的合伙人，应当根据其过错程度相应地多承担责任。根据过错责任原则，李某采购的牛肉有质量问题，是造成此次事故的主要原因，为此，李某应承担主要的责任。

（四）公司法律制度

1. 公司的概念和种类

公司是指依照公司法设立的以营利为目的的企业法人。根据定义，可以得出公司具有以下特征：公司必须依法成立，并有一定的组织机构；公司是营利性的经济组织；公司是企业法人。

按照不同的标准，可以将公司分为不同的种类。按照股东对公司承担责任的方式，可以将公司分为无限公司、有限责任公司、股份有限公司、两合公司、股份两合公司五种类型。但《中华人民共和国公司法》只规定了有限责任公司和股份有限公司。

2. 公司法的概念

公司法是指规定公司企业的设立、组织与活动的法律规范的总称。公司法既是组织法，也是行为法，但主要是组织法。作为组织法，公司法对公司的设立、变更、终止，公司内部机构的设置及其职权等作出了规定。作为行为法，公司法对公司的财务、会计管理，股票的发行、交易，公司债券的发行等作出了规定。

3. 有限责任公司

1) 有限责任公司的概念

有限责任公司是指由公司法规定的一定人数的股东所组成，股东以其认缴的出资额为限对公司负责，公司以其全部资产对公司债务承担责任的公司。一般来说，有限责任公司具有以下几个特征：

(1) 有限责任公司的股东对公司负有限责任。

(2) 有限责任公司的资本不分为等额股份，证明股东出资份额的证书，称为出资证明书，而不是股票。

(3) 有限责任公司的股东有最高人数的限制，最高为 50 人。

(4) 由于有限责任公司不向社会公开募集资本，所以其经营状况无需向社会公开。

2) 有限责任公司的设立和组织机构

根据公司法的规定，有限公司的设立需要具备以下几个条件：

(1) 股东符合法定人数，即由 2 人以上 50 人以下的股东共同出资设立。

(2) 股东共同制定公司章程。

(3) 有公司名称，有符合要求的组织机构，以及有固定的生产经营场所和必要的生产经营条件。

2014 年新颁布的《中华人民共和国公司法》(以下简称《公司法》) 取消了旧公司法的法定注册资本最低限额的限制，不再限制公司设立时股东的首次出资比例及货币出资比例，"一元钱开公司"得以实现。除此之外，有限责任公司股东认缴出资额、公司实收资本不再作为登记事项，设立公司在工商局登记时，也不再需要提交会计师的验资报告。

有限责任公司主要由股东会、董事会、监事会和监事等机构组成。

4. 股份有限公司

1) 股份有限公司的概念

股份有限公司是指将全部资本分为等额股份，股东以其所持股份为限对公司承担财产责任，公司以其全部资产对公司债务承担责任的公司。股份有限公司是公司类型中最重要的组织形式之一，其法律特征如下：

(1) 公司组织的资合性。即股份有限公司是典型的资合公司，资产是公司债权人的唯一担保，股东个人信用不起作用，资本是公司的信用基础，任何愿意出资的人都可以成为股东。

(2) 责任的有限性。股东以其认购的股份对公司债务承担有限责任，公司也仅以其全部资产对公司债务承担有限责任。

(3) 股份的等额性。股份有限公司的注册资本由等额的股份组成，同股同权，同股同利，利益共享，风险共担。

(4) 股份的广泛性以及股份的可转让性。股份表现为证券的形式就是股票。股东与股份有限公司之间的关系较为松散，股东转让股份一般不受限制。

2) 股份有限公司的设立和组织机构

设立股份有限公司，应当具备以下条件：

(1) 发起人符合法定人数。各国公司法都规定了设立股份有限公司发起人的最低人数，在中国设立股份有限公司，发起人应当为 5 人以上，其中必须有过半数的发起人在中国境内有住所。

(2) 股份发行、筹办事项符合法律规定。

(3) 发起人制定公司章程，并经创立大会通过。

(4) 有公司名称，建立符合要求的组织机构，并且有固定的生产经营场所和必要的生产经营条件。

2014 年新颁布的《公司法》取消了旧公司法的法定注册资本最低限额的限制，不再限制公司设立时股东的首次出资比例及货币出资比例，"一元钱开公司"得以实现。

股份有限公司由股东大会、董事会、经理、监事会等机构组成。

3) 股份的发行、转让

(1) 股份的发行。股份是构成公司全部资本的最基本的计量单位，是股东权利、义务产生的根据。股份表现为证券的形式就是股票，它是股份有限公司签发的证明股东所持股份的凭证。在股份的发行方面，需要重点了解以下几点：

① 股份发行的原则。股份的发行，实行公开、公平、公正的原则，必须同股同权、同股同利。同次发行的股票，每股的发行条件和价格应当相同。

② 股票发行价格。股票发行价格可以按票面金额，也可以超过票面金额，但不得低于票面金额。以超过票面金额为股票发行价格的，须经国务院证券管理部门批准，以超过票面金额发行股票所得溢价款列入公司资本公积金。

③ 新股的发行。公司发行新股，必须满足下列条件：第一，前一次发行的股份已募足，并间隔 1 年以上；第二，公司在最近 3 年内连续盈利，并可向股东支付股利（公司以当年利润分派新股除外）；第三，公司在最近几年内财务会计文件无虚假记载；第四，公司预期利润率可达到同期银行存款利率。

(2) 股份的转让。股份转让是指通过转移股票所有权而转移股东权利的法律行为。股份转让自由是股东权利的重要内容和股份有限公司的本质属性。

股份转让的方式：股东转让其股份，必须在依法设立的证券交易所进行。

股份转让的限制：发起人持有本公司股份，自公司成立之日起 3 年内不得转让；公司董事、经理、监事持有本公司股份，在任职内不得转让；公司不得收购本公司的股票，但为减少公司资本而注销股份或者与持有本公司股票的其他公司合并时除外。

（五）企业破产法律制度

1. 破产和破产法

破产既是一种事实状态，也是一种法律程序。前者是指债务人不能清偿到期债务的客观事实状态；后者则是指在债务人无力偿债的情况下公平清理债务的法律程序。

传统破产法中，债务人无力偿债必然导致倒闭清算的结局。因此，破产程序主要以破产清算为核心展开。清算的目的是强制将债务人的财产加以变卖并在债权人中间进行公平分配。

现代破产法中，债务人无力偿债并不必然导致破产清算程序的发生。因此，在法律程序的意义上，"破产"也不再与"破产清算"相等同。破产程序不仅包括以变价、分配为目标的清算制度，还包括以企业再建为目标的重整及和解制度。

2. 破产清算

破产清算是破产程序的重要组成部分，债务人一旦被宣告破产，破产程序便进入了破产清算阶段。在清算阶段，需确定破产债权的范围分配破产财产。在破产程序终结后，对没有清偿的债务，破产人将不再负清偿责任。

1) 破产宣告

破产宣告是指法院依据当事人的申请，对债务人具备破产原因的事实作出具有法律效力的认定。破产宣告是破产人进入破产清算的起点，在破产法中具有十分重要的地位。

对于法人或其他经济组织而言，一经被宣告破产，就丧失了对其全部财产的管理处分权，进入以全部财产清偿债务的清算阶段，其法律人格仅在清算的意义上存在。对于自然人而言，被宣告破产后，其主体资格依然存在，但是其民事行为能力会受到相应的法律限制。《中华人民共和国企业破产法》(以下简称《企业破产法》) 的规定仅涉及具备法人资格的企业。

2) 破产财产的变价和分配

(1) 破产财产的变价。破产财产的变价又称破产财产的变现,是指管理人将破产财产中的非金钱财产,以变卖或拍卖的方式,转变为金钱财产的行为或过程。

对破产财产进行变价,应建立在了解破产财产的价值情况的基础上,这就需要对破产财产依法进行评估。由于破产财产的评估涉及债权人的利益和对破产财产的保护,评估工作应坚持客观、公正、科学、合理的原则。评估工作应当由有相应评估资质的评估机构完成。债权人会议、管理人如对破产财产的评估结论、评估费用有异议,可要求评估机构重新评估。破产财产的评估,并非破产变价的必经程序。

(2) 破产财产的分配 。破产财产的分配是指管理人 (即破产清算工作的实施者) 依照法定的清偿顺序和程序,将变价后的破产财产分配给债权人的过程。破产财产的分配是破产清算的首要目标,也是破产清算的最后阶段,分配结束是破产程序终结的标志之一。

首先要制定破产财产分配方案,这是管理人进行破产分配的依据。

根据我国《企业破产法》的规定,破产财产在优先清偿破产费用和共益债务后,应按以下顺序清偿 :

第一顺序为劳动债权,包括破产人所欠职工的工资和医疗、伤残补助、抚恤费用,所欠的应当划入职工个人账户的基本养老保险、基本医疗保险费用,以及法律、行政法规规定应当支付给职工的补偿金。

第二顺序为破产人欠缴的除前项规定以外的社会保险费用和破产人所欠税款。可参与分配的破产企业所欠税款,以发生在破产申请受理前的税款为限。

第三顺序为普通破产债权。破产债权要从破产分配中受偿,必须首先经过法定程序的确认。

三、商事行为法律制度

大学生在日常生活中会选择证券、保险等行为进行理财,了解这些商事行为法律制度,有助于商事主体更加清楚自己和相关人的行为受哪些规范的约束。

(一) 证券法

1. 证券、证券市场与证券法

1) 证券

证券的概念有广义和狭义之分。广义的证券是指以证明或设定权利为目的而制定的凭证,即指各类记载并代表一定权利的法律凭证的统称。它表现为证券持有人或第三人有权取得该证券拥有的特定权益，或证明其曾经发生过的行为。狭义的证券是指以一定书面形式或其他形式记载并代表特定民事权利的凭证。

证券必须与某种特定的表现形式相联系，但证券的本质或核心是民事权利，因此，证券的形式可以是多种多样的，而不仅仅是传统证券的纸单形式。

证券法中的证券主要是指有价证券中的资本证券。

根据《中华人民共和国证券法》(以下简称《证券法》) 的规定，我国证券法中的证券主要是股票、公司债券以及国务院依法认定的其他证券。目前我国证券市场上发行和流通的证券，主要包括股票、债券、基金、权证以及其他证券衍生品种。

2) 证券市场

证券市场是证券发行与交易活动场所的总称。它由金融工具、交易场所以及市场参与主体等要素构成，是现代金融市场极其重要的组成部分。

按照不同的标准，可以对证券市场进行不同的分类：按照证券市场的功能，可分为证券发行市场和证券流通市场；按照证券市场的组织形式，可分为场内交易市场和场外交易市场；按照证券市场交易对象的种类，可分为股票市场(简称股市)、债券市场、基金市场和衍生证券市场。

证券市场的主体是指参与证券市场活动的各种法律主体，包括证券发行主体、证券投资主体、证券服务中介机构、证券业自律组织和证券监管机构。

3) 证券法概述

证券法是调整证券市场的参与者在证券的发行、交易、服务、监督管理过程中所发生的社会经济关系的法律规范的总称。

我国《证券法》第二条明确规定了我国证券法的调整对象和范围，它既调整证券交易关系，也调整证券发行关系。证券法调整的证券种类包括在中华人民共和国境内发行和交易的股票、公司债券、证券衍生品种、国务院依法认定的其他证券，上市交易的政府债券、证券投资基金。

2. 证券上市与交易

1) 证券上市

证券上市是指公开发行的有价证券，依据法定条件和程序，在证券交易所或其他依法设立的交易市场公开挂牌交易的行为。在证券交易所内买卖的有价证券称为上市证券，发行上市证券的公司称为上市公司。证券上市制度是指有关证券上市的标准和程序、上市证券的暂停与终止等一系列规则的总称。

证券上市条件也称证券上市标准，是指证券交易所制定的、证券发行人获得上市资格的基本条件和要求。为保证证券的流通性和交易的安全性，证券必须符合一定的条件方可挂牌上市。这里主要介绍我国股票和公司债券的上市条件。

(1) 股票上市条件。股票上市是指符合条件的上市公司股票，依据法定条件和程序，在证券交易所进行挂牌交易的行为。根据我国《证券法》的规定，股票上市必须具备以下条件：① 股票经过国务院证券管理部门批准已向社会公开发行；② 公司股本总额不少于人民币 3000 万元；③ 公开发行的股份达到公司股份总数的 25% 以上；④ 公司股本总额超过人民币 4 亿元的，公开发行股份的比例为 10% 以上；⑤ 公司最近 3 年无重大违法行为，财务会计报告无虚假记载。考虑到我国建立多层次证券市场的需要，《证券法》规定，经国务院证券监督管理机构批准，证券交易所可以规定高于证券法规定的上市条件。

(2) 公司债券上市的条件。根据我国《证券法》的规定，公司申请其公司债券上市交易，应当符合下列条件：① 公司债券的期限为 1 年以上；② 公司债券实际发行额不少于人民币 5000 万元；③ 公司申请其债券上市时仍符合法定的公司债券发行条件。上述规定既适用于普通公司债券，也适用于上市公司可转换公司债券。

2) 证券交易程序与种类

我国上市证券交易主要是通过证券交易所集中交易的方式进行的，其交易程序主要分为开户、委托、成交、清算与交割、过户等步骤。

按照不同的标准分类，证券交易方式可以分为三种类型：① 以时间为标准划分的现货交易与期货交易；② 以是否有选择权为标准划分的期权交易与非期权交易；③ 以有无保证金为标准划分的保证金交易与普通交易。上述三种主要分类与证券、股票指数和利率进行不同组合，便出现了多种证券交易种类，如现货证券交易、利率选择权交易、股票选择权交易、股票指数交易、利率期货交易、股票指数期货交易、利率期货选择权交易、股票指数期货选择权交易、保证金交易等。

3. 信息披露

1) 信息披露概述

信息披露又称信息公开，是指证券发行人或其他相关负有信息披露义务的人 (以下统称为"信息披露义务人") 在证券发行、上市、交易的过程中，按照法定或约定要求将应该向社会公开的财务、经营及其他影响证券投资者投资判断的信息向证券监督管理机构和证券交易所报告，并向社会公众公告的活动。根据我国《证券法》等法律法规的规定，依法披露的信息，必须真实、准确、完整，不得有虚假记载、误导性陈述或者重大遗漏。

按照披露的途径，信息披露的方式可分为公布或公开、备案、置备和章程约定的其他方式。

2) 初次信息披露

初次信息披露主要包括首次公开发行股票和公司债券的信息披露。发行的证券种类不同，所承担的信息披露义务也不同。

(1) 首次公开发行股票公司的信息披露。在首次公开发行股票并申请上市时，公司披露的文件主要包括招股说明书及其附录和备查文件、招股说明书摘要、发行公告以及上市公告书。

(2) 公司债券发行与上市的信息披露。目前，公司债券发行人等相关主体根据《公司法》、《证券法》等规定和中国证监会、国家发改委的基本要求，编制公开发行企业债券(或公司债券)的申报材料，主要包含公告公司债券募集办法和公告公司债券上市文件。

3) 持续信息披露

持续信息披露又称持续信息公开，是指发行人、上市公司、公司主要股东等信息披露义务人在证券上市交易后，依照《证券法》、《公司法》等法律、法规和证券监督管理机构的有关规定，向社会公众持续公开一切与证券交易和证券价格有关的重要信息的行为。

持续信息披露主要有定期报告和临时报告两种形式。定期报告是指信息披露义务人在法定期限内制作完毕并公告的信息披露文件，分为年度报告和中期报告。临时报告是指信息披露义务人就发生可能对证券交易价格产生较大影响，而投资者尚未得知的重大事件而发布的公告。

(二) 票据法

1. 票据法概述

1) 票据与票据法

票据是出票人签发的，约定由自己或者自己委托的人无条件支付确定的金额给持票人的有价证券。票据是商业活动中广泛使用的一种重要的支付工具，同时，它又具有信用的功能，是重要的信用工具。由于票据的广泛使用性，必然需要法律调整票据当事人之间的票据利益关系，这种调整票据关系的法律就是票据法。

2) 票据关系及其基础关系

票据关系是指票据当事人之间基于票据行为所发生的票据权利义务关系。

按照票据名称区分，有如下三种票据关系：

(1) 汇票关系。汇票关系是指因汇票的出票、背书转让、保证、承兑等票据行为发生的汇票权利义务关系。汇票关系最基本的当事人包括出票人、持票人、出票人委托的付款人三方。

(2) 本票关系。本票关系是指因为本票的出票、背书转让、保证等票据行为发生的本票权利义务关系。本票关系的基本当事人有两方，即出票人和持票人。出票人为票据债务人亦是付款人。本票的持票人在付款日到来时持票直接请求出票人无条件付款，出票人收回本票支付票面金额，本票关系消灭。

(3) 支票关系。支票关系是指因为支票的出票、背书转让等票据行为发生的票据关系。支票关系的基本当事人包括出票人、持票人、出票人委托的付款银行三方。支票属见票即付的票据，无须承兑，付款银行付款后，凭收回的支票与出票人清结债权债务。

以上是从票据关系基本当事人方面讲的，当存在背书、保证、参加承兑等票据行为时，当事人数量就相应增加，而且相互之间的权利义务也变得复杂。

按照发生票据关系的票据的不同行为，票据关系有：出票发生的"票据发行关系"，背书发生的"背书转让关系"、"背书设质关系"和"背书委托取款关系"，承兑发生的"承兑关系"，以及"保证关系"，"付款关系"等。

票据关系的基础关系是票据当事人借以实施票据行为、发生票据关系的民法上的债权关系。票据关系的基础关系包括票据授受当事人之间的原因关系、出票人与付款人之间的资金关系及票据预约关系。

3) 票据行为

票据行为是指以发生票据权利义务为目的而依照票据法所实施的法律行为。票据行为有广义和狭义之分。狭义的票据行为包含出票、背书、承兑、参加承兑、保证五种行为。广义的票据行为除上述五种行为外，尚有付款、(支票的)划线、参加付款、(本票的)见票、(支票的)保付等行为。票据法上通用狭义的票据行为，将其他行为称为"准票据行为"。

五种票据行为中，出票、背书为各种票据共有的行为，承兑、参加承兑是汇票特有的行为，保证是汇票、本票都有的行为。

4) 票据时效

票据时效是指票据权利人在法定期间内不行使其票据权利，该权利即行消灭的法律制度。

票据权利属于债权，因此，有适用时效的必要。又因票据贵在流通，其权利的行使和实现以迅速为宜，为督促权利人及时行使票据权利，票据法规定的时效期间短于民法上的一般时效。根据《票据法》的规定，我国票据时效的期间分为 2 年、6 个月和 3 个月三种。这三种期间，分别适用于不同的票据权利。

2. 汇票、本票、支票

1）汇票

汇票制度是票据制度的基本组成部分。汇票由出票行为产生，并由出票行为派生出保证、承兑、背书、付款和追索等行为，其内容几乎涉及全部票据制度。汇票的付款、流通、担保和融资功能齐全，是运用效益最好的票据。《中华人民共和国票据法》（以下简称《票据法》）第十九条第一款规定："汇票是出票人签发的，委托付款人在见票时或者在指定日期无条件支付确定的金额给收款人或者持票人的票据。"

汇票主要分为银行汇票和商业汇票。银行汇票 (bank draft) 是指汇款人将确定的款项交存所选定的银行，由银行签发给汇款人持往异地办理转账结算或提取现金的票据。商业汇票是由出票人签发的，委托付款人在指定日期无条件支付确定的金额给收款人或者持票人的票据。按承兑人的不同，分为商业承兑汇票和银行承兑汇票。

2）本票

本票是指出票人签发的，承诺自己在见票时无条件支付确定的金额给持票人的票据。我国《票据法》所称的本票，是指银行本票，从而排除了商业本票。而且《票据法》进一步规定，本票必须记载收款人名称，未记载的，本票无效，否定了无记名式本票。因此，我国票据制度中的本票，必须是"记名式银行本票"。

《票据法》没有对银行本票下定义，《支付结算办法》中，将银行本票定义为：银行本票是银行签发的，承诺自己在见票时无条件支付确定的金额给收款人或者持票人的票据。

银行本票和商业本票的区别之一，是前者以银行的信用，后者以银行之外的出票人的信用，作为票据的担保。

3）支票

支票是指出票人签发的，委托办理支票存款业务的银行或者其他金融机构在见票时无条件支付确定的金额给收款人或者持票人的票据。

支票依出票时是否记载收款人名称，分为记名式和无记名式两种。记载收款人名称的，是记名支票；不记载收款人名称的，是无记名支票。

按照支票支付方式上的不同可划分为现金支票、转账支票、普通支票。现金支票是只能用于支取现金的支票。转账支票是只能用于转账，不能支取现金的支票。既可支取现金，又可转账的，是普通支票。

（三）保险法

1. 保险制度及保险法

1) 保险制度

保险是一种经济工具，可以使被保险人在未来遭受风险时获得保障。保险的原理是集合大众，分摊损失。保险制度是依据大数法则，以公平合理的原则，集合众多的人，每个人缴纳少许的保险费，由保险公司汇集成为庞大的资金，对其中少数由于意外事故遭受财产损失或人身损害的人依据保险合同给予经济补偿或救助的办法。所以有人说保险是"我为人人，人人为我"的制度。

根据保险标的的不同，可以将保险分为人身保险和财产保险。保险标的是指作为保险对象的财产及其利益或者人的寿命和身体。根据保险的目的和功能的不同，可以将保险分为商业保险、社会保险和政策性保险。此外，根据保险保障的主体不同，保险可分为个人保险和团体保险；根据保险标的的价值确定方式不同，保险可分为定值保险和不定值保险；根据承保同一风险的保险人的人数不同，保险可分为单保险和复保险。

2) 保险法概述

保险法是调整保险关系的一切法律规范的总称，包括调整保险人与投保人、被保险人以及受益人之间因保险合同的订立、变更、转让、履行、解除及承担法律责任过程中产生的各种权利义务关系，规范保险业主体的设立、变更、消灭过程中产生的各种权利义务关系，以及规范保险业主体内外组织活动过程中产生的各种权利义务的法律规范。

保险法归属于商法，是民法的特别法，因此其概念、性质、内容及适用，均与民商法的一般规则和方法相统一。但另一方面，保险法又具有不同于其他商事法律部门的、独有的特征，而这些特征在推动保险法发展和完善的过程中，进一步演变出了几项独特的基本原则——最大诚信原则、保险利益原则、损失补偿原则和近因原则等。

针对社会保险和商业保险两种不同类型的保险，我国建立了社会保险法和商业保险法两种不同的、并存的规则体系。

2. 保险合同

1) 保险合同的含义

保险合同是指投保人支付规定的保险费，保险人对于承保标的因保险事

147

故所造成的损失，在保险金额范围内承担补偿责任，或者在合同约定期限届满时，承担给付保险金义务的协议。

保险合同属于债法中合同之债的一种，因此债法、合同法当中的一般规定也适用于保险合同，如行为能力、要约与承诺的约束力、格式合同等，但因保险合同所产生的债属于特种之债，所以学理上称之为"特种合同"，以示和一般合同的不同。

2) 保险合同的订立与形式

投保人提出投保要求，经保险人同意承保，并就合同的条款达成协议，保险合同成立。保险人应当及时向投保人签发保险单或其他保险凭证，并在保险单或其他保险凭证中载明当事人双方约定的合同内容。经投保人和保险人协商同意，也可以采取前款规定以外的其他书面形式订立保险合同。

我国保险合同的书面形式主要包括投保单、暂保单、保险单和保险凭证。投保单是投保人向保险人申请订立保险合同的书面要约。暂保单是保险人或其代理人在正式保险单签发之前出具给被保险人的临时保险凭证。保险单是保险人与投保人之间订立的保险合同的正式书面凭证，由保险人制作、签章并交付给投保人。保险凭证是保险人出具给被保险人以证明保险合同已有效成立的文件，是一种简化的保险单，与保险单具有相同的效力。

(四) 消费者法

1. 消费者问题及其产生原因

消费者问题是指消费者在交易消费中，其权益普遍容易遭受损害的问题。它是商品经济发展到一定程度，生产与消费高度分化，消费群体相对于生产经营者处于弱势的条件下产生的一种问题。

2. 消费者法概述

1) 消费者的概念

关于消费者的概念，依国际惯例是指个人生活消费者，不包括团体、法人和生产消费者。因为团体、法人不是弱者，在交易和消费中不必也不应当予以特殊保护，况且其不是最终消费者，处于消费关系终端的总是个人。

此外，随着消费品供应的市场化程度和消费者经济能力的不断提升，房屋和泊车位等不动产、影视和音像等文化产品、教育和医疗消费等，日益被纳入消费者权益的范畴。但是，消费者法调整这些消费关系，原则上只能调整其中的经济利益关系。如电视机和光盘质量、教育收费、演出和比赛收费等属于消费者法调整范围，而节目质量不高、比赛水平低、教材内容有问题等，则属于意识形态规制、教育和文体市场法制的范畴。一般而言，对有关精神消费内容的规制不是消费者法的任务，是消费者法所难以胜任的。

2) 消费者法的概念和体系

消费者法是现代市场经济条件下对作为弱者的消费者加以特殊保护的法律规范。它与竞争法共同维护市场经济的正常运转及秩序，缺一不可。

消费者法的统帅和核心部分是有关保护消费者的基本法律。消费者法是综合性、多方面的，除消费者保护基本法外，还涉及消费合同（如销售合同、消费信贷合同、旅游合同等）、产品责任等民事法，消费品安全和流通管理、食品卫生、计量和标准、药品管理、商标、广告等市场管理法，消费仲裁和小额诉讼等程序法，竞争法中与消费者权益直接相关的制度（如价格规制、禁止滥用优势地位等），以上所述则是与消费者法交叉重合的部分。

3. 消费者权利和生产经营者的义务

1) 我国消费者法规定的消费者权利

我国消费者法中规定消费者享有的九项权利包括：安全保障权、知悉真情权、自主选择权、公平交易权、依法求偿权、消费结社权、获得消费知识权、尊严和民族风俗习惯受尊重权、监督批评权。

我国《消费者权益保护法》中没有对消费者的义务作出规定。因为除了在具体交易关系中承担法律义务外，消费者相对于经营者而言并不承担义务。

2) 生产经营者的义务

《消费者权益保护法》中使用了"经营者"的概念，经营者泛指市场经济条件下有偿提供产品和服务的各种企业和其他主体，其他主体包括摊贩、不法经营者、收费但非营利性的医院和博物馆等。

消费者权益对应着相应的经营者义务，而针对保护消费者的需要和实践中较为常见的经营者损害消费者权益的情形，《消费者权益保护法》特别规定了经营者应当承担的十项义务，包括：守法和履约的义务、接受监督批评的义务，保证安全的义务、提供真实信息的义务、标明真实名称和标记的义务、出具购货凭证和服务单据的义务、保证商品或服务质量的义务、依法承担责任的义务、不得以格式条款减免自身责任的义务、尊重消费者人格的义务。

4. 违反《消费者权益保护法》的责任和救济

《消费者权益保护法》第七章对违法责任和救济作了规定，其中不乏民事责任、行政责任和刑事责任的一般性规定，本节主要介绍有关消费者保护的特殊规定。

1) 有关民事责任的特殊规定

(1) "三包"责任。对国家规定或者经营者与消费者约定包修、包换、包退的商品，经营者应当负责修理、更换或者退货。在保修期内两次修理仍不能正常使用的，经营者应当负责更换或者退货。对包修、包换、包退的大件商品，消费者要求经营者修理、更换、退货的，经营者应当承担运输等合理费用。

(2) 邮售违约责任。经营者以邮购方式提供商品的，应当按照约定提供。未按照约定提供的，应当按照消费者的要求履行约定或者退回货款，并应当承担消费者必须支付的合理费用。

(3) 预收款销售违约责任。经营者以预收款方式提供商品或者服务的，应当按照约定提供。未按照约定提供的，应当按照消费者的要求履行约定或者退回预付款，并应当承担预付款的利息、消费者必须支付的合理费用。

(4) 不合格商品退货责任。依法经有关行政部门认定为不合格的商品，消费者要求退货的，经营者应当负责退货。

(5) 惩罚性民事赔偿责任。《消费者权益保护法》第四十九条规定："经营者提供商品或者服务有欺诈行为的，应当按照消费者的要求增加赔偿其受到的损失，增加赔偿的金额为消费者购买商品的价款或者接受服务的费用的一倍。"这是我国在法律上首次认可惩罚性赔偿，旨在更充分地保护消费者的利益。

2) 有关行政责任的特殊规定

经营者有以下情形之一，《中华人民共和国产品质量法》和其他有关法律、法规对处罚机关和处罚方式有规定的，依照法律、法规的规定执行；法律、法规未作规定的，由工商行政管理部门责令改正，可以根据情节单处或者并处警告、没收违法所得、处以违法所得一倍以上五倍以下的罚款，没有违法所得的处以一万元以下的罚款；情节严重的，责令停业整顿、吊销营业执照：

(1) 生产、销售的商品不符合保障人身、财产安全要求的；

(2) 在商品中掺杂、掺假，以假充真，以次充好，或者以不合格商品冒充合格商品的；

(3) 生产国家明令淘汰的商品或者销售失效、变质的商品的；

(4) 伪造商品的产地，伪造或者冒用他人的厂名、厂址，伪造或者冒用认证标志、名优标志等质量标志的；

(5) 销售的商品应当检验、检疫而未检验、检疫或者伪造检验、检疫结果的；

(6) 对商品或者服务作引人误解的虚假宣传的；

(7) 对消费者提出的修理、重作、更换、退货、补足商品数量、退还货款和服务费用或者赔偿损失的要求，故意拖延或者无理拒绝的；

(8) 侵害消费者人格尊严或者侵犯消费者人身自由的；

(9) 法律、法规规定的对损害消费者权益应予处罚的其他情形。

3) 消费者权利救济方式

消费者权益受损后可以通过五种方式寻求救济：

(1) 与经营者协商和解；

(2) 请求消费者协会或消费者委员会调解；

(3) 向有关行政部门申诉；

(4) 根据与经营者达成的仲裁协议 (条款) 提请仲裁；

(5) 向人民法院提起诉讼。

在民事诉讼方面，《消费者权益保护法》第三十条明确要求人民法院应当采取措施，方便消费者提起诉讼，但仍需对现行体制作必要的改革，方可适应简易、迅速、经济地审理消费纠纷的要求，体现国家对处于弱势的消费者的特殊保护。如可以借鉴国外的做法，建立小额诉讼法庭，对标的很小的诉讼可以只收较低的诉讼费甚至免收诉讼费。

第二节 大学生在经济法方面的常见问题与解决对策

很多大学生认为经济法与商法的概念是同一的，或者是重合的，但实际上两者是完全不同的概念，调整对象和主体也有很大的区别。经济法大多处理的并非是平等主体之间的问题，而是对某些行为的规定约束和规范，如：反垄断、反不正当竞争、知识产权等。

一、经济法概论

（一）经济法概述

1. 经济法的概念

经济法虽然在客观上存在了几十年，但是至今仍无统一的概念。目前，从世界各国经济发展和法制建设的需要看，经济法无疑是一部不可替代的法律。因此，经济法是一个独立的法律部门，也是一个重要的法律部门。要弄清楚经济法的概念，关键在于明确经济法的调整对象，否则就无法把经济法同其他法律部门区别开来。

一般来说，经济法是调整一定范围内经济关系的法律规范的总称。社会主义市场经济体制的确立，为经济法的研究提供了客观依据。经济法的概念可以表述为：经济法是调整国家在管理与协调经济运行过程中发生的经济关系的法律规范的总称。简言之，经济法是调整特定经济关系的法律规范的总称。

2. 经济法的调整对象

经济法的调整对象是指经济法所调整的具体的社会关系。这里的社会关系有很多种，如同学关系、夫妻关系、经济关系等。经济法调整的是经济关系。但是不是所有的经济关系都由经济法来调整呢？经济法的调整对象是特定的经济关系，显然，它调整的是国家在管理和协调经济运行过程中所发生的经济关系，主要包括以下几个方面：

(1) 市场主体调控关系，是指国家在对市场主体的活动进行管理以及市场主体在自身运行中所发生的社会关系。如《公司法》、《合伙企业法》等体现了市场主体的调控关系。

(2) 市场运行调控关系，是指国家为了建立社会主义市场经济秩序，维护生产经营者和消费者的合法权益而干预市场所发生的经济关系。如《合同法》、《中华人民共和国反不正当竞争法》、《产品质量法》等体现了市场运行调控关系。

(3) 宏观经济调控关系，是指国家从长远和社会公共利益出发，在对关系国计民生的重大经济因素实行全局性的管理过程中，与其他社会组织所发生的具有隶属性或指导性的社会关系。如《金融法》、《税法》、《环境保护法》等体现了宏观经济调控关系。

(4) 社会保障调控关系，是指国家对社会成员在劳动、收入、福利等保障方面发生的社会关系。如《劳动法》体现了社会保障调控关系。

3. 经济法与相邻法律部门的关系

1) 经济法与民法的关系

(1) 经济法与民法的联系。

经济法与民法都是以经济关系作为自己的调整对象，并且从法律发展的历史出发，随着经济关系的发展，民法出现在前，经济法主要是从民法当中分离出来的。两个部门法的共同点和联系使其具有相同或相似的概念和理论。

(2) 经济法与民法的区别。

① 调整对象不同。经济法调整的对象是国家对经济活动的管理与协调关系；民法调整的是平等主体的公民之间、法人之间、公民和法人之间的财产关系与人身关系。

② 调整目的不同。经济法对其对象调整的主要目的是维护国家和国家经济的整体利益，提高宏观经济效益；民法调整的主要目的是保障公民、法人

的合法民事利益，即商品生产者、经营者和使用者的利益。

③ 主体不同。经济法的主体主要是国家机关和社会组织，主体地位可以具有不平等性；民法的主体是平等地位的公民、法人。

2) 经济法与行政法的关系

经济法与行政法的关系也是比较密切的。行政法是调整行政管理关系的，包括行政主体和行政行为等。经济管理关系与行政管理关系不同，尽管在行政法规中也包括经济行政行为，但经济法调整的国民经济管理关系要比行政关系广泛深入得多。行政法的主体与经济法的主体不同，它不包括经济组织内部的职能机构和生产经营单位。在调整方法上，行政法使用行政命令的方法，采取行政制裁的形式；而经济法采用的是追究经济责任、行政责任和刑事责任相结合的制裁形式。

(二) 经济法律关系

1. 经济法律关系的概念

经济法律关系是指经济法主体在进行经济管理和经济活动过程中所形成的，由经济法加以确认的经济权利和经济义务的关系。

2. 经济法律关系的构成要素

任何一种经济法律关系都是由主体、内容和客体三个要素构成的。这三个要素是互相联系、缺一不可的。缺少其中的一个要素就不能构成经济法律关系，变更其中的一个要素就不再是原来的经济法律关系。

1) 经济法律关系的主体

经济法律关系的主体也称经济法主体，是指享有经济权利，承担经济义务的当事人。在一个经济法律关系中存在着两个或两个以上的主体，其中权利的享有者称为权利主体，义务的承担者称为义务主体。参与经济法律关系的主体主要包括以下几个方面。

(1) 国家。国家是经济法律关系的特殊主体，是社会主义全民财产的所有人，必然具有主体资格。在国际经济关系中，由于我国和各国签订的经济条约，中华人民共和国是由此产生的国际经济关系的主体。在国内，国有财产一般是经国家授权，由国家机关、国有企业和事业单位负责经营管理的，国家的经济活动主要是通过代表国家的机关、单位以法人的资格进行的，只有在特定的情况下，国家才以主体的资格直接参与经济法律关系。例如国家发行的国库券，国家是债务主体，而国家机关、企业、社会团体和公民个人则是债权主体。

(2) 国家机关。国家机关是指行使国家职能的各种机关的通称，包括国家权力机关、国家行政机关和司法机关等。作为经济法主体的国家机关主要是指国家行政机关中的经济管理机关，如国家发展和改革委员会、商务部、财政部、中国人民银行、建设部、国家工商行政管理总局等。

(3) 企业和其他社会组织。企业是指依法设立的以营利为目的，从事生产经营活动的独立核算的经济组织，包括公司和其他类型的企业。其他社会组织主要是指事业单位和社会团体，如学校、医院、党团组织、工会等。

(4) 经济组织的内部机构。经济组织的内部机构是指经济组织内部的除具有独立法人地位的分支机构以外的职能机构、分支机构、基层单位 (如车间、班、组等)。它们都不能以自己的名义对外发生经济法律关系，而只能以其所属经济组织经营者的名义或只在相互之间发生经济法律关系，服从经济组织的统一指挥，在其内部各自分担一定的职责和生产任务，享有一定的经济权利，承担一定的经济义务，因而也是经济法律关系的特殊主体。

(5) 公民。公民是指依法从事经济活动的公民，主要包括城市个体经营户、从事农业商品生产的个体专业户、从事农业产品交换的个体农民。在特定情况下，一般的公民也可成为经济法律关系的主体，即：当公民同国家经济管理机关发生经济权利和经济义务关系时，如办理营业执照、依法纳税等；当公民同社会组织发生了经济关系，而这种经济关系必须直接或间接受国家计划制约的情况下，公民也是经济法律关系的主体，如公民转让专利权等。

2) 经济法律关系的内容

经济法律关系的内容是指参与经济法律关系的当事人依法享有的经济权利和承担的经济义务。它是经济法律关系的基础，是由法律规定并由国家强制力保护和监督的。

经济权利是指经济法主体依法具有自己作为或不作为一定行为和要求他人作为或不作为一定行为的资格。经济权利主要包括：

(1) 经济职权。经济职权是指国家机关及其工作人员在行使经济管理职能时依法享有的权利。在国家机关及其工作人员行使经济管理职权时，其他经济法主体均应服从。但经济职权对国家机关及其工作人员是权利也是义务，不得随意转让或者放弃。

(2) 所有权。所有权是指所有人依法对自己的财产享有的占有、使用、收益和处分的权利。

(3) 法人财产权。法人是与自然人相对应的另一个主体，是具有民事权利能力和民事行为能力，依法独立享有民事权力和承担民事义务的组织。

经济义务是指经济法主体依法必须作为一定行为或不作为一定行为的约束。

3) 经济法律关系的客体

经济法律关系的客体是指经济法律关系主体享有的经济权利与承担的经济义务所指向的事物。如果经济法律关系中没有客体，其经济权利和经济义务就会落空，经济法律关系就不能形成。在具体的经济法律关系中，客体表现为物、行为和非物质财富。

(1) 物。物在此也可称为财和物，是指可以为人们控制和支配，有一定经济价值并以物质形态表现出来的物体。物的表现形式包括生产资料、生活资料和一般等价物。

(2) 行为。行为主要是经济调控行为，是指经济主体在进行经济调控过程中，为达到一定的调控目的，而进行的有目的、有意识的活动，包括调控主体的调控行为和被调控主体的服从行为。

(3) 非物质财富。作为经济法律关系客体的非物质财富，有两种表现形式：一种是精神财富，即智力方面的创作，例如专利权、商标权等；另一种是科学技术成果、经济信息等。非物质财富一般不具备物质形态，具有使用价值和经济价值，因而可以称为无形资产。当今，随着经济关系的深入发展，以无形财产作为客体的情况越来越多。

3. 经济法律关系的保护

在整个国民经济生活中，经济法对经济法律关系的保护是极为重要的。国家对经济法律关系的保护主要是通过对每一个违法主体予以相应的法律制裁，要求其承担相应的经济法律责任来实现的。所谓经济法律责任，即违反经济法的责任，是指由经济法规定的，在经济法主体违反法定经济义务时，必须承担的法律后果。承担经济法律责任的形式主要有经济责任、行政责任、刑事责任。经济责任是指对违反经济法的单位和个人依法采取的一种财产性的强制措施，主要是指民事责任和行政责任中涉及的经济利益部分。经济责任包括：

(1) 赔偿损失：是指经济法主体实施了侵权行为给受害人造成损失而应给付的补偿费。

(2) 罚款：是对违反经济法的单位或个人依法强制其支付一定金额费用的制裁。

(3) 强制收购：是指对违反国家物价政策、统购统销政策以及其他经济法规的经济法主体的产品，由国家按照该产品的国家牌价予以收购的强制措施。

(4) 没收财产：是对违反经济法规的行为人非法所得的财产，依法收归国有的一种经济制裁。

二、市场规制法

（一）产品质量法律制度

1. 产品质量法的概念

1）产品与产品质量法的概念

《中华人民共和国产品质量法》（以下简称《产品质量法》）于 1993 年 2 月 22 日通过，1993 年 9 月 1 日实施，2000 年 7 月 8 日通过修正，自 2000 年 9 月 1 日起实施。该法所称产品是指经过加工、制作，用于销售的产品。产品质量法是调整因产品质量所发生的经济关系的法律规范的总称。

2）产品质量法的立法宗旨和适用范围

产品质量法的立法宗旨是加强对产品质量的监督管理，明确产品质量责任，保护用户和消费者的合法权益，维护社会经济秩序。

凡在中华人民共和国境内从事产品生产、销售活动，必须遵守产品质量法。建筑工程不适用该法规定，但是建设工程使用的建筑材料、建筑构配件和设备，属于该法规定的产品范围的，适用该法规定。

2. 产品质量的监督

1）产品质量监督体制

我国的产品质量监督体制，按照《产品质量法》的规定，包括下列机构：

(1) 国务院产品质量监督部门负责全国产品质量的监督工作；

(2) 国务院有关部门在各自的职责范围内负责产品质量的监督工作；

(3) 县级以上地方产品质量监督部门负责本行政区域产品质量的监督工作；

(4) 县级以上人民政府有关部门在各自的职责范围内负责产品质量的监督工作。

法律对产品质量的监督部门另有规定的，依照有关法律的规定执行。

2）产品质量监督的措施

(1) 产品计量与标准化制度。我国实行产品生产必须符合国家的法定计量单位和有关产品标准的规定。产品质量必须达到下列基本标准：产品质量应符合一定的标准；产品质量应检验合格，不得以不合格的产品冒充合格产品；可能危及人体健康和人身、财产安全的工业产品，必须符合保障人体健康和人身、财产安全的国家标准、行业标准；未制定国家标准、行业标准的，必须符合保障人体健康和人身、财产安全的要求。禁止生产、销售不符合保障人体健康和人身、财产安全的标准和要求的工业产品。

(2) 企业质量体系认证制度。企业质量体系认证主要是对企业的质量体系和质量保证能力进行认证，具体包括企业的资信程度、产品质量、市场信誉、管理水平等方面，是企业内部质量管理的一系列制度。国家根据国际通用的质量管理标准，推行企业质量体系认证制度，目的在于促使企业加强内部质量管理，提高产品质量。企业根据自愿原则可以向国务院产品质量监督部门或者其授权部门认可的认证机构，申请企业质量体系认证。经认证合格的，由认证机构颁发企业质量体系认证证书。

(3) 产品质量认证制度。产品质量认证是指依据具有国际水平的产品标准和技术要求，经过认证机构确认并通过颁发认证证书和产品认证标志的形式，证明产品符合相应标准和技术要求的活动。企业根据自愿原则可以向国务院产品质量监督部门或者其授权的部门认可的认证机构申请产品质量认证。经认证合格的，由认证机构颁发产品质量认证证书，准许企业在产品或其包装上使用产品质量认证标志。

(4) 产品质量监督检查制度。产品质量监督检查制度是国家为了及时了解和掌握产品质量的状况，加强对产品质量的监督管理而采取的一项强制性的行政管理措施。国家对产品质量实行以抽查为主要方式的监督检查制度。监督抽查工作由国务院产品质量监督部门规划和组织。县级以上地方产品质量监督工作的部门在本行政区域内也可组织监督抽查，但不得重复抽查。

3. 产品质量的民事责任

产品质量的民事责任是指由于产品质量不合格而由产品的生产者和销售者对消费者和用户承担的民事责任。它包括产品质量的违约责任和产品质量的侵权责任。

1) 产品质量违约责任

产品质量违约责任是指售出的产品质量标准、使用性能与法律或说明不符时生产者或销售者应承担的责任。承担违约责任的情形主要包括以下几个方面：不具备产品应当具备的使用性能而事先未作说明的；不符合在产品或者其包装上注明采用的产品标准的；不符合以产品说明、实物样品等方式表明的质量状况的。只要具备上述情形之一，销售者就应当负责修理、更换、退货，如果给购买产品的消费者造成损失的，销售者还应该赔偿损失。销售者未按照上述规定给予修理、更换、退货或者赔偿损失的，由产品质量监督部门或者工商行政管理部门责令改正。销售者承担责任后，属于生产者或供货者的责任，销售者有权向生产者、供货者追偿。

2) 产品质量侵权责任 (产品缺陷责任)

产品缺陷责任是指生产者、销售者因产品存在缺陷而造成他人人身、缺陷产品以外的其他财产 (简称他人财产) 损害时应当承担的赔偿责任。这种责任是一种无过错责任，其构成要件包括：

（1）产品存在缺陷。所谓缺陷是指产品存在危及人身、他人财产安全的不合理危险或者产品不符合保障人体健康和人身、财产安全的国家标准、行业标准。

（2）损害事实存在。即由于产品缺陷已经给他人人身或财产造成损害。

（3）产品缺陷与损害事实之间有因果关系。即人身或财产损害是由产品缺陷直接造成的。

因产品缺陷造成人身、他人财产损害的，受害人可以向产品的生产者要求赔偿，也可以向产品的销售者要求赔偿。属于产品生产者的责任，产品的销售者赔偿的，产品的销售者有权向产品的生产者追偿。属于产品销售者的责任，产品的生产者赔偿的，产品的生产者有权向销售者追偿。如果销售者不能指明缺陷产品的生产者，也不能指明缺陷产品的供货者的，销售者应当承担赔偿责任。

4. 典型案例及解析

1) 基本案情

案例一： 2000 年某日，段某点燃了刚从单位拿回的卡式炉 (一种便携式丁烷气炉)，打算给到访的朋友做饭，谁知"轰"的一声，卡式炉爆炸，段某的手被炸伤。事后，段某找到有关部门投诉，有关部门对此进行调查。原来该型卡式炉是某市一家电器公司的新产品，出事前几天送到段某单位 (电子产品检验所) 请求测试，段某认为该电器公司产品质量一直不错，于是就顺手拿回了一台，准备自己使用，谁知竟然产生故障。如果段某起诉卡式炉制造公司 (即某市电器公司)，他能胜诉吗？

案例二： 李某今年年初买了一台彩电，其父亲不同意，要他退货。李某嫌麻烦，便将彩电卖给了邻居王某。一个星期后，电视机爆炸，正巧李某也在场，李某和王某都被炸伤。王某要求李某赔偿，理由是李某卖给自己的电视机有问题；李某要求王某赔偿，因为电视机的所有权已经转移给王某。双方各持己见，争论不休。如何看待他们之间的争端？

2) 解析：

案例 1 中，段某不能胜诉。因为在本案例中产品尚未投入流通，因此生产者不承担赔偿责任。段某自己存在过错，将未投入流通的产品拿回家使用，责任应当自负。

案例 2 中，受害人应向销售电视机的商店或电视机厂家索赔。李某不具有法律规定的销售者主体资格，王某也不是侵权行为主体。也就是说，李某不能向王某要求赔偿，王某也不能向李某要求赔偿。此案例的受害人应向销售电视机的商店或电视机厂家索赔。

（二）反垄断法律制度

1. 垄断与反垄断法

1）垄断

垄断是指经营者单独或与他人结合、合谋或以其他形式，排斥、支配或限制其他经营者，在一定的经营领域限制或排除竞争的行为或状态。反垄断法调整的是垄断行为（又称反竞争行为），一般不直接调整垄断状态。就反垄断法而言，促成垄断的扩张、联合及其独占或寡占的结果，都是对竞争的限制；限制竞争的行为则都是垄断行为。所以，垄断和限制竞争的概念在反垄断法上是等价的。

《中华人民共和国反垄断法》（以下简称《反垄断法》）第三条规定的垄断行为包括：经营者达成垄断协议；经营者滥用市场支配地位；具有或者可能具有排除、限制竞争效果的经营者集中。第八条规定：行政机关和法律、法规授权的具有管理公共事务职能的组织不得滥用行政权力，排除、限制竞争。

2）经营者

对于反垄断法规制的行为主体或者说反垄断法所适用的主体，各国法律上都是用一个概括性的术语进行规定，即用一个概念加以囊括。我国《反垄断法》中的相应概念是"经营者"，该法第十二条规定，经营者是指从事商品生产、经营或者提供服务的自然人、法人和其他组织。

此外，《反垄断法》对行业协会、行政机关和法律、法规授权的具有管理公共事务职能的组织适用该法的情况也作了规定。

经营者适用《反垄断法》，不以其从事的经营或者提供的服务以营利为目的，这也是国际通行的做法。因为反垄断法关注的是竞争是否受到损害，政府等公共团体的行为尚且不得限制、损害公平的竞争，任何非营利主体就更不能有适用《反垄断法》的特权。

3）反垄断法的概念

反垄断法是调整在规制垄断协议、滥用优势地位和经营者集中过程中形成的社会关系的法律。由此构成了反垄断法上的垄断协议规制、滥用市场支配地位规制、经营者集中控制这三大制度，另有从中派生出来的适用除外制度和其他制度。

2. 反垄断法的域外适用

反垄断法不仅在其制定国领域内有效，而且在一定条件下其效力可涉及该国主权管辖的领域之外。我国《反垄断法》第二条也规定："中华人民共和国境内经济活动中的垄断行为，适用本法；中华人民共和国境外的垄断行为，对境内市场竞争产生排除、限制影响的，适用本法。"

3. 反垄断适用除外制度

1) 反垄断适用除外和豁免的概念

反垄断法适用除外是指对某些特定行业、领域或在特定条件下，允许一定的垄断组织、垄断状态或垄断行为可以合法存在的法律制度。我国《反垄断法》第五十五条规定的"经营者依照有关知识产权的法律、行政法规规定行使知识产权的行为，不适用本法"；第五十六条规定的"农业生产者及农村经济组织在农产品生产、加工、销售、运输、储存等经营活动中实施的联合或者协同行为，不适用本法"，就属于反垄断法的适用除外。

在反垄断法中，另有与适用除外相关的"豁免"概念。从理论和逻辑上说，反垄断法中的豁免不同于适用除外，豁免是原则适用基础上的例外，它不同于原则上不适用反垄断法的适用除外。但在实践中，随着市场化程度和竞争法作用的加深，无条件的反垄断法适用除外几乎不复存在，法律上允许的垄断都要以不损害竞争和消费者利益为前提。比如自然垄断和合法垄断企业不得利用其优势损害消费者或其他经营者的利益，农民的农产品运销等不适用反垄断法以其遵守合作制原则为前提，知识产权也不能被滥用等。因此，适用除外与豁免的区别已丧失其意义，在实践中也无法区分。而且就逻辑而言，也不妨把适用除外理解为反垄断法对某些组织或行为的一般豁免，将豁免视为特定情形的适用除外，一定程度上二者可以通用，在某些场合也无法截然区分。

2) 关于合法垄断企业的反垄断法适用

在《反垄断法》起草过程中，有人建议，反垄断立法应该充分考虑保持国有经济的控制力、影响力和带动力，对电力、电信、铁路、民航、石油等具有自然垄断性质及需要国有资本控制的行业，在立法中给予保护。立法者采纳了这一意见，《反垄断法》第七条规定："国有经济占控制地位的关系国民经济命脉和国家安全的行业以及依法实行专营专卖的行业，国家对其经营者的合法经营活动予以保护。"由此表明，这些领域的企业垄断本身和相应的垄断经营活动是不适用反垄断法的。

反垄断法是反对市场主体限制竞争，对于合法垄断领域的竞争不充分、市场结构不尽合理等问题，反垄断法是难以发挥作用的。而且特别法优于普通法，在存在相关领域特殊立法的情况下，作为竞争普通法的反垄断法自然也不能越俎代庖。对于解决合法垄断事业存在的问题，应以引人竞争为主导，辅以适当的民营化措施。如设立联通打破移动通讯领域的垄断，电信业重组形成寡占竞争的结构；电力行业放开发电竞争，厂网分开、竞价上网等。这也是西方各国解决合法垄断行业存在问题的普遍做法，在实践中也证明是行之有效的。

同时，《反垄断法》第七条也规定，国家对关系国民经济命脉和国家安全的行业以及依法实行专营专卖的行业的经营行为及其商品和服务的价格依法实施监管和调控，维护消费者利益，促进技术进步。这些行业的经营者应当依法经营，诚实守信，严格自律，接受社会公众的监督，不得利用其控制地位或者专营专卖地位损害消费者利益。也就是说，如果合法垄断企业的经营行为超出法律所允许的范围，国家也就不再对其给予保护了。

4. 相关市场

在反垄断法中，对相关市场的认定具有重要意义，它直接影响着对有关市场主体的行为是否违反反垄断法的判断。正如经合组织所说："任何类型的竞争分析的出发点都是对相关市场的界定。"相关市场又称特定市场，是指在具体案件中有关竞争关系或者限制竞争行为所处市场的范围。《反垄断法》第十二条第二款规定："本法所称相关市场，是指经营者在一定时期内就特定商品或者服务(以下统称商品)进行竞争的商品范围和地域范围。"在市场竞争中，市场范围的大小直接影响市场竞争的程度，界定相关市场是认定市场是否存在有效竞争的基本前提和标准，它关系到对某个经营者的产品或服务所占市场份额、该经营者的市场地位及其行为是否构成不法垄断等的认定。相关市场的界定涉及产品范围、地理范围、时间等因素。

5. 垄断协议规制

垄断协议是指排除、限制竞争的协议、决定或者其他协同行为。有些行业协会通过"行业自律"行为来限制竞争，以行业协会决议等限制竞争，也属于垄断协议的表现形式。根据《反垄断法》的规定，行业协会不得组织本行业的经营者从事反垄断法禁止的垄断行为。垄断协议通常是协议各方共同对商品或服务的价格、数量、地区、对象等进行限制，这些因素会阻碍、扭曲正常的市场竞争和交易，从而要受反垄断法的规制。

1) 横向垄断协议

横向垄断协议是指两个或两个以上因生产或销售同一类型产品或提供同一类服务而处于相互直接竞争中的经营者，通过共谋而实施的限制竞争行为。

《反垄断法》第十三条规定，禁止具有竞争关系的经营者达成下列垄断协议：固定或者变更商品价格；限制商品的生产数量或者销售数量；分割销售市场或者原材料采购市场；限制购买新技术、新设备或者限制开发新技术、新产品；联合抵制交易；国务院反垄断执法机构认定的其他垄断协议。

2) 纵向垄断协议

我国《反垄断法》规定的纵向垄断协议，是指两个或两个以上在同一产业中处于不同环节而存在交易关系的经营者，通过共谋实施的限制竞争行为。其主要类型有维持转售价格以及其他限制交易方营业自由的行为。《反垄断法》第十四条规定，禁止经营者与交易相对人达成下列垄断协议：固定向第三人转售商品的价格；限定向第三人转售商品的最低价格；国务院反垄断执法机构认定的其他垄断协议。

6. 对滥用市场支配地位行为的规制

1) 市场支配地位的界定

在市场中，一些主体具有支配地位，如果滥用就可能对竞争造成损害，所以需对其加以规制。当然，经营者具有市场支配地位本身并不违法，而且反垄断法也不反对企业通过合法手段做大做强、取得市场支配地位。规制滥用市场支配地位的前提，是界定行为人具有市场支配地位。市场支配地位，是指经营者在相关市场内具有能够控制商品价格、数量或者其他交易条件，或者能够阻碍、影响其他经营者进入相关市场能力的市场地位。

2) 滥用市场支配地位的具体表现

《反垄断法》规定，禁止具有市场支配地位的经营者从事下列滥用市场支配地位的行为：

(1) 垄断高价和不当低价收买。缺乏竞争压力的企业会利用其垄断地位，通过索取不合理的高价谋求利润最大化；

(2) 掠夺性定价或不当贱卖。我国自《中华人民共和国反不正当竞争法》以来一直称之为低于成本价销售；

(3) 差别性待遇。差别性待遇是指具有优势地位的经营者没有正当理由，在提供相关商品、服务时对条件相同的不同交易对象给予明显有利或不利的对待；

(4) 限定交易。限定交易是指行为人违背他人意愿强制其交易的滥用行为，包括限定他人与自己交易和限定他人与自己指定的第三者进行交易。这种行为侵犯了交易相对人的自主选择权，滥用了市场支配地位的行为。

除此之外，滥用市场支配地位行为的表现还有"滥用知识产权限制竞争"、"搭售或附加不合理的交易条件"、"不当拒绝交易"等。

（三）反不正当竞争法律制度

1. 不正当竞争的概念

不正当竞争是指经营者违反法律规定，损害其他经营者的合法权益，扰乱社会经济秩序的行为。所谓经营者，是指从事商品经营或者营利性服务的法人、其他经济组织和个人。

2. 不正当竞争行为及经营者应承担的法律责任

1) 假名冒牌的欺骗性交易行为

假名冒牌的欺骗性行为包括：① 假冒他人注册商标；② 擅自使用知名商品特有名称、包装、装潢或者使用与知名商品近似的名称、包装、装潢，造成和他人的知名商品相混淆，使购买者误认为是该知名商品；③ 擅自使用他人的企业名称或姓名，使人误认为是他人的商品；④ 在商品上伪造或冒用认证标志、名优标志等质量标志，伪造产地，对商品质量作引人误解的虚假表示。

2) 限定专购行为

限购排挤行为也称为限定专购行为，是指公用企业或者其他依法具有独立地位的经营者，限定他人购买其指定的经营者的商品，以排挤其他经营者的行为。

3) 以权经商和地区封锁行为

政府及其所属部门滥用行政权力，限定他人购买其指定的经营者的商品以及限制其他经营者的正当经营活动，或者限制外地商品进入本地市场以及限制本地商品流向外地市场等行为属于滥用权利行为。

4) 商业贿赂行为

商业贿赂行为是指经营者采用财物或其他手段进行贿赂用以销售或购买商品的行为。我国《中华人民共和国反不正当竞争法》（以下简称《反不正当竞争法》）规定，经营者购买或者销售商品，可以以明示方式给对方折扣，也可以给中间人佣金，但必须如实入账；接受折扣、佣金的经营者也必须如实入账。凡在账外暗中给予对方单位或个人回扣的，以行贿论处；对方单位或个人在账外暗中收受回扣的，以受贿论处。

5) 虚假宣传行为

虚假宣传行为包括：① 经营者利用广告或其他方法对商品的质量、制作成分、性能、用途、生产者、有效期限、产地等作引人误解的虚假宣传；② 广告的经营者在明知或应知的情况下代理、设计、制作发布虚假广告。

6) 侵犯商业秘密的行为

侵犯商业秘密行为是指经营者通过不正当手段，违法获取、披露、使用或者允许他人使用权利人的商业秘密的行为。所谓商业秘密，是指不为公众所知悉，能为权利人带来经济利益，具有实用性并经权利人采取保密措施的技术信息和经营信息。

7) 低于成本价格的倾销行为

倾销行为是指经营者为了排挤竞争对手而以低于成本的价格销售商品的行为。但依据《反不正当竞争法》的规定，有下列情形之一的，不属于不正当竞争行为：① 销售鲜活商品；② 处理有效期限即将到期的商品或者其他积压的商品；③ 季节性降价；④ 因清偿债务、转产、歇业降价销售商品。

8) 搭售行为

搭售行为是指经营者在销售商品时，违背购买者的意愿搭售商品或者附加其他不合理的条件的行为。搭售行为包括两种情况：一是违背购买者的意愿搭售商品，通常是在购买者购买其必需品时搭售购买者不愿要或不需要的商品；二是向购买者提出附加的不合理条件，主要是增加购买者的附加义务。

9) 违反规定的有奖销售行为

不正当有奖销售行为是指经营者违反法律规定而进行的有奖销售行为。经营者不得从事下列有奖销售：① 采用谎称有奖或者故意让内定人员中奖的欺骗方式进行有奖销售；② 利用有奖销售的手段推销质次价高的商品；③ 抽奖式的有奖销售，最高奖的金额超过 5000 元。不正当有奖销售行为应由监督检查部门责令停止，可以根据情节处以 1 万元以上 10 万元以下的罚款。

10) 诋毁商誉行为

诋毁商誉行为是指经营者捏造、散布虚伪事实，借以损害竞争对手的商业信誉和商品声誉的行为。该行为违背公认的商业道德和市场竞争规则，是极为恶劣的不正当竞争的违法行为。

11) 通谋投标行为

《反不正当竞争法》第二十七条规定："投标者串通投标，抬高标价或者压低标价；投标者和招标者相互勾结，以排挤竞争对手的公平竞争的，其中标无效。监督检查部门可以根据情节处以 1 万元以上 20 万元以下的罚款。"

3. 对不正当竞争行为的监督检查

《反不正当竞争法》规定：县级以上人民政府工商行政管理部门对不正当竞争行为进行监督检查；法律、行政法规规定由其他部门监督检查的，依照其规定。我国对不正当竞争行为进行监督检查的部门主要是县级以上的工商行政管理部门。此外，也包括法律、行政法规规定的有权进行监督检查的其他部门。例如，国内贸易部和对外贸易部有权对国内贸易和涉外贸易中的不正当竞争行为进行监督；国家技术监督局有权对有关质量的不正当竞争行为进行监督；中国国家专利局和新闻出版总署有权对与专利和出版业有关的不正当竞争行为进行监督；监察部、公安部、建设部、文化部等部委依法也有权对与其职能、行业有关的不正当竞争行为进行监督。但这些部门必须是县级以上的监督检查部门。

4. 典型案例及解析

1）基本案情

案例 1：某市邮电局在其营业大厅内张贴一则通告，通告规定：凡在市邮电局安装电话的用户，一律到省邮电器材集团恒达公司（系市邮电局下属企业）购买电话机；用户在办理装机手续时须先交电话机款，否则不予办理。此规定从本年 5 月 8 日起执行。请思考，本案中某市邮电局的行为是什么行为？

案例 2：某经销公司所在地的夏季气候十分炎热，凉席的销路一向很好。2001 年春，该公司购买了一批井冈山产的凉席，准备在夏季售卖。但该年夏季气候反常，比往年夏季气温低了许多，这样就造成该公司的凉席销路不好，在仓库内积压。为了销售积压的凉席，收回资金，该公司经理决定用奖励的方法来促销凉席，即将购买凉席价款的 10% 给予购买者。恰在此时，有一企业招待所的采购员李某来到该公司购买凉席 100 张，经双方协商，达成协议：该公司给李某所买凉席货款的 10% 作为奖励；对于这部分"奖励"，双方均不入财务账。在李某买走凉席后，该经销公司用同样方法推销其积压的凉席，库存凉席很快便销售一空。该公司的做法是一种什么行为？应怎样处理？

案例 3：某商厦为招揽顾客，在报纸上刊登广告，内容为：凡于 2007 年1 月在该商厦购物满 200 元者可获得奖券一张，凭该奖券可在购物当日参加抽奖。一等奖为香港 7 日游（若放弃游览可领取 6000 元人民币）；二等奖为电冰箱一台；三等奖为 VCD 一台；鼓励奖为自行车一辆。此外还有纪念奖若干。此广告登出后引来众多顾客，如何看待该商厦的做法？

2）解析

案例 1 中，邮电局的行为属于不正当竞争行为。理由是邮电局属于公用企业或依法具有独占地位的经营者，在其经营过程中限定专购，以排挤其他经营者，造成了竞争的不公平。

案例 2 涉及账外回扣行为的认定及其处理问题。第一，本案例中某经销公司给购买凉席者的"奖励"，采用的是暗中商议，所得"奖励"并不入账，实际上是一种账外回扣，构成了不正当竞争，属于商业贿赂行为。第二，监督检查部门可以根据情节依法处罚。如果构成犯罪的，依法追究刑事责任。

案例 3 中，商厦的做法违反了《反不正当竞争法》的规定。一等奖价值 6000 元人民币，违反了《反不正当竞争法》对抽奖式有奖销售最高奖金额不得超过 5000 元的限制，应由监督检查部门责令停止违法行为，并根据情节处以 1 万元以上 10 万元以下的罚款。

（四）对外贸易法

1. 对外贸易法概述

对外贸易是指一个国家或者地区与其他国家或者地区之间所进行的货物、技术和服务等交易活动，包括进口和出口两部分，又称进出口贸易。

对外贸易法是指国家对货物进出口、技术进出口和国际服务贸易进行管理和控制的一系列法律、法规和其他具有法律效力的规范性文件的总称，是关于国家对进出口采取鼓励、限制式禁止等措施的法律规范，是一国对外贸易政策的体现。

我国的对外贸易立法主要有《中华人民共和国对外贸易法》、《中华人民共和国反倾销条例》、《中华人民共和国反补贴条例》、《中华人民共和国保障措施条例》、《中华人民共和国海关法》等。此外，我国缔结、参加的国际条约和通行的国际惯例也是我国对外贸易法的渊源，如《中华人民共和国加入世界贸易组织议定书》(以下简称《入世议定书》)，我国与诸多国家达成的有关投资保护和避免重复征税的双边协定等。我国对外贸易的主管机关为商务部，主管国内外贸易和国际经济合作。

2. 反倾销

1) 反倾销法概述

反倾销是世界贸易组织确立的唯一合法的、可单边采取的贸易保护措施，其主要目的是保障进口国国内某一特定产业免受倾销行为的损害。反倾销法，是指调整一国认定他国的某种产品以低于正常价值的价格输入到本国，对本国的相关产业造成实质性损害或产生实质性损害的威胁，或者对其建立相关产业造成实质性障碍，而对该进口产品采取反倾销措施的法律制度。反倾销法是一国对进口商品实施惩罚性措施，限制进口的一种法律手段。

2) 反倾销法的主要内容

认定倾销的关键是确定进口产品的正常价值，该产品的出口价格低于其正常价值的，就构成倾销。进口产品的出口价格低于其正常价值的幅度，为倾销幅度。

《中华人民共和国反倾销条例》(以下简称《反倾销条例》) 第四条规定，对进口产品的正常价值，应当区别不同情况加以确定：进口产品的同类产品，在出口国（地区）国内市场的正常贸易过程中有可比价格的，以该可比价格为正常价值；进口产品的同类产品，在出口国（地区）国内市场的正常贸易过程中没有销售的，或者该同类产品的价格、数量不能据以进行公平比较的，以该同类产品出口到一个适当第三国（地区）的可比价格或者以该同类产品在原产国（地区）的生产成本加合理费用、利润，为正常价值。进口产品不直接来自原产国（地区）的，按照第一种情况确定正常价值。但在产品仅通过出口国（地区）转运、产品在出口国（地区）无生产或者在出口国（地区）中不存在可比价格等情形下，可以以该同类产品在原产国（地区）的价格为正常价值。《反倾销条例》也对确定进口产品的出口价格的方法作了相关规定。

3）反倾销措施

（1）临时反倾销措施。

初裁决定确定倾销成立，并由此对国内产业造成损害的，可以采取下列临时反倾销措施：一是征收临时反倾销税；二是要求提供现金保证金、保函或者其他形式的担保。

（2）价格承诺。

价格承诺又称价格承担，是指进口国当局与出口商之间达成的关于出口商提高产品出口价格以消除倾销导致的国内产业损害的协议。价格承诺可以由出口商主动提出，也可由进口国当局向出口商建议，但《反倾销条例》强调，反倾销调查机关不得强迫出口经营者作出价格承诺。

（3）反倾销税。

现代反倾销法对倾销行为的唯一制裁或救济措施就是征收反倾销税。《反倾销条例》规定，反倾销调查终裁决定确定倾销成立，并由此对国内产业造成损害的，可以征收反倾销税。征收反倾销税，由商务部提出建议，国务院关税税则委员会根据商务部的建议作出决定，由商务部公告，海关自公告规定实施之日起执行。

（4）反规避措施。

《反倾销条例》授权商务部可以采取适当措施，防止规避反倾销措施的行为。反倾销规避是指一国商品被另一国征收反倾销税，出口商通过各种表面上合法的形式、手段来减少或避免被课征反倾销税的方法或行为。

3. 反补贴

1）补贴的概念及种类

补贴是一国推行经济、社会等政策的手段，就对外贸易而言具有促进出口或限制进口的作用。补贴的形式是多种多样的，依据不同的标准可以划分成不同的类型。

根据补贴的形式，可以将补贴分为直接补贴和间接补贴。直接补贴是指由政府或公共机构给本国出口商的现金补贴；间接补贴是指政府或公共机构给本国出口商或进口商以财政上的优惠或技术上的资助或支持。

根据补贴的作用范围，可以将补贴分为专向性补贴和非专向性补贴。专向性补贴是指只给予特定的产业、企业或地区的补贴，这是受《补贴与反补贴措施协议》规制的补贴；非专向性补贴是指普遍给予的，不针对特定的产业、企业或地区的补贴，这类补贴一般不适用《补贴与反补贴措施协议》，是法律上允许的补贴。

《补贴与反补贴措施协议》根据不同的情况将补贴区分为禁止的补贴、可诉补贴和不可诉补贴。人们根据交通信号灯的含义，将这些补贴称为红色补贴、黄色补贴和绿色补贴。

2) 反补贴法

反补贴法，是指调整一国认定从他国进口的某种产品存在补贴，对本国的相关产业造成实质性损害或产生实质性损害的威胁，或者对其建立相关产业造成实质性障碍，而对该进口产品采取反补贴措施的法律制度。

我国根据《中华人民共和国对外贸易法》的规定，于 2001 年制定《反倾销条例》的同时，颁布了《中华人民共和国反补贴条例》(以下简称《反补贴条例》)，自 2002 年起施行，于 2004 年进行了修订。根据《反补贴条例》，对外贸易主管机关先后发布了《反补贴调查听证会暂行规则》、《反补贴调查立案暂行规则》、《反补贴问卷调查暂行规则》、《反补贴调查实地核查暂行规则》、《反补贴产业损害调查规定》等一系列配套的规章。

作为世界贸易组织的成员，我国也受关税与贸易总协定中有关反补贴规则的约束。但是《反补贴条例》中也规定，任何国家 (地区) 对中华人民共和国的出口产品采取歧视性反补贴措施的，中华人民共和国可以根据实际情况对该国家 (地区) 采取相应的措施。

三、宏观调控法

(一) 税收法律制度

1. 税法概述

1) 税法的概念和调整对象

(1) 税法的概念和特征。

税收，亦称赋税、租税或捐税，是指国家为了实现其职能，按照法律规定的标准以实物或货币形式强制和无偿地参与社会产品分配的一种手段。税收是国家财政收入的主要来源。税收的基本特征有三个：一是强制性；二是无偿性；三是固定性。

税法是调整国家税收活动中发生的社会关系的法律规范的总称，是我国法律体系的重要组成部分。税法是税收的表现形式，税收决定税法。

(2) 税法的调整对象。

税法的调整对象是国家税收活动中发生的社会关系，即税收征纳关系。税收征纳关系包括：国家（税务机关）与纳税人之间的经济利益关系；中央和地方各级机关税收权限的关系；征纳双方所应遵循的税收程序以及因税收监督而产生的税收监督关系。

2) 税法的构成

税法是由一系列单行税收法规组成的法律规范。各单行法规内容各有不同，但其结构上都有一些共同的要素。在相同的要素中最基本的是纳税人、征税对象和税率，此外，还包括纳税环节、纳税期限、减税免税、违法处理、税务争议的解决等要素。

3) 纳税人

纳税人，亦称纳税义务人或纳税主体，是《中华人民共和国税法》（以下简称《税法》）规定的直接对国家承担纳税义务的单位和个人，其中纳税主体的范围包括一切单位和公民个人。其中包括中国的税收居民，也包括非中国税收居民。但国家并非对一切单位和一切个人征税，而是对达到税法规定标准的单位和个人征税。

4) 征税对象

征税对象亦称征税客体，是指对什么东西征税。征税对象是区别不同税种的主要标志。征税对象与税目关系密切。税目规定着征税对象的具体内容，反映具体征税范围，代表征税的广度。

5) 税率

税率是应纳税额与计税金额数量之间的比例。税率是计算税额的尺度，是税收制度的中心环节，是衡量税收负担轻重的重要标准。

我国现行税率有比例税率、累进税率和定额税率（固定税率）。比例税率即对同一征税对象，不论数额大小，均按同一比例计算税额。累进税率是把征税对象的数额或比率，划分为若干个等级，每个等级规定一个税率，形成阶梯结构。定额税率，亦称固定税率或固定税额，是按征税对象的一定计量单位，对单位数量直接规定固定税额，不采取百分比形式。

6）纳税环节

纳税环节是税法规定的商品从生产到消费的整个流转过程中应当缴纳税款的环节。

7）纳税期限

纳税期限是《税法》规定的纳税人向税务机关缴纳税款的具体时间。

8）减税、免税

减税、免税是《税法》规定对特定的纳税人给予鼓励和照顾，减轻、或免除一定的税收负担，有起征点、免征额、减税、免税等。起征点是税法规定的征税临界点，征税对象数额未达到起征点的不征税，超过或达到起征点的则就其全部数额征税。免征额是税法规定的按一定标准从征税对象中预先扣除、免予征税的数额，属于免征额的部分不征税，只对超过免征额的部分征税。减税是减征一部分应征税款。免税是免征全部应征税额。

9）违法处理

违法处理是税法规定的，对纳税人违反税法行为采取的惩罚措施，是国家税收强制性在法律上的集中表现。违法处理包括加收滞纳金、罚款，送交司法机关追究刑事责任等。

2. 我国现行税制

1）税制概述

我国现行税制是 20 世纪 90 年代实施的工商税制全面改革以来形成的以流转税和所得税为主体的多税种多次征的复合税制。根据征税客体性质的不同，我国税收可以分为流转税、所得税、资源税、财产税以及行为目的税五类；根据各级政府对税收的管理和使用权限的不同，又可分为中央税、地方税和中央地方共享税。

流转税是以商品流转额和非商品流转额为征税对象的一系列税种的总称。其中商品流转额是指销售货物的金额；非商品流转额是指各种劳务或服务性业务的收入金额。流转税包括增值税、消费税、营业税、关税。

所得税是对企业、其他经济组织及个人的所得额征收的各税种的总称，它包括企业所得、个人所得税、外商投资企业和外国企业所得税。

资源税是以资源为征税对象的各税种的总称，它包括资源税、土地税（土地使用税和土地增值税）、农业税。

财产税是以法人和自然人所拥有或支配的财产为征税对象而征收的各税种的总称，包括房产税、车船税、遗产税、契税。

行为目的税是国家为达到某种目的，以法人和自然人的特定行为为征税对象而征收的各税种的总称。它包括印花税、投资方向调节税、城乡维护建设税、屠宰税、筵席税、证券交易税等。

根据分税制改革，中央税由国家税务总局所属征收机关征收，中央税类包括消费税、外商投资企业和外国企业所得税、关税。中央地方共享税由国家税务总局所属征收机关代征，中央地方共享税类包括增值税、证券交易税、资源税。地方税由地方税务局所属征收机关征收，除以上中央税类和共享税类所列税种外都为地方税类。

2) 我国现行税制的主要内容

(1) 增值税。

增值税是对在我国境内销售货物或者提供加工、修理修配劳务以及进口货物的单位和个人征收的税款。增值税纳税人分为一般纳税人和小规模纳税人。对一般纳税人，就其销售(或进口)货物或者提供加工、修理修配劳务的增加值征税，基本税率为 17%，低税率为 13%，出口货物为 0(国务院另有规定的除外)；对小规模纳税人，实行简易办法计算应纳税额，征收率为 3%。

(2) 营业税。

营业税是对在我国境内提供应税劳务、转让无形资产和销售不动产的单位和个人征收的税款。应税劳务包括交通运输业、建筑业、金融保险业等 7 个税目。营业税按照应税劳务或应税行为的营业额或转让额、销售额依法定的税率计算缴纳。除了娱乐业实行 20%(其中台球、保龄球适用 5%) 的税率外，其他税目的税率为 3% 或 5%。

(3) 消费税。

消费税是对在我国境内生产、委托加工和进口应税消费品的单位和个人征收的税款。征税范围包括烟、酒和酒精、化妆品、贵重首饰和珠宝玉石等 14 个税目。消费税根据税法确定的税目，按照应税消费品的销售额、销售数量分别实行从价定率或从量定额的办法计算应纳税额。

(4) 个人所得税。

个人所得税是以个人取得的各项应税所得(包括个人取得的工资、薪金所得，个体工商户的生产、经营所得等 11 个应税项目) 为对象征收的税款。除工资、薪金所得适用 3% ～ 45% 的 7 级超额累进税率，个体工商户(注：个人独资企业和合伙企业投资者比照执行) 的生产、经营所得和对企事业单位的承包经营、承租经营所得适用 5% ～ 35% 的 5 级超额累进税率外，其余各项所得均适用 20% 的比例税率。

自 2011 年 9 月 1 日起，工资、薪金所得减除费用标准从每月 2000 元提高到每月 3500 元。年所得 12 万元以上的纳税人，在年度终了后 3 个月内自行向税务机关进行纳税申报。

3. 税收征收管理法

1) 税收征收管理法的概念及征税范围

税收征收管理法是税务机关代表国家行使征税权，指导纳税人正确履行纳税义务，对日常税收活动进行组织、管理、监督和检查的法律制度。税收征收管理法是保证税法得以实施和加强税收活动法制化的一个重要方式。

《中华人民共和国税收征收管理法》的适用范围：凡依法由税务机关征收的各种税收的征收管理，均适用《中华人民共和国税收征收管理法》。

2) 税务管理

(1) 税务登记。

企业、企业在外地设立的分支机构和从事生产经营的场所、个体工商户和从事生产经营的事业单位（以下统称从事生产经营的纳税人）自领取营业执照之日起 30 日内，持有关证件，向税务机关申报办理税务登记，税务机关审核后发给税务登记证件。从事生产、经营的纳税人税务登记内容发生变化的，自工商行政管理机关办理变更登记之日起 30 日内或者在向工商行政管理机关申请办理注销登记之前，持有关证件向税务机关申报办理变更或者注销税务登记。

(2) 账簿、凭证管理。

从事生产、经营的纳税人应当自领取营业执照或者发生纳税义务之日起 15 日内，按照国家有关规定设置账簿。生产、经营规模小又确无建账能力的纳税人，可以聘请经批准从事会计代理记账业务的专业机构或者经税务机关认可的财会人员代为建账和办理账务；聘请上述机构或者人员有实际困难的，经县级以上税务机关批准，可以按照税务机关的规定，建立收支凭证粘贴簿、进货销货登记簿或者使用税控装置。从事生产、经营的纳税人应当自领取税务登记证件之日起 15 日内，将其财务、会计制度或者财务会计处理办法，报送主管税务机关备案。纳税人使用计算机记账的，应当在使用前将会计电算化系统、会计核算软件、使用说明书及有关资料报送主管税务机关备案。从事生产经营的纳税人、扣缴义务人必须按照国务院财政、税务主管部门规定的保管期限保管账簿、记账凭证、报表、完税凭证、发票、出口凭证及有关资料。

(3) 纳税申报。

纳税人必须在法律、行政法规规定或者税务机关依照法律、行政法规确定的申报期限内办理纳税申报，报送纳税申报表、财务会计报表以及税务机关根据实际需要要求纳税人报送的其他纳税资料。扣缴义务人必须在法律、行政法规规定或者税务机关依照法律、行政法规确定的申报期限内报送代扣代缴、代收代缴税款报告表以及税务机关根据需要要求扣缴义务人报送的其他有关资料。

3) 税款征收

税务机关依照法律、行政法规的规定征收税款，不得违反法律、行政法规的规定开征、停征、多征、少征、提前征收、延缓征收或者摊派税款。

扣缴义务人依照法律、行政法规的规定履行代扣、代收税款的义务。

纳税人、扣缴义务人按照法律、行政法规规定或者税务机关依照法律、行政法规的规定确定的期限，缴纳或者解缴税款，纳税人因有特殊困难不能按期缴纳税款的，经县级以上税务管理机关批准，可以延期缴纳，但最长不得超过 3 个月。纳税人未按规定期限缴纳税款的，扣缴义务人未按规定期限解缴税款的，税务机关除责令限期缴纳外，从滞纳税款之日起，按日加收滞纳税款 0.2% 的滞纳金。纳税人可以依照法律、行政法规的规定向税务机关书面申请减税、免税。减税、免税的申请须经法律、行政法规规定的减税、免税审查批准机关审批；地方各级政府及其主管部门、单位和个人违反法律、行政法规规定，擅自作出的减税、免税决定无效。

4. 典型案例及解析

1) 基本案情

案例一：某小型企业为了加强企业的管理，责成职工李某利用业余时间为公司编制符合本公司特点的计算机办公室管理程序。李某编制完成后，企业总经理为了表示对李某工作的鼓励，决定本月为李某加薪 1000 元，马上发放。会计人员认为这笔领导的奖励不用计算个人所得税，因而在计算代扣个人所得税时，没有将该 1000 元加入当月李某的工资。请思考：会计人员的做法对吗？

案例二：某快餐店为增值税一般纳税人。刚刚开业两个月时间，正处于零利润阶段。2006 年 8 月，税务抽查。快餐店老板与税务人员的对话中，老板提出了如下问题：

① "我们店严格执行税法规定，保证依法纳税。但是目前一点钱都没挣到，不用向税务机关办理纳税申报，等有利润时，肯定马上申报。"

② "说实话，就算再过半年，我们店也不能收回成本。店里已投入的项目大大超过了预算，银行贷款数额又大，雇的人也挺多的，实属有特殊困难。要是真不能按期缴纳税款，我们能不能延期缴纳税款呢？"

如果你是税务人员，应该怎么回答老板的问题？

2) 解析

案例 1 中，会计人员的做法不对。根据法律规定，工资、薪金所得，以每月收入额减除费用 3500 元后的余额，为应纳税所得额。本案例中，李某的加薪应与其本月正常工资合并计算，用于缴纳个人所得税。

案例 2 中，税务人员应向老板明确：① 老板说没有利润就不用向税务机关办理纳税申报不对。根据法律规定，纳税人无论是否营利，必须在法律、行政法规规定或者税务机关依法确定的申报期限内办理纳税申报。无利润的，可以进行零申报。② 根据法律规定，可以依法延期缴纳税款。

(二) 金融调控法律制度

1. 金融法的定义和调整对象

1) 金融法的定义

金融法是调整金融关系的法律规范的总称，是国家领导、组织、管理金融业和保障金融秩序的基本手段和基本方法，是国家宏观调控法的重要组成部分。金融，简单说就是货币资金的融通，一般是指与货币流通和银行信用有关的一切经济活动。例如，货币的发行、流通和回笼，存款的吸收与支付，贷款的发放与回收，票据的承兑与贴现，银行同业拆借，金银和外汇的买卖，国内、国际的货币收支与结算，有价证券的发行与交易等。

在我国，一切金融业务活动，都必须通过中央银行、商业银行、政策性银行和其他金融机构进行。国家禁止非金融机构经营金融业务。新中国成立以来，尤其是中共十一届三中全会以来，我国为适应经济活动及金融体制改革的需要，制定了一系列金融法律法规。这些金融法律法规主要有：《中华人民共和国中国人民银行法》、《中华人民共和国商业银行法》、《中华人民共和国经济特区外资银行、中外合资银行管理条例》、《中华人民共和国金银管理条例》、《中华人民共和国国家金库条例》、《中华人民共和国外汇管理暂行条例》等。这些法律法规的颁布和实施对于促进我国金融业及金融市场的发展具有重要的作用。

2) 金融法的调整对象

金融法的调整对象是金融关系，它是指金融机构相互之间以及它们与其他社会组织、个人之间，在货币资金融通过程中所发生的金融监督关系和资金融通关系，具体表现为金融监管关系和资金融通关系。

(1) 金融监管关系。金融监管关系是指国家金融管理机关与银行、非银行金融机构之间的金融管理关系，包括：

① 金融主管机关因各类银行、非银行金融机构的设立、变更、接管和终止而产生的主体资格监管关系；

② 中央银行因货币发行与流通而同各类金融机构与非金融机构之间所形成的货币发行关系、现金与转账结算等货币流通管理关系；

③ 金融主管机关对各类金融机构的业务活动进行的业务行为监督关系，包括存款贷款管理、结算管理、信托管理、保险管理、证券发行与交易管理等。

(2) 资金融通关系。资金融通关系是指银行等金融机构之间以及银行与非金融机构的法人、其他组织和个人之间的融资关系，包括：

① 银行与非金融机构、自然人之间因存款、储蓄行为而发生的存款关系和储蓄关系；

② 银行与非金融机构、自然人之间因贷款所产生的借贷关系；

③ 金融机构之间因同业拆借、票据转贴现、汇兑结算、外汇买卖等活动而发生的同业资金来往关系；

④ 其他关系，如证券发行与交易关系、信托关系、保险关系等。

2. 金融法的体系

金融法的体系是指由调整不同领域的金融关系的法律规范所组成的有机联系的统一整体。按照金融法的科学体系，金融法应当包括银行法、货币法、证券法、票据法、信托法和保险法等。但是，考虑到证券法、票据法、信托法和保险法已在作为核心课程之一的商法中讲述，故本书只介绍金融法中的银行法、货币法和金融监督法。

1) 中国人民银行法

中国人民银行是唯一代表国家进行金融控制和管理金融的特殊金融机构。中国人民银行是中华人民共和国的中央银行。

中国人民银行具有以下职能：

(1) 中国人民银行是发行的银行。发行的银行是指有权发行银行券、纸币的银行。垄断货币发行特权，成为全国唯一的货币发行机构，是中国人民银行不同于商业银行及其他金融机构的独特之处。

(2) 中国人民银行是政府的银行。政府的银行是指中央银行作为政府管理金融的工具为政府服务。中国人民银行作为政府的银行，其职责表现在：经理国库，持有、管理、经营国家外汇储备、黄金储备，作为国家的中央银行从事有关的国际金融活动；在公开市场上买卖国债和其他政府债券以及外汇；代理国务院财政部门向各金融机构发行、兑付国债和其他政府债券。

(3) 中国人民银行是银行的银行。银行的银行是指中国人民银行与商业银行和其他金融机构发生业务来往，与商业银行发生存贷款关系及资金往来结算关系，是全国存贷款准备金的保管者，是金融票据交换中心，是全国银行业的最后贷款者。中国人民银行作为银行的银行的主要职责有：要求金融机构按照规定的比例交存存款准备金，集中保管存款准备金；向商业银行提供贷款；充当全国金融机构的资金结算中心。

(4) 中国人民银行是管理金融的银行。中国人民银行作为管理金融的银行，是指中央银行有权制定和执行货币政策，并对商业银行和其他金融机构的业务活动进行领导、管理和监督。中国人民银行作为管理金融的银行的主要职责是：依法制定和执行货币政策，发布有关金融监督管理和业务的命令和规章，统一管理存贷款制度，制定人民币对外货币的比价；审批金融机构的设立和撤并；维护支付、清算系统的正常运行；指导、部署金融业反洗钱工作，负责反洗钱的资金监测；协调和稽核各金融机构的业务工作，按照规定监督管理金融市场，负责金融业的统计、调查、分析和预测等。

2) 商业银行法

(1) 商业银行概述。

商业银行是指依照《中华人民共和国商业银行法》和《中华人民共和国公司法》设立的，吸收公众存款、发放贷款、办理结算等业务的企业法人。商业银行的基本职能是通过各种融资渠道和信用手段筹集资金货币，为商品生产和商品流通提供所需的货币资金和信用工具，促进国民经济发展。

按银行资本的组织形式不同可以将商业银行分为以下三类：

第一类，国有商业银行。包括：中国工商银行、中国银行、中国建设银行、中国投资银行。

第二类，股份制商业银行。包括：中国农业银行、交通银行、中信银行、招商银行、深圳发展银行、蚌埠住房储蓄银行、福建兴业银行、广东发展银行。

第三类，外资银行。包括：香港上海汇丰银行、标准渣打（麦加利）银行（深圳、厦门、珠海、海口分行）、东亚银行（深圳、厦门分行）、华侨银行有限公司（厦门分行）、东京银行（深圳、上海分行）、旧本兴业银行（上海办事处）、第一劝业银行（上海分行）、三和银行（深圳、上海分行）、花旗银行（深圳、上海等分行）等。

(2) 商业银行法。

商业银行法是调整商业银行在设立、变更、终止及开展业务活动中发生的各种社会关系的法律规范的总称。商业银行法的主要内容包括商业银行的性质、种类、地位、法律形式、管理体制、业务范围、监督管理、法律性质等。我国规范商业银行行为的基本法律是在 1995 年 5 月 10 日第八届全国人民代表大会常务委员会第十三次会议上通过，并于 1995 年 7 月 1 日起实施的《中华人民共和国商业银行法》。根据 2015 年 8 月 29 日第十二届全国人民代表大会常务委员会第十六次会议《关于修改〈中华人民共和国商业银行法〉的决定》第二次修正，自 2015 年 10 月 1 日施行。

3) 政策性银行法

政策性银行是指由政府创办的、不以营利为目的的专门经营政策性贷款业务的银行机构。政策性银行是适应贯彻国家产业政策、调控宏观经济的需要产生的。

政策性银行与商业银行相比，具有以下法律特征：

(1) 政策性银行由政府创办，属于政府的金融机构。我国的《国家开发银行章程》第七条规定："国家开发银行注册资本为 500 亿元人民币，由财政部核拨。"

(2) 政策性银行不以营利为目的。政策性银行以贯彻和执行政府的社会经济政策为己任，主要是为国家重点建设和按照国家产业政策扶植的行业及企业提供政策性贷款，实行自主保本经营。

(3) 政策性银行主要从事贷款业务，不吸收存款。其资金来源包括政府提供的资本金、各种借入资金和发行金融债券筹措的资金，其资金运作多为长期贷款和资本贷款。

我国主要有三家政策性银行，即国家开发银行、中国进出口银行以及中国农业银行。2015 年 12 月 25 日，亚洲基础设施投资银行正式成立，全球迎来首个由中国倡议设立的多边金融机构。亚投行区别于以往政策性银行主要表现在两个方面：一方面，亚投行将以不干涉内政为前提，其他的许多发达国家主导的政策性银行在贷款的时候往往有政治上的附加条件；另一方面，亚投行将专注于亚洲地区的基础设施建设，而其他政策性银行则涉及的领域较多。

政策性银行法是规定政策性银行的组织和行为的法律规范的总称。政策性银行法的内容包括政策性银行的性质、地位、资金来源和运作业务范围、组织形式和组织机构设立、变更和终止等。

四、知识产权法

（一）专利法

1. 专利和专利法的概念

专利是国家专利主管机关依照法律规定的条件和程序，授予专利权人在一定期限内对某项发明创造享有的独占权。通常情况下，专利是指专利权，指专利权人在法律规定的期限内对发明创造享有使用、制造、销售的独占权。

专利法是调整申请、取得、利用和保护专利过程中发生的社会关系的法律规范的总称。

我国现行狭义专利法是指《中华人民共和国专利法》（以下简称《专利法》），该法于1984年3月12日第六届全国人民代表大会常务委员会通过，经过1992年9月4日、2000年8月25日、2008年12月27日和2015年4月28日四次修正。广义专利法还包括《中华人民共和国专利法实施细则》（以下简称《专利法实施细则》）和我国对外加入的国际公约，如《专利合作条约》。

2. 专利法的保护对象

我国专利法所保护的对象是专利权人的发明创造，包括如下内容：

1）发明

发明是指对产品、方法或者其改进所提出的新的技术方案。因此，发明又可分为产品发明、方法发明和改进发明。产品发明，是指发明人创造的前所未有的各类物品和制品，如新机器、新设备、新设施等。方法发明，是对制造某种产品采取的一系列新手段。改进发明，是对已知的物品、方法或物质的新的应用，即在产品的原有特性仍予保留的前提下，又使其获得新的特征，如彩电的遥控功能。

2）实用新型

实用新型是对产品的形状构造或者其结合所提出的适于实用的新技术方案。实用新型在技术水平的要求上低于发明，所以又称为小发明，如折叠伞、卫生筷等。

3）外观设计

外观设计是指对产品的形状、图案、色彩或者其结合所作出的富有美感并适于工业上应用的新设计。外观设计仅限于产品的形状、图案、色彩或者其结合本身，不涉及产品的技术性能和制造该产品的技术。

3. 专利申请人的资格

专利申请人是能够申请并获得专利权的人，只有申请人才可能成为专利权人。但专利申请人并不一定是发明人或设计人，它与发明创造是属职务发明还是非职务发明有关。

1）职务发明创造

属于职务发明创造（简称职务发明）的，该发明人所属的单位有资格申请专利权。所谓职务发明，是指发明人因执行本单位任务或主要利用本单位的物质条件所完成的发明创造。其中，执行本单位的任务是指：① 在本职工作中作出的发明创造；② 履行本单位交付的本职工作以外的任务所作出的发明创造；③ 退职、退休或调动工作后一年内作出的与其在原单位承担的本职工作或分配的任务有关的发明创造。主要利用本单位物质条件，是指利用本单位的资金、设备、零部件、原材料或不向外公开的技术资料等。

职务发明创造申请专利的权利属于该单位，申请被批准后，该单位为专利权人。其中利用本单位物质条件所完成的发明创造，单位与发明人或设计人订有合同，对申请专利的权利和专利权的归属有约定的，从其约定。

2) 非职务发明创造

非职务发明创造是发明人或设计人利用业余时间作出并且与本职工作无关的或非国家机关或企事业单位的工作人员所作出的发明创造。非职务发明创造申请专利的权利属于发明人或设计人；申请被批准后，该发明人或设计人为专利权人。

3) 共同发明创造

由两个或两个以上的单位或个人共同完成的发明创造，称为共同发明创造。根据专利法规定，两个以上单位或个人合作完成的发明创造、一个单位或个人接受其他单位或个人委托所完成的发明创造，除另有协议外，申请专利的权利属于完成或者共同完成的单位或者个人；申请被批准后，申请的单位或者个人为专利权人。

《专利法实施细则》规定了发明人、设计人的含义，即：专利法所称的发明人或设计人，是指对发明创造的实质性特点作出创造性贡献的人。在完成发明创造的过程中，只负责组织工作的人、为物质条件的利用提供方便的人或从事其他辅助工作的人，不应当被认为是共同发明人或设计人。

4. 授予专利权的条件

1) 授予发明和实用新型专利权的条件

(1) 新颖性。新颖性是指在申请日以前没有同样的发明或实用新型在国内外出版物上公开发表过，在国内公开使用过或者以其他方式为公众所知；也没有同样的发明或实用新型由他人向专利局提出过申请并且记载在申请日以后公布的专利申请文件中。

(2) 创造性。创造性是指同申请日以前已有的技术相比，该发明具有突出的实质性特点和显著的进步，该实用新型具有实质性特点和进步。

(3) 实用性。实用性是指该发明或者实用新型能够制造或使用，并且能够产生积极的效果。

2) 授予外观设计的条件

授予专利权的外观设计，应当与在申请日以前在国内外出版物上公开发表过或者国内公开使用过的外观设计不相同或不近似，并不得与他人在先取得的合法权利相冲突，即外观设计只具备新颖性即可。

3) 不授予专利权的发明创造

我国《专利法》还规定了某些发明创造即使具有新颖性、创造性、实用性，也不能授予专利权。《专利法》规定对下列各项不授予专利权：科学发现；智力活动的规则和方法；疾病的诊断和治疗方法；动物和植物品种；用原子核变换方法获得的物质。

5. 专利权人的权利和义务

1) 专利权人的权利

专利权人的权利分为人身权利和财产权利。人身权利是指发明人对发明创造享有的署名权。财产权利则是指专利权人通过对专利技术的占有而取得物质利益的权利。专利权人的财产权利包括以下几种：

(1) 独占权：即专利权人制造、使用和销售其专利产品，使用其专利方法的权利。任何单位与个人未经专利权人的许可，不得为生产经营目的制造、使用、销售、进口其发明或实用新型专利产品；或使用其专利方法以及使用、许诺销售、销售、进口依照该专利方法直接获得的产品；也不得为生产经营目的的制造、销售其外观设计专利产品。但法律、法规另有规定的除外。

(2) 许可权：即许可他人实施其专利并获得专利使用费的权利。任何单位或者个人实施他人专利的，应当与专利权人订立书面实施许可合同，向专利权人支付专利使用费。被许可人无权允许合同规定以外的任何单位或者个人实施该专利。发明专利申请公布后，申请人可以要求实施其发明的单位或个人支付适当的费用。

(3) 转让权：即当事人转让专利申请权或专利权的权利。《专利法》规定，专利申请权和专利权可以转让。中国单位或者个人向外国人转让专利申请权或专利权的，必须经国务院有关主管部门批准。转让专利申请权或专利权的，当事人应当订立书面合同，并向国务院专利行政部门登记，由国务院专利行政部门予以公告。专利申请权或专利权的转让自登记之日起生效。

(4) 标记权：即专利权人在其专利产品或包装上标明专利标记和专利号的权利。

(5) 职务发明创造中发明人或设计人的权利。在职务发明创造中，被授予专利权的单位应当对职务发明创造的发明人或设计人给予奖励；发明创造专利实施后，根据其推广应用的范围和取得的经济效益，对发明人或设计人给予合理的报酬。发明人或设计人拥有在专利文件中写明自己是发明人或者设计人的权利。

2) 专利权人的义务

专利权人有实施其专利的义务。如果专利权人在合理的期限内未实施其专利，国务院专利行政部门可根据实际情况颁发强制许可。国务院行政部门作出的给予实施强制许可的决定，应当及时通知专利权人，并予以登记和公告。取得强制许可的单位或者个人不享有独占的实施权，并且应当付给专利权人合理的使用费，其数额由双方协商，双方不能达成协议的，由国务院专利行政部门裁决。

专利权人有缴纳专利年费的义务。专利权人应当自被授予专利权的当年开始缴纳年费。

6. 专利权的期限、终止和无效

1) 专利权的期限

发明专利权的期限为 20 年，实用新型专利权和外观设计专利权的期限为 10 年，均自申请日起计算。

2) 专利权的终止

有下列情形之一的，专利权在期限届满前终止：没有按照规定缴纳年费的；专利权人以书面声明放弃其专利权的。专利权在期限届满前终止的，由国务院专利行政部门登记和公告。

3) 专利权的无效

自国务院行政部门公告授予专利权之日起，任何单位或者个人认为该专利权的授予不符合《专利法》有关规定的，都可以请求专利复审委员会宣告该专利权无效。

专利复审委员会对宣告专利权无效的请求应当及时审查并作出决定，并通知请求人和专利权人。宣告专利权无效的决定，由国务院专利行政部门登记和公告。对专利复审委员会宣告专利权无效或者维持专利权的决定不服的，可以在收到通知之日起 3 个月内向人民法院起诉。人民法院应当通知无效宣告请求程序的另一方当事人作为第三人参加诉讼。

7. 典型案例及解析

1) 基本案情

A 厂于 2004 年 7 月 3 日成功研制出一种漏电触电保护产品，并于 7 月 25 日进行了小批量试产，销路较好。于是，A 厂于同年 9 月 1 日向中国专利局提出专利申请。B 公司自行开发了漏电触电保护装置，其构想、结构、性能均与 A 厂产品相同或相近，并于 2004 年 8 月 20 日向中国专利局提出漏电保护器专利申请。专利局只能将专利权授予一家，你认为会授给哪一家呢？

2）解析

案例中，B 公司将获得该项专利权。因为 B 公司于 2004 年 8 月 20 日向中国专利局提出漏电保护器的专利申请，先于 A 厂的专利申请。根据《专利法》中"申请在先原则"的规定，专利申请依法应当授予 B 公司。

（二）商标法

1. 商标法概述

我国现行商标法律制度主要是指 1982 年 8 月 23 日第五届全国人民代表大会常务委员会第二十四次会议通过的《中华人民共和国商标法》（以下简称《商标法》）及其实施细则。我国在制定国内商标法律法规的同时，也加入了工业产权保护的国际公约，主要有《保护工业产权巴黎公约》、《商标国际注册马德里协定》等。

商标是商品和服务项目的特定标志。商标是指商品生产者、经营者和商业服务者为使自己的商品和服务同他人同类的商品和服务相区别而使用的一种标记。

商标按构成要素可分为文字商标、图形商标和文字图形组合商标等。商标按其特殊性质，可分为证明商标、防御商标、联合商标和驰名商标。

证明商标是指由对某种商品或者服务具有监督能力的组织所控制，而由该组织以外的单位或者个人用于其商品或者服务，用以证明该商品或者服务的原产地、原料、制造方法、质量或者其他特定品质的标志，如绿色食品标志、真皮标志等。

防御商标是指同一所有人将与其注册相同的商标在非类似商品上分别申请注册并经核准的商标。防御注册商标的宗旨是要保护那些具有极高知名度的商标，因为这些驰名商标的商誉在事实上已经延伸到了非类似商品上，而不仅限于类似商品，法律上应当对这种商誉给予保护。

联合商标是指同一商标所有人将近似于其主商标并使用于主商标指定的商品或者类似商品上的若干商标申请注册而形成的系列商标。联合商标是一组商标，即同一人在同类商品上注册的一组类似商标，其类似之处通常表现在商标图案的构成、读音或者含义等方面。

驰名商标是指在市场上享有较高声誉并为相关公众所熟知的商标，如"金利来"、"麦当劳"、"海尔"等。在我国，驰名商标必须是注册商标。选择驰名商标的认定机构有两种方式：一是由人民法院认定，即通过司法程序认定；二是由国家工商行政管理局认定。

2. 商标注册制度

1) 商标注册的原则

根据我国《商标法》的规定，商标注册原则有以下几项：

(1) 自愿注册和强制注册相结合的原则。自愿注册是指商标使用人有权根据自己的实际需要决定是否申请商标注册，国家对此不加强制。强制注册是指商标使用人必须申请商标注册，并依法获得专用权时才能使用。根据《商标法》规定，必须使用注册商标的商品有：人用药品、烟草制品 (卷烟和雪茄烟)。这些商品未经注册不得在市场上销售。

(2) 申请在先为主、使用在先为辅的原则。商标注册的专用权只能归一个人所有，如果出现两个或两个以上的申请人在同种或类似商品上以相同或近似的商标提出注册申请时，商标管理机关则核准审定最先提出申请的商标。

(3) 优先权原则。商标注册申请人自其商标在外国第一次提出商标注册申请之日起 6 个月内，又在中国就相同商品以同一商标提出商标注册申请的，依照该国同中国签订的协议或者共同参加的国际条约，或者按照相互承认优先权的原则，可以享有优先权。商标在中国政府主办的或者承认的国际展览会展出的商品上首次使用的，自该商品展出之日起 6 个月内，该商标的注册申请人可以享有优先权。

(4) 一类商标，一件申请原则。申请人应根据国家工商总局公布的《商标注册用商品和服务国际分类》中规定的类别，按照"一类商品，一个商标，一份申请"的原则提出申请。

3. 注册商标的期限、变更、转让和使用许可

1) 注册商标的有效期限及其续展

注册商标的有效期为 10 年，自核准注册之日起计算。注册商标有效期满，需要继续使用该商标的，可以申请续展注册，但应当在期满前 6 个月提出续展申请。如果在此期间未申请，可再给予 6 个月的宽展期，宽展期满仍未申请续展的，注销其注册商标。每次续展注册的有效期为 10 年。

2) 注册商标的变更

注册商标需要变更注册人名义、地址或其他注册事项的，应当提出变更申请。

3) 注册商标的转让

转让注册商标的，转让人和受让人应当共同向商标局提出申请。受让人应当保证使用该注册商标的商品质量。转让注册商标经核准后，予以公告。

受让人自公告之日起享有商标专用权。

转让注册商标的，商标注册人对其在同一种或者类似商品上注册的相同或者近似的商标，必须一并办理。转让药品及烟草等商品的商标，受让人应当提供有关主管部门的证明文件。注册商标的转让必须是商标权整个转让；注册人如已许可他人使用注册商标，必须征得被许可人同意，才能将注册商标转让给第三者，否则不能申请转让注册。

4) 注册商标的使用许可

注册商标的使用许可是指商标注册人以订立书面合同的形式，允许他人使用其注册商标。商标注册人可以通过签订商标使用许可合同，许可他人使用其注册商标。许可人应当监督被许可人使用该注册商标的商品质量，被许可人应当保证使用该注册商标的商品质量。

经许可使用他人注册商标的，必须在使用该注册商标的商品上标明被许可人的名称和商品产地，商标使用许可合同应当报商标局备案。许可人和被许可人应当在许可合同签订之日起 3 个月内，将许可合同副本报送其所在地县级工商行政管理机关存查，由许可人报送商标局备案，并由商标局予以公告。

4.典型案例及解析

1) 基本案情

案例 1：某市水果罐头甲厂，生产菠萝罐头使用"常乐"牌未注册商标。没过多久，本市的另一家水果罐头乙厂派人找到甲厂领导，指责甲厂使用"常乐"商标与他们厂使用的"长乐"商标发音相同，要求甲厂停止使用，否则就构成侵权，会到法院起诉。后经了解，乙厂使用的"长乐"商标也是未经注册的商标。请思考，① 未注册商标是否具有专用权？② 乙厂对甲厂提出的要求是否合法？③ 如果你是甲厂厂长应对此采取何种措施，保护自己"常乐"商标的专用权？

案例 2：山东省全乡县酒厂对商品分类表第 33 类酒商品向当地工商行政管理局商标局申请商标注册，拟注册商标为"王府井"被驳回。商标局驳回的理由是："王府井"是北京著名商业街,用作商标易使人对商品出处产生误认。于是，酒厂又向商标评审委员会申请复审。申请理由是：商品上标有地址或者企业名称，不会使人对商品出处产生误认。请思考：商标局的驳回是否合法？你认为商标评审委员会能支持酒厂吗？

2) 解析

案例 1 所涉及的问题可作如下分析：① 除了驰名商标之外，未注册商标不具有专用权。《商标法》规定，经商标局核准注册的商标为注册商标，商标注册人享有商标专用权，受法律保护。我国的商标法律制度保护的直接对象是注册商标，所有法律条款的设定，都是围绕注册商标的保护来进行的，未注册商标显然是不受商标法律保护的。② 乙厂的要求是没有法律根据的。因为其商标"长乐"也是未经注册的商标，没有专用权，所以甲厂的商标不构成冒充注册商标，没有侵权。③ 甲厂厂长首先要尽快到工商局申请注册商标，然后以注册商标的专用权反诉对方侵犯自己的商标权。

　　案例 2 所涉及的情况，商标局驳回合法。商标评审委员会不会支持酒厂的做法。理由是："王府井"是北京的著名商业街，与贸易活动关系密切，不应为独家专用。用"王府井"作商标，确实容易使人对商品的出处造成误认，缺乏商标应有的显著性，并可能引起不良影响。故根据商标法的规定，不予支持。

第七章 大学生在行政法方面的常见问题与解决对策

第一节 程序正当原则

程序正当原则是依法行政的一项要求，是从行政程序方面对行政裁量的控制。要求行政机关在行使职权时除必须依据实体法外，还应该遵循程序法。程序正当原则直接体现了现代法治国家对行政权力公正行使的最低限度，也是最基本的要求，从根本上承载了现代行政程序的基本价值追求——程序正义。程序正当原则在内容上具有"根本"属性，从而也构成了一项重要的行政法基本原则。我国长期以来不重视程序正义，认为实体正义才是主要内容。而事实上，正当程序不仅能保障决定的正确，而且这一过程本身就能让公民感受到自己的权益或意见受到了行政机关的尊重。

本节讨论"田某诉大学拒绝颁发毕业证、学位证行政诉讼案"，在这起案件中，法院开创性地运用了"程序正当原则"进行判案，值得称颂和效仿，可见，学者们对程序正当原则司法适用的关注也日见增强。高等院校对学生的处分行为究竟如何定性？缘何要遵循程序正当原则？法院对大学的处理决定是怎样运用程序正当原则进行裁判的？这都是本篇案例解析所要探讨的内容。

一、基本案情

1994 年 9 月，原告田某考入被告大学下属的应用科学学院物理化学系，取得了本科生学籍。1996 年 2 月 29 日，田某在参加电磁学课程补考过程中，随身携带写有电磁学公式的纸条，被监考教师发现。监考教师虽未发现田某有偷看纸条的行为，但还是按照考场纪律，当即停止了田某的考试。大学于同年 3 月 5 日按照"068 号通知"第三条第五项关于"夹带者，包括写在手上等作弊行为者"的规定，认为田某的行为是考试作弊，根据"通知"第一条"凡考试作弊者，一律按退学处理"的规定，决定对田某按退学处理，4月10日填发了学籍变动通知。但是，大学没有直接向田某宣布处分决定和送达变更学籍的通知，也未给田某办理退学手续。田某继续在该校以在校大学生的身份参加正常学籍及学校组织的活动。

1996年3月，原告田某的学生证丢失，未进行1995～1996学年第二学期的注册。同年9月，被告为原告补办了学生证。其后，被告每学年均收原告缴纳的教育费，并为其进行注册、发放大学生补助津贴，还安排原告参加了大学生毕业实习设计，并由论文指导教师领取了学校发放的毕业设计结业费。原告还以该校大学生的名义参加考试，先后取得了大学英语四级、计算机应用水平测试 BASIC 语言成绩合格证书。原告在该校学习的4年中，成绩全部合格，通过了毕业实习、设计及论文答辩，获得优秀毕业论文及毕业总成绩全班第9名。被告大学的部分教师曾经为原告田某的学籍一事向原国家教委申诉，原国家教委高校学生司于1998年5月18日致函大学，认为该校对田某违反考场纪律一事处理过重，建议复查。同年6月5日，大学复查后，仍然坚持原处理结论。

1998年6月，被告大学的有关部门以原告田某不具有学籍为由，拒绝为其颁发毕业证，进而也未向教育行政部门呈报毕业派遣资格表。田某所在的应用学院及物理化学系认为，田某符合大学毕业和授予学士学位的条件，由于该系正在与学校交涉田某学籍的问题，故在向学校报送田某所在班级的授予学士学位表时，暂未给田某签字，准备等田某的学籍问题解决后再签字。因此该系报送给学校的拟授学士学位资格的名单中，没有将田某列入。

原告田某认为自己符合大学毕业生的法定条件，被告大学拒绝给其颁发毕业证、学位证是违法的。原告于1998年10月5日向北京市海淀区人民法院递交了行政起诉书，请求判令原告颁发毕业证、学位证并办理毕业派遣手续。

本案争点集中在田某是否具有学籍这个问题上，具体是指对田某作出的退学处理决定是否合法、合理的判断。另外学校作出退学处理决定后田某继续留在学校学习的事实是否等于学校默认保留其学籍或恢复了其学籍。解决该争议需要首先对学校处理程序作出评价，审查其对学生田某作出处理决定过程中是否遵循了正当程序原则。一种观点认为，按退学处理涉及被处理者的受教育权利，从充分保障当事人权益的原则出发，作出处理决定的单位应当将该处理决定直接向被处理者本人宣布、送达，并允许被处理者提出申辩意见。而大学没有按此程序办理，这样的行为不具有合法性。另一种观点认为，为学校强加"正当程序"的义务有失公平，因为从1996年2月29日田某考试作弊到3月5日学校作出退学决定，中间有 5 天时间 (含周六、周日)，田某曾两次就作弊一事写检讨书，并通过辅导员上报学校，他并非没有机会申辩。学校对田某作出退学处理决定后在布告栏内以"期末考试工作简报"形式公布，可以预料田某会看到该决定或从师生口中得知该决定，对学校来说，这样的程序已经足够。

二、案件处理结果

（一）一审判案理由和判词

1999 年 2 月 14 日，海淀法院作出一审判决：被告大学在本判决生效之日起 30 日内向原告田某颁发大学本科毕业证书；被告大学在本判决生效之日起 60 日内召集本校的学生评定委员会对原告田某的学士学位资格进行审核；被告大学于判决生效之日起 30 日内履行向当地教育行政部门上报原告田某毕业派遣的有关手续的职责；驳回原告田某的其他诉讼请求。

一审判决作出后，大学不服，向北京市第一中级人民法院提起上诉，请求判决撤销原判，驳回田某的诉讼请求。

（二）二审判案理由和判词

二审法院在经过书面审理后，于 1999 年 4 月 26 日作出了驳回上诉、维持原判的终审判决。

北京市第一中级人民法院认为，1996 年 3 月 5 日，上诉人大学根据"068 号通知"，认为被上诉人的行为属于夹带作弊行为，对其作出按退学处理的决定，并于同年 4 月 10 日填发了学籍变动通知。但该处理决定和变更学籍通知未直接向被上诉人宣布、送达，也未实际给被上诉人办理有关退学的手续，被上诉人继续在校以该校大学生的身份参加正常的学习及活动。另外对原审证据也作出了认定，大学教务处关于田某等三人考试过程中作弊，按退学处理的请示、期末考试工作简报、学生学籍变动通知单等证据，能够证明上诉人于 1996 年 3 月 5 日曾对被上诉人作出按退学处理的决定，但不能证明上诉人将上诉决定向被上诉人宣布及直接送达被上诉人，也不能证明该决定已实际执行。

上诉人在被上诉人取得该校学籍以及在校期间，确曾因被上诉人在电磁学补考中随身携带了与考试有关的纸条作出认定被上诉人夹带作弊，并给予了退学的处理决定。但该处理决定由于未向被上诉人宣布、送达，上诉人也未给被上诉人办理注销学籍、迁移户籍、档案等退学的手续，故该处理决定实际未予执行。而且上诉人允许被上诉人继续在校以该校大学生的身份参加正常的学习、考试及学校组织的活动，其间上诉人还给被上诉人补办了丢失的学生证，收取了其缴纳的历学年学宿费，为其进行学籍注册，发放大学生补助津贴、毕业设计结业费等。上述行为均证明上诉人的退学决定因其没有执行而实际没有生效，上诉人应将被上诉人按有学籍的毕业生对待。因此，二审法院认为原审认定事实清楚、证据充分，适用法律正确，作出驳回上诉，维持原判的终审判决。

三、法理分析

（一）相关法律规定

《中华人民共和国行政诉讼法》（以下简称《行政诉讼法》）第六十九条、第七十条规定如下：

第六十九条　行政行为证据确凿，适用法律、法规正确，符合法定程序的，或者原告申请被告履行法定职责或者给付义务理由不成立的，人民法院判决驳回原告的诉讼请求。

第七十条　行政行为有下列情形之一的，人民法院判决撤销或者部分撤销，并可以判决被告重新作出行政行为：

（1）主要证据不足的；

（2）适用法律、法规错误的；

（3）违反法定程序的；

（4）超越职权的；

（5）滥用职权的；

（6）明显不当的。

《中华人民共和国教育法》第二十一条、第二十二条规定如下：

第二十一条　国家实行学业证书制度。

经国家批准设立或者认可的学校及其他教育机构按照国家有关规定，颁发学历证书或者其他学业证书。

第二十二条　国家实行学位制度。

学位授予单位依法对达到一定学术水平或者专业技术水平的人员授予相应的学位，颁发学位证书。

《中华人民共和国学位条例》第八条规定："学士学位，由国务院授权的高等学校授予。"

（二）学说争鸣

针对该案，学者们围绕高等学校授予学位行为的性质、程序正当原则等问题作了诸多讨论。

1. 关于高等学校授予学位行为的性质

有学者认为，颁发学业证书和学位证书等权利属于高等学校自主权的范畴，是其固有的权利，属于私权利，并非是政府的权利。学校与学生之间存在不同性质的行为，包括影响学生基本权利的决定，以及不涉及国家与公民之间基本法律关系的日常工作。根据德国行政法学者乌利教授对学生与公立学校之间教育关系的划分，与基本权利相关的决定属于行政行为，而工作关系中的命令则不属于行政行为。将严重影响学生权益的行为纳入行政行为的范畴，有利于法院对高等院校的处分行为进行司法监督，符合行政法的精神，有利于保护相对人的合法权益。所以从行政法基本原则角度出发，完全可以将大学的行为定性为行政管理行为，高等院校对学生作出开除、退学等处分决定与行政机关作出行政行为一样，也必须遵循正当程序原则。

2. 关于程序正当原则的司法适用

本案判决书仅仅从原则出发，规定"作出处理决定的单位应当将该处理决定直接向被处理者本人宣布、送达，允许被处理者本人提出申辩意见"，但并未指出这一表述的法律依据。法院在没有任何法律条文依据的情况下，运用"程序正当原则"作出认定被告程序违法的裁判，引起了学界对程序正当原则司法适用的争论。

反对者认为对行政行为合法性的审查标准只能来自《行政诉讼法》第七十条的规定。然而，法院根据正当程序原则判决，既没有法律依据，也缺乏充分理由。这种行为违背了人们对法律的合理预期，为有关当局强加了不适当的程序义务，干预了行政裁量和学术自由，破坏了法律秩序的确定性。在没有实定法依据的情况下，法院的确求助了"充分保障当事人权益"的一般性社会目的和政策，要求高校遵循上诉判决中的程序。然而，这种缺乏明确法律依据的判决对高校并不公平。一些学者对海淀法院引入正当程序原则深感不安，担心缺乏"本土资源"的支持，"在中国还为时尚早"，可能适得其反，告诫"法院不能包打天下"，主张"还是由立法机关出来说话"。另有一些学者（及正当程序的鼓吹者）痛心疾首，批评法院判决缺乏对既有制度的尊重，侵犯了学术自由；甚至斥责这是"法官对法律的执意歪曲"，是对司法审查职责的"背叛"。还有人质疑海淀法院运用正当程序原则判决，认为其混淆了"应然的法律"和"实然的法律"。

　　支持者认为《行政诉讼法》第七十条规定,"违反法定程序"的行政行为应予撤销。法定程序的"法"不应仅仅理解为法律、法规和规章的具体规定,还应当包括法律精神和法律原则。"行政行为应当遵循公正的程序准则"是法律的一般要求,即使法律、法规和规章没有明确规定,这也应当被看作法律隐含的要求,是法律的一部分。所以,违反法律所要求的正当程序,也就是违反法定程序。在行政主体行使职权的过程中必须对其权利加以控制,"现代行政法控权的焦点就发生在行政自由裁量的运用和控制上"。朱新力教授认为,《行政诉讼法》第七十条中的"滥用职权"就包括了滥用程序上的自由裁量权。在程序领域享有自由裁量权的情况下,行政主体作出行政行为时出现不正当的程序,其中包括"严重丢失的步骤",将构成程序违法。甘文法官主张,在目前的立法状况下,应当对行政诉讼法中的"法定程序"作扩大解释,使它能够包括那些符合法律精神和原则的行政程序。相应地,违反正当程序原则也属于"违反法定程序"。

　　笔者认为,通过司法程序来控制行政权力是保护公民利益的重要手段,而当前法律规则的不完善并不能成为行政机关不履行正当程序的借口。法官运用正当程序原则的理念判决案件符合公平正义精神,应值得称颂。本案法院适用程序正当原则作出判决,符合各种法律价值的考量,并以此为起点逐渐确立正当程序原则,为今后各地方法院审理行政案件起到了示范作用。从某种意义上讲,最高法判决中"作出(退学)处理决定的单位应当将该处理决定直接向被处理者本人宣布、送达,允许被处理者本人提出申辩意见"的表述回应了学界对重视行政程序的呼吁,注入了法官对公民权利的关怀,弥补了我国行政程序立法的缺陷。该判决关注行政程序的精神和大胆运用法律原则的勇气,将远远超过个案的意义,值得肯定和效仿。在我国目前法律制度尚不完善的背景下,这一裁判对"程序正当原则"的运用具有重要意义,不但实现了个案正义,也有助于推动立法的完善与发展。

四、结语

　　程序正当原则是现代行政法的重要原则,并且已经成为我国行政法律的一个基本原则。程序正当原则的基本精神在于行政机关作出影响行政相对人权益的行政行为,必须遵循正当法律程序,包括事先告知相对人,向相对人说明行为的根据、理由,听取相对人的陈诉、申辩,事后为相对人提供相应的救济途径等。各国法律制度固然不同,但程序正当原则所体现的公平对待精神确是超越国界的,程序正当原则完全符合我国法律的精神。目前我国在行政法领域制定的一些单行法律、法规及规章中也都对行政程序作了规定,如《中华人民共和国行政处罚法》对行政处罚机关在作出行政处罚决定之前听取当事人陈诉和申辩程序作了非常严格的规定。教育部也于2005年颁布了《普通高等学校学生管理规定》，要求学校作出处分决定之前听取学生或者其代理人的陈诉和申辩（第五十六条），处分决定作出后出具处分决定书并送交本人（第五十八条）。而法律法规涵盖的范围毕竟是有限的，除了要制定明确的规则来控制行政权力外，还要在程序上对行政自由裁量权作出限制。在今后类似的司法实践中，首先是依据具体条文来判案，在找不到具体法律规则的情况下，可以运用相关法律原则，从程序的角度来考虑行政行为是否合法。

第二节　平等原则

在现代社会，随着国家任务的增加，行政权成为最重要、最积极的国家权力。行政权不再是消极地介入公民生活，严守国家和社会之间界限的权力，而逐渐承担了提供服务、救济和扶助等功能，以维护社会实质正义和促进人民福祉。但如果行政权对不同的行政对象差别对待的话，是否违背了平等原则呢？又该如何理解平等原则呢？这是本案例所要讨论的一个重要问题。

一、基本案情

赵某所就读的小学2004年推荐入读厦门市外国语学校的名额为5人。赵某在小学毕业考试中英语综合成绩名列第四。根据区教育局《关于2004年初中招生工作补充意见》（以下简称《补充意见》）"推荐入选中男女生比例不低于40%"的规定，由于英语成绩排名中前四名均为男生，而第五、六名为女生，赵某未能进入推荐名单。为此，2004年7月29日，赵某以区教育局在推荐入读外国语学校名额中限制男女生比例的具体行政行为侵害他的平等受教育权为由，将区教育局诉至区法院，后又上诉至厦门中院。

本案有两个争议点：第一，《补充意见》限制男女生比例的规定是否侵害了原告的教育平等权，违背了行政法的平等原则；第二，《补充意见》是否为抽象行政行为，抽象行为是否属于法院的受案范围。

二、案件处理结果

（一）一审判案理由和判词

区法院审理认为，区教育局作出的《补充意见》中关于推荐入读外国语学校的男生或女生比例的规定属于行政机关制定、发布的具有普遍约束力的决定，即抽象行政行为，根据《行政诉讼法》第十二条第二款规定，人民法院不受理公民、法人或者其他组织对"行政法规、规章或者行政机关制定、发布的具有普遍约束力的决定、命令"提起的诉讼。为此，区法院驳回了赵某的诉讼请求。

（二）二审判案理由和判词

赵某对该判决不服，上诉至厦门中院，要求区教育局重新作出具体行政行为，许可他入读厦门外国语学校。

厦门市中级人民法院二审认为，《补充意见》中的"限制男女生比例"规定并不是区教育区的独创，它来源于厦门市教育局72号文件的规定，而该规定本身是行政机关制定、发布的具有普遍约束力的决定，即抽象行政行为，因此本案不属于法院受理的范围。法院裁定不予受理。

三、法理分析

（一）相关法律规定

《行政诉讼法》第十二条第二款项规定，人民法院不受理公民、法人或者其他组织对下列事项提起的诉讼：行政法规、规章或者行政机关制定、发布的具有普遍约束力的决定、命令。

《中华人民共和国行政复议法》（以下简称《行政复议法》）第七条规定，公民、法人或者其他组织认为行政机关的具体行政行为所依据的下列规定不合法，在对具体行政行为申请行政复议时，可以一并向行政复议机关提出对该规定的复查申请：

(1) 国务院部门的规定；

(2) 县级以上地方各级人民政府及其工作部门的规定；

(3) 乡、镇人民政府的规定。

前款所列规定不含国务院部、委员会规章和地方人民政府规章。规章的审查依照法律、行政法规办理。

（二）学说争鸣

1. 平等原则的内涵

平等原则有形式平等和实质平等两个层次，形式平等的含义是同等情况同等对待，实质平等的含义是不同情况不同对待，形式平等和实质平等也就是台湾学者所说的"等者等之，不等者不等之"这两个层次。德国联邦宪法法院对平等原则的界定如下："平等原则禁止对于本质相同之事件，在不具实质理由下任意地不同处理；以及禁止对于本职不相同之时间，任意地作相同处理。"

形式平等是机械的、绝对的平等，正所谓世界上没有两片相同的树叶一样，万事万物皆有差别，所以同等情况、同类事物也只能是在规范层面上的相对拟制而已。随着国家进入给付国家的时代，政府承担了越来越多的对公民生存照顾的义务，平等观也从形式平等过渡到了实质平等，为什么政府可以对不同情况的人差别对待呢？政府在现代社会承担了创造合乎社会正义的取用机会，对弱势群体"生存负责"的责任，国家需要在经济的、社会的各个领域设置不同性质的给付设施以照顾人民生活，需要通过设置各种社会制度来减少贫富差距的状况，使得社会弱势群体能够通过国家所提供的社会保险、社会救助等得到辅助维持生存。现代法治国家的目的表现为：其一是实现社会正义，社会法律观念在于扶助弱者，对社会的不平等作出一定程度的调和；其二是促进公共福利，尤其是经由生活的照拂(如水、电、教育、保健等生活上重要财物的供给)、社会保险和社会急难的救助。

从实质平等的角度而言，"平等并不禁止差别待遇，而重点是'差别待遇有无理由'"。什么样的差别对待是符合实质平等观的差别？如果差别不是出于恣意，而是具有法律上的正当性的时候，就应当允许根据事物本质属性的差异而相应地差别对待。简而言之，是恣意差别还是符合实质平等观的差别，关键在于差别对待的手段与所要实现的行政目的之间是否具有关联关系。第一，低度审查标准，要求行政目的合理、合法，行政手段与目的之间应具有合理关联性。第二，中度审查标准，要求区别对待所追求的目的是重要公共利益，行政手段与目的间应具有实质关联关系。第三，严格审查标准，要求区别对待所追求的目的是特别重要的公共利益，行政手段必须合乎比例原则的要求，手段必须是必要且侵害最小的。

究竟应该采取何种审查标准，应当结合个案，根据基本权利的性质、对基本权利的侵害程度、所要实现的目的等因素综合确定。台湾学者李建良教授认为，以差别待遇对当事人的影响强度，根据强者恒严、弱者恒宽的基本理念来建构平等原则的审查基准，即强度越大，宪法上的要求越高。李建良教授认为以下三点是需要考虑的因素：其一，差别待遇的标准，越接近宪法明定不得为差别待遇的标准者，例如性别、宗教、种族、阶级、党派等，则其差别待遇的强度越大。其二，受差别待遇的当事人对于差别待遇的标准越不能予以影响者，则其差别待遇的强度越大。其三，差别待遇的结果对于宪法所保护自由权的行使，影响越大者，则其差别待遇的强度越大。简单来看，李建良教授的主张就是差别待遇影响程度大者，须有重大的合理事由，始为合宪；差别待遇影响程度小者，只要有任何的合理事由，即为合宪。区教育局《补充意见》所规定的"推荐入选中男女生比例不低于40%"是否是符合理性的差别对待呢？这需要结合具体的案例展开分析。

2. 教育平等权的内涵及其价值

教育平等是指"公民依法享有的要求国家积极提供均等的受教育条件和机会，通过学习来提高其个性、才智和身心能力，以获得平等的生存和发展机会的基本权利"。

教育平等首先要确保整体教育资源分配的形式平等性，保证每一个人在教育制度面前能够享有同等的机会条件。机会平等是确定平等，"实际上并不问立足于现实起点之上的各个具体的人是否真正具有对等的实力等前提条件，当然更不问自由竞争之后的结果是否能达至现实平等"。但如果无视一些弱势群体在教育机会的获取上存在的先天劣势，则会出现事实上的不平等、不公正局面。所以，在教育领域中也应该用实质平等去补充、矫正形式平等，"为了在一定程度上纠正由于保障形式上的平等所招致的事实上的不平等，依据个人的不同属性分别采取不同的方式，对作为个人的人格的形成和发展所必须的前提条件进行实质意义上的平等保障"。

那究竟应该如何界分实质平等和歧视呢？这需要结合前面所论述的实质平等的审查标准具体而论。在知识经济时代，教育平等极其重要，优先的教育公共资源如何分配会直接影响公民的基本权利，一个人所享有的教育资源与他的未来发展、个人能力实现息息相关，人们常说"不能让孩子输在起跑线上"，教育平等意味着每个孩子应该站在相同的起跑线上。不仅如此，教育平等还直接影响社会分层结构的流动性和整体社会秩序的稳定性。考虑到教育政策上的区别对待，对公民教育权这一基本权利的侵害强度及教育权对于公民个人价值实现的重要性，教育领域的平等性的判定应该适用严格审查标准，具体应考虑以下两方面。

(1) 要考虑区别对象本身是否存在本质的差异，比如不同性别、不同种族、不同宗教信仰和不同地域。

(2) 行政手段与目的之间的关联关系。其一，行政目的是否正当。政府有些教育政策的差别对待是为了实现公正的社会目的，比如高考少数民族加分政策就是考虑到少数民族所在地区经济发展水平一般较低，一般拥有较少的教育资源，所以为了照顾弱势少数群体，以给少数民族群众加分的政策可以实现社会矫正的目的。但在某些情况下也的确会出现张千帆教授所批判的"政府只是将正当理由作为幌子，实际所做的只是赤裸裸的歧视而已"。其二，不同性别、不同种族、不同宗教信仰和不同地域等在教育资源分配上的差别对待，与事物的本质属性的差异之间是否具有正当的、实质的连接关系。比如，为了让农村儿童获得更多的受教育机会，在入学政策、学费减免等问题上给予一些特殊的照顾就属于符合理性的、可接受的差别。因为农村儿童与城市儿童相比，由于历史、政治和经济等多方面的原因，他们得到的教育机会更少，所以有必要给予一些特殊差别对待。据报道，2001～2002年，全国15～17周岁人口的九年义务教育完成率分别只有75%和76.6%。近些年来每年大约有500万适龄儿童未完成初中教育，其中近200万适龄儿童未完成小学教育，这些未能接受九年义务教育的主要是农村人口。其三，区别必须符合一定的度，即为实现行政目的是否有替代性的选择手段。同时，还要反对反向歧视，为了让某些弱势群体在竞争中具有相对实质公平的竞争能力而给予一定的照顾，这种区别对待本无可厚非，但实践中，如果区别对待突破了矫正正义所需的度也就构成了反向歧视，反向歧视本质上是实质不平等的体现。

（三）本裁判评释

1.《补充意见》是否违反了行政法的平等原则的解析

赵某的考试成绩虽然排名第四，但由于赵某是男生，最终学校根据区教育局《关于2004年初中招生工作补充意见》中"推荐入选中男女比例不低于40%"的规定，没有录取赵某。赵某没有起诉学校不予录取的行为，而是对区教育局的《补充意见》进行起诉。本案中，区教育局《补充意见》的"推荐人选中男女比例数不低于40%"的规定是否违背平等原则呢？

首先探讨《补充意见》是否对赵某构成性别歧视，是否违反了行政法的平等原则。第一，行政手段的对象属性（男女性别）是存在本质差别的。第二，推荐入选中男女比例数不低于40%的行政政策与事物的本质属性的差异之间是否具有正当的、实质的连接关系？这首先要判断行政机关设置这一比例的行政目的是什么，为了维护学校男女比例的大致平衡，为了保证女童的入学率，保护弱势群体，还是其他目的？本案例对此并没有明确地背景性介绍，故无法作出明确判断。但总体来说，如果没有其他重要因素的介入（比如学校为警校等特殊性质的学校），推荐入学名额只与学习成绩相关，其他的因素均为与录取本身不直接关联的因素，不应是行政机关作出决定的考虑因素，区教育局的行为有违教育平等原则。

2. 关于《补充意见》的性质以及抽象行政行为是否属于法院的受案范围的解析

(1)《补充意见》的性质。厦门市中院二审认为，《补充意见》中的"限制男女比例"规定并不是区教育局的独创，它来源于市教育局 72 号文件的规定，而该规定本身是行政机关制定、发布的具有普遍约束力的决定，即抽象行政行为，不属于行政诉讼的受案范围。该案区教育局的代理人认为，区教育局下发《补充意见》对赵某能否就读外国语学校并不产生影响。

虽然区教育局直接依据市教育局的相关规定对中学招生性别比例加以限制，但此文件的客观存在并不能排除区教育局的具体行政行为，这种行为已经侵害了赵某的平等受教育权，表面上教育局的推荐行为不具有强制执行力，但对当事人的权利义务的确造成了重大影响。《补充意见》等一些对当事人产生重大影响的行为披着抽象行政行为的外衣，在我国当前行政复议、行政诉讼制度下，当事人很难通过复议、诉讼来维护自己的合法权益。对于这种以抽象行政行为之名行具体行政行为之实，对行政相对人的权利产生影响的行政行为应当允许行政相对人起诉。

(2) 我国抽象行政行为的司法审查现状。具有抽象行政行为性质的行政规范性文件越来越多，涉及面越来越广，行政管理权和行政强制力的作用日趋增强，直接关系到公共利益、社会秩序和公民的切身利益，日益受到公众的关注。根据我国《行政诉讼法》对行政诉讼的受案范围所作的列举加否定式的规定，"既不得在未发生具体案例的情况下向法院提出对抽象行政行为的审查请求，也不得在已发生具体案件的情况下附带地向法院提出审查请求；既不得在起诉时向法院提出对抽象行政行为的审查请求，也不得在诉讼过程中，向法院提出审查请求"。

关于《行政诉讼法》将抽象行政行为排除在行政诉讼受案范围之外的规定，一直以来争议颇多。不少人认为这是由于我国宪法和法律对抽象行政行为的审查监督已经作了比较完备的规定，因此没有必要将抽象行政行为纳入行政诉讼受案范围。但实际上这是由于在 1989 年制定《行政诉讼法》时，行政机关对这类"民告官"的案件抵触非常大，如果再将抽象行为也纳入行政诉讼之中，行政机关对这部法律是不可能接受的，所以没有将抽象行政行为纳入行政诉讼受案范围之中。

当前，《行政诉讼法》不允许原告针对抽象行政行为提起行政诉讼的规定和原告不能在起诉和诉讼阶段对抽象行政行为的合法性提出质疑的规定所带来的问题暴露无遗。其一，行政诉讼受案范围过窄，使得大量的行政规范性文件游离于司法审查之外，法院在处理该类问题时表现出退缩的谨慎姿态，往往以缺乏相应法律规定或不属于法院受理范围为由驳回原告的诉讼请求。如果司法部能审查"越权"与"侵权"的红头文件，则显然不利于保护行政相对人的合法权益，同时也杜绝了当事人获得司法救济的途径，可能导致矛盾激化甚至引发新的社会冲突。其二，行政诉讼受案范围对抽象行政行为的限制，也导致行政复议与行政诉讼脱节。我国《行政复议法》第一条规定复议机关有权对具体行政行为之依据是否合法进行审查，即可以对部分行政规范性文件的合法性提起行政复议。因此将行政规范性文件排除在行政诉讼之外，必然导致《行政复议法》与《行政诉讼法》之间，甚至《行政诉讼法》内部条文之间相互脱节，既不符合《行政复议法》、《行政诉讼法》的立法宗旨，也不符合当今世界各国司法审查宽度扩大的趋势。其三，从案件审理过程来看，行政相对人是与具体行政行为存在直接利害关系的当事人，案件的审理结果与行政相对人的法益之间存在直接的关系，而案件审理过程主要是对案件的事实及案件审理依据的确定。这两大问题直接决定着案件的审理结果，必须允许当事人参与其过程。在案件事实方面，《行政诉讼法》和《最高人民法院关于执行〈中华人民共和国行政诉讼法〉若干问题的解释》允许当事人进行举证、提出反证、就对方的举证进行质证。但是《行政诉讼法》却不允许案件当事人就案件中的法律适用提出自己的意见和质疑。行政相对人理应成为对抽象行政行为司法审查的启动主体，应该有权对部分行政规范性文件提起诉讼。

(3) 应当将抽象行政行为纳入行政诉讼的受案范围。随着国家行政权的扩张，行政机关对社会经济的干预和影响程度逐渐扩大，抽象行政行为也日益膨胀，大量的行政规范性文件甚至部分地取代了立法机关的法律，成为行政机关开展具体行政活动的合法性依据。而行政规范性文件，"特别是规章以下的行政命令、决定，因制定主体众多、数量庞大，且未经过立法程序或没有按立法程序论证，在民意的表达、利益的体现和符合法律方面往往都存在着不能容忍的缺陷"，可能存在违反法律的情况，而一旦违反宪法、法律，导致行政相对人蒙受损失，其产生的负面影响往往比一个具体行政行为所产生的影响还要大。因此，必须有一种新的控权理论和法律规则来防止抽象行政行为的滥用，为行政相对人提供救济途径。

抽象行政未纳入行政诉讼的受案范围。首先，抽象行政行为存在违法的现实。抽象行政行为具有层次多、数量大、范围广、反复适用的特点。在实行依法治国的今天，一些行政机关任意违反法律的现象正在逐渐减少，但更多的行政违法行为都是以"红头文件"作为抗拒执行国家法律、政策的挡箭牌。抽象行政行为涉及范围广，影响人数多，对公民合法权益的侵害不亚于某些具体行政行为带来的影响，将抽象行政行为纳入行政诉讼的受案范围具有现实的必要性。其次，对抽象行政行为缺乏有效的监督制约。根据我国宪法和有关法律的规定，人大和上级行政机关对抽象行政行为有撤销和修改的权利，但是这些规定仅仅是原则性的，没有具体的操作规范指导，因此完全不具有可操作性。我国的《中华人民共和国立法法》也确立了行政法规、规章的备案制度，但是现存的制度并不能及时、有效地解决一些地方、部门乱发文件、乱收费、乱集资、以权谋私的问题。现实中出现违法问题最多的就是规章以下的行政规范性文件。虽然近年来有关部门多次进行对行政规范性文件的清理工作，但是由于采取由行政机关自己清理自己制定的规范性文件的方式，因此很难摆脱部门利益的牵制。总之，我国目前对抽象行政行为还没有有效的监督机制，如果将其纳入行政诉讼受案范围，有助于对抽象行政行为进行监督制约，有助于及时有效地纠正抽象行政行为的违法问题，可以更大范围地保护公民、法人和其他组织的合法权益。最后，将抽象行政行为纳入受案范围的可行性。虽然依据《行政诉讼法》的有关规定，法院不受理当事人针对抽象行政行为提起的诉讼，但实际上法院在行政诉讼过程中根本无法避免对抽象行政行为的审查，因为"其中的规定通过具体行政行为来落实并使之特定化，必然导致法院审查具体行政行为合法性时对作为依据的抽象行政行为进行审查"。法院并不绝对排斥对抽象行政行为的审查，而且针对这类案件，法院已经积累了许多优异的审判经验，完全有受理和审查抽象行政行为的能力。另外，行政复议机关对抽象行政行为的复议经验也为法院受理抽象行政行为奠定了基础。

关于对抽象行政行为进行起诉的范围，应将规章及规章以下的行政规范性文件纳入受案范围之中。为避免法院一时承受太大的负担而处理不当引起行政管理活动的较大震动，可以采取主要但不限于"附带诉"的方式，在一般情形下相对人对抽象行政行为只能附带诉。但如果相应的规定、规章一类的抽象行政行为不经具体行政行为即可造成对相对人合法权益的损害，相对人则可直接对该抽象行政行为提起诉讼，即"有限直接诉"。如果相应的抽象行政行为不经具体行政行为就可能造成对相对人合法权益的损害，相对人可直接对该抽象行政行为提起诉讼，请求人民法院撤销该抽象行政行为或确定该抽象行政行为违法，以避免实际损害的发生。

四、结语

根据有权利则需要有救济的法律原理，赵某在受教育权受到行政机关侵害的情况下,是有资格获得法律救济机会的。"享有合法利益必须获得法律强制力的保护,从而具有抗衡任何其他人侵犯该权益的能力。从此处看,一个完整的权利其实是由三种相互关联的具体权利复合而成,即自由权、请求权、诉权的统一。"区教育局对男女比例的规定并不符合理性的差别对待,另外平等教育权是一项重要的基本权利,在行政机关违背平等原则,对行政相对人的具体权利义务产生重大影响时,公民理应有起诉的权利。

目前根据我国《行政诉讼法》的规定,抽象行政行为是不可诉的。但在现实生活中大量的行政主体出于种种原因,将针对特定行政相对人的具体行政行为以行政规范性文件的形式作出规定。不少由政府下发的"红头文件"引发的案例都是剥夺公民的合法权利,或者为公民设定了义务,而这些都没有法律上的依据。通过制定"红头文件",政府公然干涉不应由行政权力调整的领域,争权、与民争利。

第三节　行政诉讼被告

行政主体包括行政机关和法律法规规章授权的组织,所以行政诉讼的被告也就顺理成章地按照这个方式去区分和界定了。但就像分析"长春亚泰俱乐部诉中国足球协会"案时所论述的,"法律法规授权组织"这个概念无法完全解释行业协会、事业单位、民事主体行使行政权的现象,因为实践中没有授权、授权模糊、授权笼统等现象大量存在。本案中,法官援引了《中华人民共和国教育法》及《中华人民共和国高等教育法》的相关法条,肯定了公立高等学校可以根据法律授权行使行政管理职权的公法地位。但是无法直接从法律的授权条款中得出高等学校是否拥有该行政权力的结论,司法实践和法律文本之间的这一差异值得进一步思考高等学校在公法上的性质和地位。

一、基本案情

2005 年 3 月,林某报名参加某大学 2005 年国际法学专业博士生入学考试,经过初试和复试之后,林某未被录取。2005 年 6 月 6 日,林某为此分别向某大学法学院和招生办公室提出异议。2005 年 6 月 10 日,某大学研究生院对原告所提录取名单的异议作出书面答复,说明因名额所限,无法录取原告,并希望林某理解。

2005 年 6 月 20 日,某大学在其网页上对公布的"2005 年某大学博士研究生国际法学专业拟录取名单"作出调整,但仍未录取林某。

本案争议的焦点在于:第一,法院是否有权审查某大学招录博士生的行为,审查的强度如何,如何确定大学的行政权既可以受到法院的有效监督、制约,同时又要保证司法权不过分地介入到专业行政判断中;第二,某大学是否有资格成为本案的被告;第三,某大学不予录取林某,在补录程序中录取了丁某的程序是否正当、合法,在实体上是否合法。

二、案件处理结果

(一)一审诉辩主张

原告诉称:原告林某报名参加某大学博士生入学考试,报考导师为廖某教授。原告于 2005 年 3 月经过初试并进入复试。最终成绩(初试和复试成绩总和)在报考廖某教授的学生中总成绩排名第三。2005 年 5 月 24 日,某大学法学院网站公布了录取名单,却无原告的名字,前两位是总成绩排名第一、第二的学生,第三位是报考曾某教授的丁某。根据《某大学 2005 年博士研究生复试录取工作意见》规定的精神,每位博导招生数不超过三名,原告初试和复试的成绩均符合规定的要求,原告应当被录取为廖某名下位列第三的博士研究生,而不能被曾某名下成绩排名第五的丁某替代。被告的行为实际上剥夺了原告被录取为博士生的资格,侵犯了原告的合法权益。原告认为,被告针对原告作出的招生行为和之后的一系列做法不具有合法性,其在招生过程中存在暗箱操作,滥用权力的违法行为,具体事实与理由如下:①违法挂靠。古某是该法学院老师,并无博士生导师资格,其挂靠廖某招收博士研究生,导致廖某少了一个指标。由于只有两个指标,就只录取了前两名,没能录取原告,该行为规避了国务院学位委员会《关于选聘博士生指导教师工作的几点原则意见》规定的选聘博导的基本原则、基本程序及博导的基本条件。②违反行政程序公开的原则与规定,暗箱操作一个名额。复试之前,每位考生可以领到一份《某大学法学院 2005 年国际法学专业博士生录取指导教师及专业方向调剂办法》(以下简称《调剂办法》)及调剂申请表。根据这份材料,考生通过填写调剂表,在考生上线多的导师与考生上线少的导师之间调剂。但是,法学院没有告知在调剂表上可以填上古某的名字,只有丁某知道,对其他考生无公平可以言。③被告滥用招生行政权,庇护法学院违法及暗箱操作后的录取结果,维持一种非法状态。在原告提出质疑后,被告就招生名单做了调整,将廖某的招生指标减为两名,曾某增加到 4 名,利用自己掌握的行政审批手段,把录取丁某的这种不符合录取规则的行为合法化,封堵原告的质疑,被告的行为明显属于滥用职权。故请求法院:第一,撤销被告作出的 2005 年国际经济法方向博士生录取名单；第二，判令被告按公布确定的录取规则录取原告。

被告辩称：原告初试和复试总成绩排名所报考专业最后一名，故被告决定对原告不予录取。原告要求撤销由专家考核小组确定的 2005 年国际法专业博士生录取名单没有依据，要求录取原告的诉讼请求也缺乏足够的证据支持。事实与理由如下：① 被告博士研究生的复试录取在程序上是公正的。被告于 2005 年先后下发了《关于做好某大学 2005 年博士研究生入学考试复试工作的通知》和《某大学 2005 年博士研究生复试录取工作意见》，对于各学院博士研究生招生工作作出了具体的要求。原告在报考本校国际法专业 4 个研究方向 25 位参加复试的考生中，最终成绩是最后一名。故原告不但不能录取为其原填报的导师廖某教授指导下的国际法专业博士生，而且也不能被调剂录取为其他导师指导下的国际法专业博士生，这是学校"择优录取"原则的具体体现。② 原告认为《调剂办法》是法学院公布的 2005 年博士生招生的录取规则，这是错误的。《调剂办法》只是法学院就国际法专业博士生考生调剂录取的具体事实办法，并非脱离学校规定的博士生复试录取规则而另行制定的复试录取规则。法学院向参加复试的 25 位国际法专业的考生发出《调剂办法》，并附上空白的调剂申请表，目的就是征求 25 位考生的调剂意愿，而调剂申请表允许考生能够优先于排名位序在后的考生被录取。该《调剂办法》中所述的"由各指导教师从报考自己的考生中按总成绩（初试和复试成绩的总和）从高到低录取"，这里的考生并非只限于原先报考时填报了某个导师的考生，还应包括在征求考生调剂意愿时可能在调剂申请表中填报该导师的其他考生。因此，丁某的录取并不存在挤占廖某教授名额的问题，而是符合择优选拔的原则。③ 原告认为被告暗箱操作一个名额和古某教授违法挂靠，存在程序违法问题，这一结论也存在误解。古某不是博士生导师，不能以自己的名义招收博士研究生，其只是参与协助其他博士生导师指导博士生的国际法专业教授。在 2005 年学校和法学院的招生专业目录导师名单中也没有古某教授的名字，因此法学院不能也不会告知考生在调剂申请表中可以填报古某教授，同样也不存在某个导师让出一个招生指标给古某教授来录取考生丁某的情况。法学院之前同意以廖某教授名义招收、实际由古某教授指导丁某的做法，学校招生办公室认为不妥，因此要求法学院改正。法学院向招生办提出了改正意见，因曾某教授有较多的科研项目且无行政职务，丁某就由曾某教授录取，再由古某教授协助指导，招生办也批复同意曾某教授 2005 年可以带 4 名博士生。综上所述，被告对原告作出不予录取为博士生的决定是合法的，请求法院依法驳回原告的全部诉讼请求。

（二）一审事实和证据

法院经审理查明：2005 年 3 月，原告林某报名参加被告某大学博士生入学考试，报考导师为某大学法学院廖某教授。经初试，原告的初试单科成绩和总分成绩均超过被告划定的复试分数线。同年 5 月，原告参加了某大学法学院组织的复试，复试成绩为 70.80 分。原告在报考廖某教授的学生中总成绩排名第三，在报考国际法专业国际经济法研究方向的 19 位参加复试的考生中最终排名为最后一名，在进入复试的 25 位国际法专业考生中的最终成绩排名也是最后一名。

2005 年 5 月 24 日，法学院网站公布了拟录取名单，廖某教授名下录取的考生姓名分别为黄某、付某和丁某，原告未在名单之内。2005 年 6 月 6 日，原告为此分别向法学院和招生办公室提出异议。2005 年 6 月 10 日，研究生院对原告所提出的录取名单异议作出书面答复，说明因名额所限，故无法录取原告，并希望原告理解。

2005 年 6 月 20 日，被告在其网页上对公布的《2005 年某大学博士研究生国际法学专业拟录取名单》作出调整，将考生丁某的导师调整为其原报考时所填报的导师曾某教授，并注明"最终录取结果以教育部审核通过名单为准"。2005 年 6 月 22 日，法学院向招生办公室递交了《关于调整 2005 年博士生考生丁某的博士生导师的申请报告》。同时，招生办公室同意了法学院的意见，考生丁某仍由曾某教授招收，并由古某教授协助指导。原告认为被告在上述招生过程中存在违法行为，便向法院提起行政诉讼。

另查明，法学院于 2005 年 3 月 25 日向参加复试的 25 位国际法专业的考生发出了《调剂办法》，并附空白调剂申请表。该《调剂办法》规定："本年度国际法学专业将分指导教师招收博士生，由各指导教师从报考自己的考生中按总成绩（初试和复试成绩的综合）从高到低录取。一个指导教师的招生指标录满后，仍有上线考生未能录取的，可由考生自愿申请调剂到其他指导教师的专业方向。如其他指导教师尚有招生指标，并愿意接受调剂的，也可予以录取。"原告填写了申请调剂的指导教师姓名和专业方向。

2005 年 6 月 4 日，招生办公室经过研究讨论作出批复，同意包括曾某教授在内的 2005 年博士生导师招生数超过 3 人的名单，同意曾某教授招收 4 名博士生，理由为"考生成绩突出，业务素质好，曾老师承担课题也较多"。

（三）一审判案理由和判词

福建省厦门市思明区人民法院经审理认为：被告某大学是根据《中华人民共和国教育法》和《中华人民共和国高等教育法》的规定由国家创办的高

等院校，是国家设立的公共教育机构之一。

根据《中华人民共和国教育法》、《中华人民共和国高等教育法》等相关法律规定，博士生招生权在性质上属于教育行政职权，由国家教育行政部门、招生管理部门和招生单位按各自职责范围行使。在博士研究生招生实际操作中，国家教育行政部门对招生工作进行宏观管理，省级招生管理部门对招生单位的招生行为进行监督，招生单位则具有高度自主权。具体而言，国家教育行政部门编制招生计划，制定全国攻读博士学位研究生招生简章，对招生单位执行的招生计划进行审核。而报名、资格审查、发放准考证、考试命题、组织考试（包括面试）、试卷评阅及录取都由各招生单位负责。各博士生招生单位的录取名单应经省级招生管理部门审核通过，由招生单位对外发出录取通知书后方可确定某一考生予以录取的结果。因此，本案中，被告某大学作为公立高等学校，其所享有的博士生招生权属于法律授权的组织行使行政管理职权的一种行政权力。被告有权在考试阶段对不合格考生直接作出不予录取行为，有权在有关部门审核后录取考试合格的考生。被告的博士生招生行为，属于可诉的行政行为，人民法院应当进行合法性审查。

本案中，被告决定不予录取原告的行为已于 2005 年 5 月 24 日通过法学院网站公布的博士研究生拟录取名单予以体现。原告的名字不在该名单之列，实际上已将原告录取为博士研究生的可能排除在外。被告于 2005 年 5 月 24 日后所作的一系列行为，系招生单位对拟录取为博士研究生的考生已经确认之后的行为。至于招生单位在招生录取过程中的调整是否违反国家的有关规定，是否徇私舞弊及应承担法律责任，依法应由教育行政部门先行处理。换言之，被告已对拟录取的考生发出录取通知书，即作出了具有法律效力的录取行为。原告请求撤销被告某大学作出的 2005 年国际经济法方向博士生录取名单，实际上是对被告作出录取行为之前的间断性行为不服，而该阶段性行为不属于人民法院司法审查范围，故在本案中法院对此问题不予审查。

1. 关于被告不予录取原告的行为是否合法的问题

根据教育部《关于招收攻读博士学位研究生的暂行规定》的规定，录取博士生要根据德智体全面衡量、择优录取、确保质量、宁缺毋滥的原则。教育部《关于做好 2005 年全国研究生录取工作的通知》也重申了上述原则。参照被告公布的录取规则，即《某大学 2005 年博士研究生复试录取工作意见》的相关规定，在进行录取工作时要坚持公平、公正、公开的原则，择优录取；录取工作原则上按总成绩高低顺序依次录取；调剂录取原则在同专业不同导师间进行；拟录取名单应根据考生总成绩高低排序和学校确定的录取原则等确定。本案中，由于原告的成绩排名是最后一名，故其未被被告录取。此外，法院认为，被告不予录取原告的行为并未违反公布的公平、公正、公开和择优录取的原则。本案的实际录取情况也完全与各个考生最终成绩排名顺序相吻合，被告的行为符合择优录取公平、公正的原则。

2. 关于被告是否违反《调剂办法》规定的问题

被告对该问题的辩解理由为：《调剂办法》只是法学院就国际法专业博士生考生调剂录取的具体实施办法，并非脱离学校规定的博士生复试录取规则而另行制定的复试录取规则。该《调剂办法》中所述的由"各指导教师从报考自己的考生中按总成绩从高到低录取"还应包括在征求考生调剂意愿时，在调剂申请表中填报了该导师的其他考生。法院认为，教育部教学 (2004)31号《关于做好 2005 年招收攻读博士学位研究生工作的通知》规定，2005 年负责博士生招生工作的是招生单位的博士生招生工作领导小组。某大学招生领导小组在博士生复试录取中已提出了《某大学 2005 年博士研究生复试录取工作意见》，制定了相关的录取规则。《调剂办法》是被告下属法学院制定的，目的是为了贯彻择优录取的原则，尽可能保证最终成绩排名位序在前的考生能够优先于排名位序在后的考生被录取，对该《调剂办法》的理解不能违背《某大学 2005 年博士研究生复试录取工作意见》规定的择优录取、从高到低的招生录取原则。而且，该《调剂办法》的执行结果对其他考生而言也是公正的。故被告对此问题的辩解符合择优录取的基本原则，也不违反公平、公正的原则，其理由成立，法院予以采纳。

综上，本院认为，原告请求撤销某大学作出的《2005 年国际经济法方向博士生录取名单》并非本案审查范围，法院不予审查。原告要求判令被告按公布确定的录取规则录取原告，实际上是不服被告作出不予录取行为提起的诉讼。因被告对原告作出不予录取为博士生的行政行为并不违法，故原告的诉求法院不予支持。

福建省厦门市思明区人民法院判决驳回原告林某的诉讼请求。

一审后原告不服，向厦门市中级人民法院提出上诉。

（四）二审诉辩主张

上诉人（原审原告）诉称：一审对法学院在招生中存在的违法挂靠、暗箱操作的重要事实未分析认定；对录取原则按总成绩高低顺序依次录取及《调剂办法》的理解不当；认定法学院对录取有最后决定权是错误的及认为录取过程中的调整是否违反有关规定，应由教育行政部门先行处理的观点是不当的。被上诉人录取丁某的做法存在严重的违法程序和滥用职权的情形。请求：第一，撤销一审判决；第二，撤销对上诉人作出的不予录取行为；第三，撤销对丁某的录取行为。

被上诉人（原审被告）辩称： 某大学 2005 年 6 月 20 日公布拟录取名单，6 月 20 日之后的行为是学校内部的工作程序，与林某是否被录取没有因果关系，不能以此否定拟录取名单的合法性；曾某教授招收博士研究生突破 3 个名额是由学校决定的，调剂表是为了保证高分学生有录取的机会，只有进入前 18 名的考生才有机会参加调剂，体现了招生的公正性；国际法 4 个研究方向的考生在评价体系和标准上是一致的，具有可比性；从高分到低分录取是一项基本原则，也是学校的规定，各导师在拟录取名单中确认报考自己的学生的录取名额，这正是学校招生简章中只规定专业招生名额而不规定导师招生名额的原因之一。综上，2005 年国际法博士生招生是符合学校文件精神和原则的，不存在违反法定程序、暗箱操作，伪造证据的情况，请求二审法院驳回上诉人的上诉，维持一审判决。

（五）二审判案理由和判词

福建省厦门市中级人民法院经审理认为：博士研究生的招生权属于教育行政管理职权，某大学作为公立高等学校，系法律授权的组织，有权行使法律规定的行政管理职权。本案的事实证明，某大学于 2005 年 6 月 20 日在网上公布了《2005 年某大学博士研究生国际法学专业拟录取名单》，拟录取 18 名考生，但没有录取林某。林某不服，向法院提起行政诉讼。故应以 2005 年 6 月 20 日公布的《2005 年某大学博士研究生国际法学专业拟录取名单》中未录取林某的行为是否合法作为本案的审查范围。法学院作为某大学的院系之一，其对外发出的拟名单只代表法学院，不能代表某大学，且某大学在 2005 年 6 月 20 日已以自己的名义对外发布了《2005 年某大学博士研究生国际法学专业拟录取名单》，一审判决认为不录取林某的行为应以 2005 年 5 月 24 日法学院在网站公布的拟录取名单予以体现不当，应予更正。

择优录取是教育部《关于招收攻读博士学位研究生的暂行规定》确定的基本原则之一。该规定同时还要求，招生单位可以根据本规定制定招收博士生的具体实施办法。某大学作出的《某大学 2005 年博士研究生复试录取工作意见》中也强调了择优录取的原则，并对录取工作原则及录取名单的确定等制定了相关的规则，即"原则上按总成绩高低顺序依次录取"等。2005 年，某大学博士研究生国际法学专业拟录取 18 名考生，按总成绩从高到低依次录取，该做法并无不当，也未违反规定。林某的总成绩排在第 19 名是不争的事实，某大学未录取林某为博士研究生的行为并未违背招收博士研究生所确定的基本原则，一审判决对此认定并无不当。某大学作出的《某大学 2005 年博士研究生复试录取工作意见》中规定"本校博导招生数不超过 3 名"，不能理解为每位导师均需招满 3 名学生。林某认为其考试成绩排在报考廖某教授的考生中的第三名，根据每个导师招收博士研究生不超过 3 名的规定，应录取其为博士研究生的观点不能成立。林某在二审中要求撤销对丁某的录取行为的诉求，系在二审中提出的新诉求，改变了一审的诉讼请求，故该诉求二审法院不予审查。

福建省厦门市中级人民法院判决驳回上诉，维持原判。

三、法理分析

（一）相关法律规定

《中华人民共和国教育法》第二十八条第三款项规定：学校及其他教育机构行使招收学生或者其他受教育者的权利。

《中华人民共和国高等教育法》第十九条第三款规定：硕士研究生毕业或者具有同等学力的，经考试合格，由实施相应学历教育的高等学校或者经批准承担研究生教育任务的科学研究机构录取，取得博士研究生入学资格。

（二）学说争鸣

1. 特别权利关系与当事人的诉权

根据 19 世纪以来的理论，学生和学校的关系属于公法上的特别权利关系，在这个关系结构中，学校对相对人享有完全命令的权利，而相对人需要高度服从学校的管理。不仅如此，特别权利关系基本属于法外空间，不使用法律保留原则，学校有充分的自由管理空间，可以自主发布规则对学生的行为加以规范，对学生的权利义务进行处分，即使学生的权益受到学校的侵害，也不属于外部法的行政诉讼和行政复议管辖的范围。有学者将特别权利关系的特点概括为以下三点：排除基本权之保护，排除依法行使原则（尤其是法律保留）之适用，排除司法审查。

由于特别权利理论不利于保护人权，阻碍了公民的法律经济途径，德国学界和司法界也在不停反思和修正该理论。1956 年，乌勒提出要将学校、监狱和行政机关等传统的特别权利领域的关系分为基础关系和经营关系，前者涉及被管理者基础身份的产生、变更与消灭，当事人应该拥有救济途径，法院可以管理；后者则是为达成特定目的而发生的内部经营管理行为，仍然属于司法权不可介入的领域。不过，乌勒的学说还是以特别权利关系的存在为前提的，之后德国就逐步修正直至彻底抛弃了特别权利关系理论而采用"重要性理论"，当事人是否可以得到法律外部救济取决于学校的行为是否产生某种法律效果，足以影响个人地位，只要涉及当事人基本权利的重要事项，均应取得法律的明确授权，不论是基础关系还是经营关系。本案原告未被某大学录取为博士研究生，这直接影响原告与学校教育法律关系的成立，是关乎原告能否取得学生身份的核心前提，如果不能给予原告充分的法律救济渠道，则无异于纵容学校的管理行为，学校内部的规范性文件成为了与法律具有同等效力的文件，这是为现代法治理念和人权保护精神所不容的。

2. 某大学是否具有被告资格的问题

某大学是否具备被告资格，法律上的判别核心要素是看其是否具有行政主体资格。"在大陆法系国家学者对行政主体进行了专门研究，层层剖析了这一法律拟制人格的内部构造、行为运行机制及责任的最终归属，从而形成了一套完备的行政主体理论。"一直以来理论界对行政主体的含义及其功能争论不断，有学者主张应当正本清源，按照法国理论重新定义行政主体的概念，例如薛刚凌教授主张建立以地方自治的功能分权为核心的全新的行政主体理论；也有学者主张尊重历史，尊重司法实践，延续传统将行政主体视为公法法人，行政主体概念存在的主要功能在于解决诉讼被告资格的判定问题，例如张树义教授认为行政主体直接的意义就是在于行政诉讼被告的确认，行政主体这一概念来源于法学方法论，但是它的实践基础在于中国改革中的主体分化。我们赞同后者的观点，但是行政主体却也存在一些不可回避的问题。在本案判决书中，法官援引了《中华人民共和国教育法》第二十八条第三款规定，即"学校及其他教育机构行使招收学生或者其他受教育者的权利"，以及《中华人民共和国高等教育法》第十九条第三款规定，即"硕士研究生或者具有同等学力的，经考试合格，由实施相应学历教育的高等学校或者经批准承担研究生教育任务的科学研究机构录取，取得博士研究生入学资格。"法院认为博士生招生权性质上属于教育行政职权，被告某大学作为公立高等学校，其所享有的博士生招生权属于法律授权的组织行使行政管理职权的一种行政权力。从法官的论述逻辑中，可以发现法官的左右为难，博士招生权为什么性质上属于教育行政职权，《中华人民共和国教育法》远远没有达到授权明确的要求，当事人无法直接从法律的授权条款中得出某大学是否拥有该行政权力的结论，无法准确界定不予录取的行为属于民事纠纷还是行政纠纷。

3. 司法审查的强度

如前所述，无论从受案范围还是被告资格的角度，类似本案这样的高校拒绝学生入学的行为均应得到法院的审查，但是仅仅解决了审查范围还不够，还需要解决法院审查的强度问题。司法审查的强度也被称作司法审查的密度，是指司法审查的范围或程度。其所研究的对象，即是何者或何部分为司法应审查及决定之范围；何者或何部分为司法不应审查决定或应自制之范围。

（三）本裁判评释

就高校招生而言，法院并无能力审查判断博士生的录取资格，此时法院应当保持充分的谦抑与克制，并不具有绝对超越学校行政权的优势地位。法院不应过度介入学校对学生的管理活动，以法院的判断代替学校的判断。相反，法院应当适度尊重学校的专业判断，《调剂办法》的实体内容是否正确，法院保持审慎、克制的态度，不应审查。但是，法院也不能让该问题完全由行政机关自我决断、自我审查判断，那就又回到了特别权利关系的老路上去了。法院如何既能充分尊重学校的专业性、避免过度介入，又能良好地履行保护人权和制约行政争权的任务、避免制约不足呢？既然法官要在实体问题上确保行政权的自主性和尊重行政权的专业性，又要以合理的程序制度来控制学校的教育行政行为、保障人民的基本权，那么程序制度可以通过民众提前介入行政决定来实现，这有利于行政机关全面地了解行政资讯，提升决策品质，同时也可提高人民的信赖感，减少事后的行政争议。本案法官对案件的审判也主要针对某大学对原告不予录取行为的程序而言，录取程序的主要依据是《某大学2005年博士研究生复试录取工作意见》和法学院《调剂办法》；录取程序择优录取的要求，根据《调剂办法》的规定："各指导教师从报考自己的考生中按总成绩从高到低录取，还应该包括在征求考生调剂意愿时，在调剂申请表中填报了该导师的其他考生"。虽然林某所报考的导师为廖某教授，但是复试调剂并不完全在初始报考导师的学生范围内进行选择，所以某大学有权不予录取考试成绩位列第19名的原告，录取在调剂阶段才报考该导师的丁某也符合程序规定。本案在程序上也并非毫无瑕疵，虽然补录环节是在公开、公正的程序中进行的，但某大学在补录环节增加新的录取名额的行为对当事人的信赖利益构成侵害，导致当事人无法根据事先公布的招录名单预测最终的结果，这也大概是为什么林某会提起诉讼的初衷。

四、结语

按照库恩的观点，科学是一个不连续的过程，看待问题的旧方式总是不断被新方式所修正，并且可能产生一种的新的看待问题的方式，这种转变被库恩称做"范式转变"。"范式"规范着研究者的价值取向和观察世界的角度，决定着问题的提出、材料的选择、抽象的方向、合理性标准的确立及问题的解决。但是随着时代的发展，和旧"范式"不相容的一些因素开始出现，这些因素累积到一定程度就表现为"范式危机"。此种危机的解决有三种不同的途径：① 证明出现的这些不相容的因素是可以通过理论修正或者边际调整来消除的，依然维护旧"范式"。这种危机是一种表面性、暂时性的危机。② 危机背后的问题是不可消除的，但没有出现新的代替性"范式"。采取的解决方式是掩盖问题、搁置危机。③ 一种新的"范式"取代了旧的科学"范式"。现在的行政法学体系正处在"范式"的转换期，从行政主体角度而言，正经历从一元主体到多远主体演变的过程，行政法学正承担着体系性变革的历史使命。"去权威化的社会行政将是行政法学发展的一次契机，是固守传统国家行政影响下的教条，还是有意构建社会行政的行政法律规范 (而不是民事法律规范或其他)，这在某种意义上决定了今后行政法学的方向，也将考验行政法学界的耐心和智慧。"

第四节　行政诉讼中的规范审查

学校有权制定校规校纪，并有权对学生进行各项管理和违纪处理。不过，学校规定的校规校纪及依此做出的相关行为必须要符合法律法规等上位法的规定，符合正当程序原则的要求，否则一旦学校依校规校纪做出的处分影响学生的合法权益，学生可向法院提起行政诉讼。

一、基本案情

申请再审人 (一审原告、二审上诉人)：甘某。

被申请人 (一审被告、二审被上诉人)：某大学。

2005 年间，任课老师发现甘某提供的课程考试论文是从互联网上抄袭而来的，遂对其进行批评、教育后要求其重写论文。甘某第二次向任课老师提供的考试论文又被任课老师发现与某公开发表的学术论文雷同。2005 年 3 月 8 日，某大学作出暨学 [2006]7 号《关于给予硕士研究生甘某开除学籍处理的决定》，给予甘某开除学籍的处分。甘某不服，向广东省教育厅提出申诉，广东省教育厅认为某大学对甘某作出处分的程序违反《某大学学生违纪处分实施细则》第三十三条的规定，影响甘某的陈诉权、申诉权及听证权的行使，责令某大学对甘某的违纪行为重新作出处理。某大学经过一番重新调查认定后,仍然作出暨 [2006]33 号《关于给予硕士研究生甘某开除学籍处分的决定》。2007 年 6 月 11 日,甘某以某大学作出的开除学籍决定没有法律依据及处罚太重为由,向广州市天河区人民法院提起行政诉讼,请求撤销某大学作出的开除学籍决定。广州市天河区人民法院以 (2007) 天法行初字第 62 号行政判决维持了开除学籍决定。

甘某不服提起上诉。广东省广州市中级人民法院判决驳回甘某上诉,维持原判。

后甘某向广东省高级人民法院申请再审。

二、案件处理结果

（一）再审诉辩主张

原告 (申请再审人) 诉称: 其先后两次上交的课程论文存在抄袭现象属实。但该课程考试形式是以撰写课程论文方式进行的开卷考试,抄袭他人论文的行为违反了考试纪律,应按违反考试纪律的规定给予处分。但这种抄袭行为并不是《普通高等学校学生管理规定》第五十四条第五款和《某大学学生管理暂行规定》第五十三条第五款规定所称的"剽窃、抄袭他人研究成果"的违纪行为。某大学适用《某大学学生管理暂行规定》第五十三条第五款规定给予开除学籍处分认定事实不清、适用法律不当、处分程序不合法,且处分明显偏重。请求本院撤销原审判决并撤销开除学籍决定,责令某大学重新作出具体行政行为或者直接将开除学籍决定变更为其他适当的处分,同时赔偿因诉讼多年而支出的交通住宿等直接支出费用 89601 元和因丧失学习机会造成的间接损失及精神赔偿 100000 元。

被告 (被申请人) 辩称: 学期课程论文作为研究生修读课程的考试形式之一,也是研究生在学习期间研究成果的一部分,研究生理应严格认真对待。甘某连续两次的抄袭行为已经严重违反了《高等学校学生行为准则》、《普通高等学校学生管理规定》及《某大学学生管理暂行规定》,丧失了作为一名学生所应有的道德品质,应按照《某大学学生违纪处分实施细则》进行处理。即使如申请人所述,其行为属于考试作弊行为,而根据《普通高等学校学生管理规定》第五十四条第四款"由他人代替考试、替他人参加考试、组织作弊、使用通讯设备作弊及其他作弊行为严重的"的规定,仍然可以给予申请人开除学籍处分。因此,开除学籍决定认定事实清楚,定性准确,适用法律正确。请求本院依法维持原审判决,并驳回甘某在原一、二审期间未曾提出的赔偿请求。

广东省高级人民法院驳回其再审申请，甘某向最高人民法院请求再审。

(二) 再审判案理由和判词

最高人民法院认为，高等学校学生应遵守《高等学校学生行为准则》、《普通高等学校学生管理规定》，并遵守高等学校依法制定的校纪校规。学生在考试或者撰写论文过程中存在的抄袭行为应当受到处分，高等学校也有权依法给予相应的处分。但高等学校对学生的处分应遵守《普通高等学校管理规定》第五十五条规定，做到程序正当、证据充足、依据明确、定性处分与教育相结合的原则，做到育人为本，罚当其责，并使违纪学生得到公平对待。违纪学生针对高等学校做出的开除学籍等严重影响其受教育权利的处分决定提起诉讼的，人民法院应当予以受理。人民法院在审理此类案件时，应依据法律法规、参照规章，并可参考高等学校不违反上位法且已经正式公布的校纪校规。

《某大学学生管理暂行规定》第五十三条第五款规定，剽窃、抄袭他人研究成果，情节严重的，可给予开除学籍处分。《某大学学生违纪处分实施细则》第二十五条规定，剽窃、抄袭他人研究成果，视情节轻重，给予留校察看或者开除学籍处分。某大学的上述规定系依据《普通高等学校学生管理规定》第五十四条第五款的规定制定，因此不能违背《普通高等学校学生管理规定》相应条文的立法本意。《普通高等学校学生管理规定》第五十四条列举了7种可以给予学生开除学籍处分的情形，其中第四款和第五款分别列举了因考试违纪可以开除学籍和因剽窃、抄袭他人研究成果可以开除学生学籍的情形，并对相应的违纪情节作了明确规定。其中第五款所称的"剽窃、抄袭他人研究成果"，系指高等学校学生在毕业论文、学位论文或者公开发表的学术文章、著作，以及所承担科研课题的研究成果中存在剽窃、抄袭他人研究成果的情形。所谓"情节严重"，系指剽窃、抄袭行为具有非法使用他人研究成果数量多、在全部成果中所占的地位重要、比例大，手段恶劣，或者社会影响大、对学校声誉造成不良影响等情节。甘某作为在校研究生提交课程论文，属于课程考核的一种形式，即使其中存在抄袭行为，也不属于该项规定的情形。因此，大学开除学籍决定援引《某大学学生管理暂行规定》第五十三条第五款和《某大学学生违纪处理实施细则》第二十五条规定，属于适用法律错误，应予撤销。一、二审法院判决维持显属不当，应予纠正。鉴于开除学籍决定已生效并已实际执行，甘某已离校多年且目前已无意返校继续学习，撤销开除学籍决定已无实际意义，但该开除学籍决定的违法性仍应予以确认。

学校有权制定校规校纪，并有权对学生进行各项管理和违纪处理。不过必须要符合法律法规等上位法的规定。一旦学校依校规校纪作出的处分行为影响了学生的合法权益，学生即可向法院提起行政诉讼。人民法院在审理此类案件时，应依据法律法规、参照规章，并可参考高等学校不违反上位法且已经正式公布的校纪校规。最高人民法院判决如下：

（1）撤销广东省广州市中级人民法院 (2007) 穗中法行终字第 709 号行政判决和广州市天河区人民法院 (2007) 天法行初字第 62 号行政判决；

（2）确定某大学暨学 [2006]33 号《关于给予硕士研究生甘某开除学籍处分的决定》违法。

三、法理分析

（一）相关法律规定

《中华人民共和国教育法》第二十八条规定，学校及其他教育机构行使下列权利：① 按照章程自主管理；② 组织实施教育教学活动；③ 招收学生或者其他受教育者；④ 对受教育者进行学籍管理，实施奖励或者处分；⑤ 对受教育者颁发相应的学业证书；⑥ 聘任教师及其他职工，实施奖励或者处分；⑦ 管理、使用本单位的设施和经费；⑧ 拒绝任何组织和个人对教育教学活动的非法干涉；⑨ 法律、法规规定的其他权利。国家保护学校及其他教育机构的合法权益不受侵犯。

《普通高等学校学生管理规定》第五十四条规定，学生有下列情形之一，学校可以给予开除学籍处分：① 违反宪法，反对四项基本原则、破坏安定团结、扰乱社会秩序的；② 触犯国家法律，构成刑事犯罪的；③ 违反治安管理规定受到处罚，性质恶劣的；④ 由他人代替考试、替他人参加考试、组织作弊、使用通讯设备作弊及其他作弊行为严重的；⑤ 剽窃、抄袭他人研究成果，情节严重的；⑥ 违反学校规定，严重影响学校教育教学秩序、生活秩序以及公共场所管理秩序，侵害其他个人、组织合法权益，造成严重后果的；⑦ 屡次违反学校规定受到纪律处分，经教育不改的。

（二）学说争鸣

本案双方当事人争议的焦点是某大学作出开除处分所适合的法律依据是否有问题。某大学作出该行为主要的依据是《某大学学生管理暂行规定》和《某大学学生违纪处分实施细则》，也就是校规校纪。在这里有必要先对校纪校规进行分析。

首先，对于高校的性质，目前我国理论界和实务界观点比较一致，都将其定位于事业单位。不过依据《教育法》《高等教育法》等教育行政方面的法律、法规，高校在行使对学生的各项纪律管理、学籍管理、学位管理等法律、法规规定的各项权力时，学校无须征得学生的意见，可以从单方面作出决定并实施。如高校有权决定是否颁发学位证、毕业证，自行决定对学生如何进行管理等，这些行为具有具体行政行为的特征（如单方意志性、强制性等）。高校作出这些行为时，在行政法上相当于法律法规授权的主体。如果学生对学校作出的行为不服，可以向法院提起行政诉讼。

实践中，学校为了便于对学生进行有效管理，往往会制定出一些校纪校规，这些规定适用于学校内的不特定人或事，具有普遍性，其内容具有反复适用性。因此这些校规校纪具备了行政规范性文件的特征，不过目前法律法规中并没有明确校纪校规是否属于规范性文件。甚至我国现有的教育法律并没有直接规定高校的校规制定权。比如《中华人民共和国教育法》第二十八条规定，学校及其他教育机构行使对受教育者进行学籍管理、实施奖励或处分，对受教育者颁发相应的学业证书等权利。《中华人民共和国高等教育法》第三十四条进一步规定"高等学校根据教学需要，自主制定教学计划、选编教材、组织实施教学活动"。两部法律中都没有直接规定高校是应该享有校规制定权的，这也是学校"按照章程自主管理"的应有之意。我国既有的教育法律和规章也承认学生有"遵守所在学校或者其他教育机构的管理制度"的义务。因此，学校有权制定校规校纪，并有权对学生进行各项管理和危机处理。当然，学校制定的校规校纪及依此作出的相关行为必须要符合法律法规等上位法的规定，符合正当程序原则的要求。否则一旦学校依校纪校规作出的处分行为影响了学生的合法权益，学生即可向法院提起行政诉讼。

（三）本裁判评释

本案的案情事实清楚，双方当事人均无异议。即原告甘某在某大学攻读研究生第一学期期间，在参加"现代汉语语法专题"科目的撰写课程论文考试时，其先后提交两次论文均存在抄袭情况。本案双方当事人争议的焦点是某大学作出开除处分所适用的法律依据是否合理。某大学作出该行为主要的依据是《某大学学生管理暂行规定》和《某大学学生违纪处分实施细则》，也就是校纪校规。目前法律法规中尚无校纪校规的有关规定。本案法院的判决为司法实践提供了一些实务上的指导。

最高人民法院在裁判文书中明确了对校纪校规的态度，在审理此类案件时，应依据法律法规、参照规章，并可参考高等学校不违反上位法且已经正式公布的校纪校规。被告之所以再审败诉，最关键的原因就是其校规校纪的内容与上位法相冲突，其理由如下。

大学开除学籍决定引用的是《某大学学生管理暂行规定》第五十三条的规定："学生有下列情形之一，给予开除学籍处分……（五）剽窃、抄袭他人研究成果，情节严重的……"。这一项规定的法律依据是2005年教育部颁发的《普通高等学校学生管理规定》第五十四条规定："学生有下列情形之一，学校可以给予开除学籍处分……（四）由他人代替考试、替他人参加考试、组织作弊、使用通讯设备作弊及其他作弊行为严重的；（五）剽窃、抄袭他人研究成果，情节严重的……"。规定中所称的"剽窃、抄袭他人研究成果"，系指高等学校学生在毕业论文、学位论文或者公开发表的学术文章、著作，以及所承担科研课题的研究 成果中存在剽窃、抄袭他人研究成果的情形。所谓"情节严重"，系指剽窃、抄袭行为具有非法使用他人研究成果数量多、在全部成果中所占的地位重要、比例大，手段恶劣，或者社会影响大、对学校声誉造成了不良影响等情形。但甘某的行为明显不属于这类情形。"考试作弊"和"剽窃、抄袭他人研究成果"是两种完全不同的行为。甘某作为在校研究生提交论文，属于课程考核的一种形式，虽然存在抄袭行为，但不属于"学术活动"，不能等同于剽窃、抄袭他人作品而以自己名义发表的学术不端行为。违反考试纪律，累计两次以上（含两次）因考试作弊受到处分，给予开除学籍处分。据此，某大学对甘某的处理决定存在定性不准、适用法律错误，且处分明显偏重，故应予撤销。不过由于开除学籍决定已生效并已实际执行，甘某已离校多年且已无意返校继续学习，撤销开除学籍决定已无实际意义，最终法院判决确认大学开除学籍处分的决定违法。

四、结语

高等学校制定的校规在行政诉讼中处于什么样的位置，目前尚无这方面的法律规定，本案法院的判决为司法实践提供了实务上的指导。在审理此类案件时，应依据法律法规、参照规章，并可参考高等学校不违反上位法且已经正式公布的校纪校规。

第八章 大学生与法治

第一节 大学生法治观念

一、依法治国

依法治国是党领导人民治理国家的基本方略，是发展社会主义市场经济的客观需要，是社会文明进步的重要标志，是全面建成小康社会、实现中华民族伟大复兴的中国梦的重要保障。依法治国是社会主义法治的核心内容，也是以法律作为党领导人民治理国家的基本方式，其最基本的要求在于科学立法、严格执法、公正司法和全民守法。法治的任务在于保障每个公民能够有尊严地生活，是我们共同的生活方式。因此，依法治国从宏观层面上讲是国家长治久安的必然选择，从微观层面上讲是全民福祉的有力保障。

提及依法治国，就不得不说法治与法治理念之间的关系。法治作为一个由法治理念、法治体系构成的统一整体，深刻地影响并作用于国家治理体系，成为国家治理体系的基础。同时，法治体系作为国家治理体系的有机组成部分，为国家治理体系建构了重要的制度支撑；法治理念作为国家治理体系的基础性价值导向，引导着国家治理体系的发展。

二、依法治校

依法治校是指依法约束学校的公共权力，不是治学生，不是治教师，而是在约束公共权力的基础上，保障师生员工的合法权益，即法学界所讲的"约束公权，保障私权"。"依法治教"是我国教育领域使用频率很高的一个词汇。1995年国家教委发布了《关于实施〈中华人民共和国教育法〉若干问题的意见》，要求"树立全面依法治教的观念"、"积极推进全面依法治教"。在这份最高教育行政主管部门的文件中几次出现"依法治教"，表明此前地方教育领域的一些做法及说法开始获得理论上的提升，于是"依法治教"的概念被正式确立，在此后国家教委及后来教育部的年度工作要点中，这一词语几乎每年都会出现。

"依法治教"属于"行业依法治理"的范畴，在时代背景下，同其他各行业一样，教育领域也积极地开展了"依法治理"活动，并结合行业特点称之为"依法治教"。

结合大学生法治理念培养，学校应当明确哪些领域是学生的私人领域、自由领域，公共权力原则上是不能介入的。各种秩序不应以公共权力为核心来设置，而应以公民的权利为核心来设置。因此在法治国家，公民的权利应该得到充分的尊重和切实的保障，这是依法治国、治校的根本。

三、法治观念

法治观念是对法治精神追求的抽象概括，是指导人们进行法治实践的思想基础、基本原则和价值追求，关乎对法的态度和对法律的信仰程度，是一种特殊形式的社会意识，包括对法律的价值、法律的制度性建构、司法体制及其效率等的预期、认识和评价。法治观念是一种较为恒定的观念性力量，它反映了一种普遍化的心态，即人们如何认识和评价国家权力与公民权利在法律体系中的比例关系，以及在涉法事件中二者的交互关系。观念是人的大脑对客观环境的反映，是概念、判断、推理的体系。观念属于文化的范畴，是对文化的认知、理解和信仰，并通过人的行为表现出来。法治观念的养成就是公民对于法律的接纳、理解并形成信仰，进而表现在公民的日常行为习惯及思维习惯上。法治观念是依法治国的重要支撑。

大学生法治观念的培养，是促进大学生健康成长的内在需求，培养学生的法治观念就是培育大学生社会主义核心价值观，培养学生作为一个法治社会公民的基本素质。将对法治的尊重和信仰内化于大学生的心中，增强他们对法治深切而热烈的信念，引导他们从法治的角度去认识社会和体验人生。要让大学生了解法治国家内公民哪些权利受法律保护，了解法治的真谛是保障人权，了解形式法治（只是表面上的依法办事、依法行政）与实体法治（依法办事、依法行政，最终保障人权），会运用法治思维及法治方式理性地解决矛盾与困难。法治方式是运用法治思维处理和解决问题的行为方式。法治思维和法治方式相辅相成，善用法治思维和法治方式可以促进法治实践，法治实践又会激发人们自觉能动地运用法治思维和法治方式。

第二节 大学生法治观念培养的必要性

一、战略目标的客观要求

我国构建社会主义和谐社会，建设社会主义法治国家的战略目标客观上要求大学生具备系统完善的法治理念和法律素养。改革开放 30 多年来，我们已经在立法方面奠定了有法可依的稳定局面和现实基础。1999 年修宪把"依法治国，建设社会主义法治国家"写入宪法，并且赋予它最高的法律效力，标志着我国的法治建设进入了一个新的历史阶段。现阶段，我们要更新法治观念，提高全民的法治意识，着重于营造学法、守法、用法和执法的良好氛围。党的十五大正式确立了"依法治国，建设社会主义法治国家"的基本治国方略。党的十六大报告提出："发展社会主义民主政治，最根本的是要把坚持党的领导、人民当家做主和依法治国有机统一起来。"党的十七大报告提出："弘扬法治精神，树立社会主义法治理念。"从党的报告中我们得出，实现依法治国、构建社会主义和谐社会最根本的方法是树立法治观念、培养公民的法律意识、提高公民的法律素质。这就要求在全国范围内进行深入、持久的法治教育。党的十八届四中全会审议通过的《中共中央关于全面推进依法治国若干重大问题的决定》提出了全面推进依法治国的总目标和重大任务，为坚持走中国特色社会主义法治道路提供了根本遵循，指明了前进方向。

二、适应社会能力的重要保证

增强大学生法治观念是提高大学生适应社会能力的重要保证。邓小平指出："加强法制重要的是进行教育，根本问题是教育人。"对于大学生来说，法治观念的养成，可以促进他们提高对事物的认知与评价水平，增强他们自觉遵守法律和依法办事的意识。大学生是即将走入社会的公民，他们的法治观念的强弱不仅影响自身的生存，更会直接影响自身的发展。拥有良好法治观念的大学生走上工作岗位后，会对法律产生自觉的认同、信任，做一个自觉遵守法纪、维护法律尊严的合格公民，能以法律为准绳正确处理各种社会矛盾和关系。大学生作为社会主义现代化建设的主力军，同时也应该是社会主义法治建设的主力军，只有加强培养他们的法治观念和法律素养，用法治思维调整和限制自己，才能有效地维护自身的合法权益，更快地适应时代发展的需要。

三、综合素质的内在要求

培养大学生的法治观念是大学生综合素质的内在要求。当今社会科学技术突飞猛进，知识经济迅猛发展，综合国力的竞争日趋激烈，大学生只有建立完善的、系统的、科学的、立体交叉型的综合知识结构，才能适应社会经济的飞速发展，跟上人类文明发展的脚步。法律知识是这个知识结构中不可或缺的重要组成部分，法治观念和法律素养的培养是大学生获取法律知识和运用法律知识的前提与思想基础。因此，大学生必须学法、懂法、守法，运用掌握的法律知识提高自己依法办事的能力。

大学生的法治理念教育早已成为高校教育中一项最紧迫的不能回避的任务。但素质教育在国内来说，占据多数成分的还是应试教育，法治教育也多是流于形式，没有形成体系，没有形成常态。实则就大学生而言，自进入大学之日起，就应该更多地了解法治与法制的内容，尤其是法制的相关内容，学习法律法规，自进入学校起便应该接受系统的针对性的法律法规的学习，开始培养运用法律理性地解决和处理各种现实生活与网络虚拟空间中的各种问题，提高自己的维权意识和能力。大学生是接受当代法制教育的主要对象，是国家的栋梁之才和未来的希望，同时也是实现"依法治国"的重要主体。通过法制教育，不仅可以培养大学生的社会责任感、法律意识、明确自身的权利与义务，还使他们养成守法、护法、用法的良好习惯，用自身良好的法律行为影响周围群众，有助于带动全民法律素质的提高。这不仅是依法治国、建设社会主义法治国家的需要，也是降低大学生违法犯罪率，维持社会秩序稳定的重要基础。

四、法治建设的重要影响

大学生群体作为社会建设未来的主力军，其法律素养和法治观念直接关系我国法治建设的进程。依法治国的前提是法律体系的完善，但法律作为一种社会规范，如果不被遵守就形同虚设。引导全社会树立法治观念，与法制建设本身同等重要。正如十八届四中全会指出："法律的权威源自人民的内心拥护和真诚信仰。人民权益要靠法律保障，法律权威要靠人民维护"；必须"增强全民法治观念，推进法治社会建设"。党的十八届四中全会审议通过的《中共中央关于全面推进依法治国若干重大问题的决定》提出："要坚持把全民普法和守法作为依法治国的长期基础性工作，深入开展法治宣传教育。"从法制宣传教育到法治宣传教育，内涵发生了深刻的变化，更加突出了法治理念和法治精神的培育，更加突出了运用法治思维和法治方式能力的培养。

构建中国特色社会主义法治体系的一项重要任务就是要提高民众的法律意识，而大学生的法律素养是民众法律意识体系的重要组成部分。当代大学生作为社会发展的主力军和新生力量，他们法治观念和法律素养的强弱直接关系到中国特色社会主义法治体系的建设进程。虽然现在全国各大高校都开设了法律专业，但是毕竟法律专业的学生占整个大学生的比例相对较少，所以不足以完成培养多数甚至所有大学生法律素养的重任。因此，加强当代大学生法治观念和法律素养的培养，使大学生的法律意识得到普遍提高，是当代高校思想教育工作中急需解决的重要任务。作为担负未来国家建设发展神圣使命的大学生，有什么样的法治观念，就会表现出什么样的学法、知法、崇法及守法行为。不管大学生今后在哪个领域工作，具备较强法治观念的大学生会将法律作为世俗政策的工具，而且还会将其作为生活终极目的和意义的一部分，使国家的法治化进程更加稳步、快速且持续。大学生作为未来社会的建设者和中华民族伟大复兴的中坚力量，具有较高的文化素质，拥有便捷的教育资源，因此对大学生进行法治教育是全民法治观念提升的先导。

第三节　大学生法治观念培养的方法

一、转变教育理念

转变教育理念，加强对提升大学生法治观念和法律素养重要性的认识。深化教育改革是全面深化改革的重要内容，大学生法治观念的培养是新时期高校德育工作和素质教育工作的重要内容，高校必须针对大学生法治教育方面存在的突出问题和薄弱环节，改进教育方法和途径，使大学生逐渐养成知法、懂法、守法、用法的好习惯，从而提升自身的法律素养。作为法治教育践行者的高校，要将大学生法治教育作为一项长期的工作，从而保证大学生法治教育的时效性。通过"依法治校"、"以法育人"潜移默化地影响，促进大学生法治观念的形成和提高。要严肃法律和校纪，对校内违法违纪行为的处理做到"有法可依"、"有章可循"、"依法办事"，促进大学生守法观念的形成。

二、转变法治教育的模式

转变法治教育的模式，促进大学生对法律知识的学习。针对新的人才培养要求，高校无论是在教育目的、方法，还是在内容上都应该有所创新。在目的方面，要明确法治教育是高校思想政治教育的中心内容。法治教育不仅要使大学生掌握基本的法律知识，还要注重培养大学生的法治观念和法律素养。这就要求高校的法治教育应该贯穿整个大学阶段，使大学生的法律知识和法律思维系统化、完整化。在法律基础知识的教育方面，要做到全面、周到、有重点地开设课程，抓好法学教学内容的设置和教学。没有一定量的法律知识，法治理念教育将是无本之木。要重视大学生法学基础学科教学，即法理学、宪法学、民法学、刑法学、诉讼法学基础学科的教学，为大学生走上工作岗位做好法律基础知识的培养。在教学方法上，采取灵活多样的教学方法，充分调动学生的学习积极性和主动性。要注重理论与实践的结合，除了采用传统的知识讲授和案例教学的方式外，还可以通过举办模拟法庭等活动让大学生身临其境地去感受和运用法律知识。

三、组织法律实践活动

通过法律实践活动，提高大学生的法律实践能力。为了适应法治社会的发展，增加学生的兴趣点，学校应该组织大量的法律实践活动来提升大学生的法律实践能力。一直以来学生的政治思想品德等理论课程以考而定，就是有违伦理规律的，人的品德是训练出来的而不是背出来的。学生进入高校后，证书考试是与其课程考试相并列的新生活，实则生存技能的训练及相关知识的了解比专业修养更重要。高校可适当聘请法律专业人士进行讲学，同时帮助大学生成立一些自己的法律咨询和援助的社团组织，有了自己的组织以后，可以经常开展法律宣讲活动，使每个大学生都能够得到法律知识的普及。引导学生对学校周围的社会治安问题、婚姻家庭问题和邻里纠纷问题等涉及法律的相关问题进行社会调查，让学生自己运用学到的法律知识去解决实际的法律问题，可以使他们充分体会到法律的威严，最终对他们法律素养的形成有很大的帮助。对社会敏感的法律问题，如土地、婚姻、消费者权益保护、社会治安、农村基层法制建设等问题进行社会调研，了解国家法律执行的情况。组织学生参观和观摩少年犯管教所和监狱等。

法治是社会和谐平安的基石，是调整社会各种利益关系、维护社会公平正义和社会长治久安的重要保证。培养大学生的法治观念和法律素养不是一朝一夕的，它是一项复杂而长期的任务。只要我们的学校、家庭和社会携手探索，共同努力，就一定能够使大学生主动地学习运用法律知识，养成良好的法律习惯，这不仅对大学生个人而言有很重要的意义，而且对我国法治制度的构建同样具有很重大的现实意义。

参考文献

[1] 博登海默 . 法理学：法哲学及其方法 [M]. 邓正来，姚姬武，译 . 北京：华夏出版社，1987.

[2] 洛克 . 政府论 (下篇)[M]. 瞿菊农，叶启芳，译 . 北京：商务印书馆，1964.

[3] 张文显 . 全面推进法制改革，加快法治中国建设 [J]. 法制与社会发展，2014(1)：5-20.

[4] 习近平 . 在首都各界纪念现行宪法公布施行 30 周年大会上的讲话 [N]. 人民日报，2012-12-5.

[5] 亚里士多德 . 政治学 [M]. 吴寿彭，译 . 北京：商务印书馆，1981.

[6] 李林 . 全面推进依法治国具有重大战略意义 [N]. 法制日报，2014-10-25.

[7] 习近平 . 习近平谈治国理政 [M]. 北京：外文出版社，2014.

[8] 俞可平 . 国家底线：公平正义与依法治国 [N]. 北京：中央编译出版社，2014.

[9] 刘桂宗 . 法学概论 [M].2 版 . 北京：法律出版社，2007.

[10] 张军 . 刑事审判参考 [M]. 北京：法律出版社，2003.

[11] 张明楷 . 刑法学 [M]. 3 版 . 北京：法律出版社，2011.

[12] 高铭暄，马克昌 . 刑法学 (上编)[M]. 北京：中国法制出版社，1999.

[13] 最高人民法院刑事审判第一庭、第二庭 . 刑事审判参考 (总第 44 集) [M]. 北京：法律出版社，2006.

[14] 赵秉志 . 犯罪未遂形态研究 [M]. 2 版 . 北京：中国人民大学出版社，2008.

[15] 王作富 . 刑法分则实务研究 [M]. 北京：中国方正出版社，2010.

[16] 陈兴良 . 本体刑法学 [M]. 北京：商务印书馆，2001.

[17] 柳忠卫 . 刑事政策视野中犯罪构成模式的理性构建 [J]. 山东大学学报：哲学社会科学版，2011(4).

[18] 王志祥，姚兵 . 安乐死出罪处理路径研究 . 刑事法判解研究 [M]. 北京：人民法院出版社，2006.

[19] 游伟 . 如何认定刑法上的因果关系和过失犯罪注意义务 . 刑事法判解研究 [M]. 北京：人民法院出版社，2002.

[20] 周佑勇 . 行政法的正当程序原则 [J]. 中国社会科学，2004(4)：15-124.

[21] 平特纳 . 德国普通行政法 [M]. 朱林，译 . 北京：中国政法大学出版社，1999.

[22] 应松年 . 行政法与行政诉讼法（上）[M]. 北京：中国法制出版社，2009.

[23] 何海波 . 通过判决发展法律：评田永案件中行政法原则的运用 // 湛中乐 . 高等教育与行政诉讼 [M]. 北京：北京大学出版社，2003.

[24] 姜明安 . 行政法与行政诉讼法 [M]. 北京：北京大学出版社，高等教育出版社，2011.

[25] 杨建顺，李元起 . 行政法与行政诉讼法教学参考书 [M]. 北京：中国人民大学出版社，2003.

[26] 陈新民 . 宪法基本权利之基本理论（上册）[M]. 台北：台湾三民书局，1992.

[27] 朱新力 . 行政滥用职权的新定义 [J]. 法学研究，1994(3)：30-50.

[28] 陈新民 . 功法学札记 [M]. 北京：中国政法大学出版社，2001.

[29] 李步云 . 人权法学 [M]. 北京：高等教育出版社，2005.

[30] 韩大元，林来梵，郑贤君 . 宪法学专题研究 [M]. 北京：中国人民大学出版社，2004.

[31] 张千帆 . 权利平等与地方差异：中央与地方关系法治化的另一种视角 [M]. 北京：中国民主法制出版社，2011.

[32] 应松年，薛刚凌 . 行政组织法 [M]. 北京：法律出版社，2002.

[33] 王名扬 . 法国行政法 [M]. 北京：中国政法大学出版社，1988.

[34] 江必新 . 中国行政诉讼制度的完善：行政诉讼法修改问题实务研究 [M]. 北京：法律出版社，2005.

[35] 许安标，孙镇平 . 宪法学习读本 [M]. 北京：中国法制出版社，2014.

[36] 张英利 . 新时期中国国家安全战略 [M]. 北京：国防大学出版社，2013.

[37] 刘静波 . 21 世纪初中国国家安全战略 [M]. 北京：时事出版社，2006.

[38] 王轶 . 民法练习题集 [M]. 4 版 . 北京：中国人民法学出版社，2014.

[39] 王泽鉴 . 民法学说与判例研究（第 8 册）[M]. 北京：北京大学出版社，2009.

[40] 杨立新 . 民法案例分析教程 [M]. 3 版 . 北京：中国人民大学出版社，2014.

[41] 梁慧星 . 民法总论 [M]. 北京：法律出版社，2004.

[42] 崔建远，申卫星，王洪亮，等 . 物权法 [M]. 北京：中国人民大学出版社，1998.

[43] 曾世雄 . 损害赔偿法原理 [M]. 北京：中国政法大学出版社，2001.

[44] ［德］马克西米利安•福克斯 . 侵权行为法 [M]. 北京：法律出版社，2006.

[45] 杨立新 . 侵权行为法专论 [M]. 北京：高等教育出版社，2005.

[46] 魏振瀛 . 民法 [M]. 北京：北京大学出版社，2000.

[47] 王利明 . 侵权行为法归责原则研究 [M]. 北京：中国政法大学出版社，2003.

[48] 郭明瑞 . 民法 [M]. 北京：中国人民大学出版社，2004.

[49] 王利明 . 人格法新论 [M]. 北京：法律出版社，2000.

[50] 孙宪忠 . 论物权法 [M]. 北京：法律出版社，2001.